汽车钣金修复技术

主　编　耿家锐　苑春迎
副主编　何　君　颜圣耘

北京理工大学出版社
BEIJING INSTITUTE OF TECHNOLOGY PRESS

内 容 简 介

本书采用项目形式编写，有利于理实一体化教学。为满足当前社会需要并结合职业院校学生实际情况，我们在编写过程中注重理论与实际相结合、传统技术与现代新技术相结合。注重知识体系的实用性、突出内容实践性、贯穿可操作性。本书通俗易懂，图文并茂，形象直观，可培养学生的学习兴趣，提高学习效果。

本书共九个项目，分别为车身维修安全知识、车身维修常用工具及使用、汽车车身结构、车身焊接、车身损坏分析、车身测量、车身矫正技术、车身损伤修复、汽车涂装技术。

本书可作为高等院校、高职院校汽车类专业学生的教学用书，也可以作为职业技能培训和相关人员的参考用书。

图书在版编目（CIP）数据

汽车钣金修复技术 / 耿家锐，苑春迎主编 . --北京：
北京理工大学出版社，2023.6
　ISBN 978-7-5763-2541-6

Ⅰ．①汽…　Ⅱ．①耿…②苑…　Ⅲ．①汽车-钣金工
Ⅳ．①U472.4

中国国家版本馆 CIP 数据核字（2023）第 118593 号

责任编辑：多海鹏　　文案编辑：多海鹏
责任校对：周瑞红　　责任印制：李志强

出版发行 / 北京理工大学出版社有限责任公司
社　　　址 / 北京市丰台区四合庄路 6 号
邮　　　编 / 100070
电　　　话 / （010）68914026（教材售后服务热线）
　　　　　　（010）68944437（课件资源服务热线）
网　　　址 / http：//www.bitpress.com.cn

版 印 次 / 2023 年 6 月第 1 版第 1 次印刷
印　　刷 / 三河市天利华印刷装订有限公司
开　　本 / 787 mm×1092 mm　1/16
印　　张 / 16.5
字　　数 / 385 千字
定　　价 / 79.00 元

前　言

　　本书是为贯彻《国务院关于大力发展职业教育的决定》精神，适应汽车工业飞速发展和汽车维修专业技能型紧缺人才培养的需求，组织在企业有实践经验的双师型教师编写而成，可供汽车类及相关各专业使用。

　　本书采用项目形式编写，有利于理实一体化教学。为满足当前社会需要并结合职业院校学生实际情况，在编写过程中注重理论与实际相结合、传统技术与现代新技术相结合，注重知识体系的实用性，突出内容的实践性，并强调可操作性。本书通俗易懂、图文并茂、形象直观，可培养学生的学习兴趣，提高学习效果。

　　本书共九个项目，分别为车身维修安全知识、车身修复常用工具及使用、汽车车身结构、车身焊接、车身损坏分析、车身测量、车身校正技术、车身金属覆盖件损伤修复、汽车涂装技术。

　　本书由耿家锐、苑春迎担任主编，何君、颜圣耘担任副主编。其中，贵州工业职业技术学院苑春迎编写项目一、二、四的内容，耿家锐编写项目九的内容，颜圣耘编写项目三、五的内容，何君编写项目六～八的内容。

　　本书在编写过程中参考了大量的文献资料，在此向文献资料的作者致以诚挚的谢意。由于编写时间及编者水平有限，书中难免有错误和不妥之处，恳请广大读者批评指正。

编　者

目　录

1

项目一

车身维修安全知识

📖 【本章知识导读】

知识目标	1. 了解车身维修车间的布置及区域划分； 2. 熟悉车身维修车间的安全事项
能力目标	1. 能按要求进行安全防护； 2. 能正确、规范使用各种工具
重点、难点	1. 车身维修车间合理布置； 2. 安全防护

　　汽车车身维修人员在工作环境中接触噪声、粉尘、弧光辐射等污染的机会较多，同时在实际工作过程中还要用到拉伸、锤击等动力设备，操作人员受到伤害的概率很高。所以在提高自身防范意识的同时，各种必要的安全防护措施也是必不可少的，正确地使用和保养各种安全防护设施也是车身修复人员必须掌握的。

任务一　车身修复车间的布置

📖 【任务引入】

　　实习生小张来到 4S 店进入钣金修复车间工作，经理让小张尽快熟悉这里的布置，小张应该从哪些方面了解钣金修复车间呢？

📖 【相关知识】

一、工作区布置

　　车身修复工作区一般分为钣金加工检查、钣金加工校正、车身校正和材料存放工位。
　　在车身修复工作区要完成事故车辆的检查、车辆零部件的拆卸、板件修理、车身测量校正、车身板件更换和车身板件装配调整工作。

车身维修车间工作区域分为车身修复工作区域（钣金工作区）和涂装工作区域（喷涂工作区），主要在这两个工作区完成车身的修复和涂装两项工作。

车身维修车间的工作区又根据生产需要划分为几个工位，工位之间相互联系也相对独立。车身修复工作区一般分为钣金加工检查工位、钣金加工校正工位、车身校正工位和材料存放工位等。车身涂装工作区一般分为喷漆准备区和喷漆区，喷涂准备区设有检查工位、打磨工位和调漆工位等。

在车身修复工作区域要完成事故车辆的检查、车辆零部件的拆卸、板件的维修、车身的测量校正、车身的钣金更换、车身的装配等工作。图1-1所示为外形修复机。

车身校正工位是车身修复工作区最重要的工位，同时也是完成工作量最多的工位。此工位要放置一台车身校正仪，车身校正仪平台的长度一般为5~6 m，宽度一般为2~2.5 m，要具备足够的操作空间。在车身校正仪周围至少要有1.5~2 m的操作空间，因此，车身校正工位的长度一般为8~10 m，宽度一般为5~6 m。图1-2所示为大梁校正仪。

图1-1　外形修复机

图1-2　大梁校正仪

二、气路和电路的布置

车身维修车间内压缩空气的压强一般为0.5~0.8 MPa。一般车间要有一个压缩空气站或空气压缩机，各个工位要有压缩空气接口，管路要沿墙壁布置，布置高度不超过1 m，也可布置在靠近车间顶板的位置。每个工位至少要留出2个接口，并安装开关，采用快速接头。

车身维修车间的用电量很大，一般都不小于15 A，而大功率的电阻点焊焊接电流不小于30~40 A，所以要在车间校正工位附近设置一个专用的配电箱供车身修复焊接用电，配电箱的位置距离车身校正系统不能超过10~15 m，以防止过长导致线路过热。

任务二　维修人员安全与防护

一、消防安全

1. 消防设施

消防设施，是指火灾自动报警系统、自动灭火系统、消火栓系统、防烟排烟系统以及应急广播和应急照明、安全疏散设施等。

燃烧的三个基本要素是热量（温度）、易燃物、氧气，只要这三个要素中有一个缺失就能熄灭火焰，阻止火灾的发生。在车间一般要配备水龙头、防火沙、灭火器等消防设施。多用途干粉灭火器可扑灭易燃物、易燃液体和电气火灾，车间应配备足量的多用途干粉灭火器，并保证性能完好，灭火器的使用方法各个员工都要掌握。灭火器应该定期进行检查，并定期重新加注灭火剂，如图 1-3 所示。灭火器要摆放在车间的固定位置，并设有明显的标志。

图 1-3　灭火器

2. 车间防火注意事项

车身维修车间有如汽油、油漆等各种易燃品，在操作过程中也经常产生明火，极易造成火灾。因此，在车身维修操作时要注意以下防火事项。

（1）车身维修车间禁止吸烟。

（2）不能将火柴或打火机等火种带入车间。

（3）进行焊接或切割作业时，高热量的火星可飞溅到很远，因此，不要在存有油漆或易燃的液体材料附近进行切割或焊接作业。

（4）易燃材料要由专人妥善保管，不要有泄漏现象。

（5）燃油箱要在作业前排空后拆下，彻底清洗并确认无残油，敞开油箱盖谨慎施焊，必要时要用湿布将油箱的修理部位进行冷却。

（6）为了防止电气火灾，在进行电气作业或车身作业前要断开蓄电池。

（7）注意在有内饰件附近切割或焊接时，要防止内饰件被点着，并适当地用湿布遮盖，同时要在旁边准备一桶水和一个灭火器。

（8）气瓶要放在离火源较远的地方，不得在太阳底下暴晒，不得撞击，所有氧焊工具不得沾上油污、油漆，并要定期检查焊枪、气瓶、表头、气管，以防漏气。

（9）搬运氧气瓶及乙炔气瓶时必须使用专门的搬运小车，切忌在地上拖拉。

（10）进行氧焊点火时先开乙炔气阀后开氧气阀，熄火时先关乙炔气阀，发生回火（回燃）现象时应迅速卡紧胶管，先关乙炔气阀再关氧气阀。

（11）一旦发生火灾，要冷静处理，采取必要的措施进行扑救，及时拨打火警电话报警，同时要注意及时撤离火灾现场。

二、电气安全

（1）车身维修作业过程中，经常使用电动工具，且利用交流电的时候较多，为了保证用电安全，在维修与使用设备和工具时，必须先断开电源，否则会有电击危险，严重的可能造成人员死亡。在使用过程中，必须保持地面干燥，发现有导线漏电应及时进行修复或更换。应该确保电动工具和设备的电源线正确接地，如果电源线中的接地插头断裂，则应更换插头后再使用工具。

（2）注意安全牌的提示。例如："当心触电""注意安全""禁止烟火""禁止开动"等。蓄电池室门上挂有"禁止烟火"的标牌。仔细阅读设备和工具的使用说明书，正确进行导线连接，按说明书的要求进行使用。

（3）注意安全距离。在各种工作条件下，带电导体和周围的接地体、地面、不同相的带电导体以及工作人员之间必须保持的最小距离，这个距离应考虑到可能产生最大工作电压或过电压时，不会出现导体放电，保证工作人员在维修设备和操作时绝对安全。

三、防护知识

1. 呼吸系统和肺部的防护

（1）供气式呼吸器。供气式呼吸器主要由一个透明的护目镜、外接气源软管、兜帽等组成，使用时，干净可呼吸的空气通过软管从一个单独的气源泵送到面罩或头盔中，供人呼吸。在喷涂作业时，采用供气式呼吸器，防护效果好。

（2）滤筒式呼吸器。滤筒式呼吸器由橡胶面罩、预滤器、滤筒、进气阀和出气阀等组成。橡胶面罩用来保证贴合脸部轮廓，保证气密性；可更换的预滤器和滤筒能够清除空气中飞散的溶剂和其他蒸气；进气阀、出气阀可保证所有吸入的空气都通过过滤器。

（3）焊接用呼吸器。在进行镀锌钢材进行焊接时，产生的焊接烟尘和锌蒸气会对人体产生很大的伤害。焊接用呼吸器就是在呼吸器上有一个特殊的滤筒，来吸收焊接产生的烟尘。

（4）防尘呼吸器。防尘呼吸器一般是用多层滤纸制作的价格较低的纸质过滤器，它的作用是阻挡空气中的微尘、粉尘进入人的鼻腔、咽喉、呼吸道和肺部。在进行打磨、研磨或用吹风机吹净操作时会产生大量的粉尘等，应佩戴防尘呼吸器。防尘呼吸器是加了过滤层的口罩。

2. 头部的防护

车身维修人员在作业过程中，由于时常在车下或者车厢内进行作业，若不小心，则容易造成头部损伤，还会因为粉尘、油污等造成头发污染或不清洁，因此要注意头部的防护。在进行维修作业的过程中要戴上安全帽，在车下作业或者拉伸校正操作时要戴上硬质的安全帽。同时，头发不要过长，工作时要把头发放入安全帽中。

3. 耳的防护

在车身维修作业过程中，经常使用气动錾、气动锯等切割工具，还经常对钣金件进行敲打、打磨等操作，这些都会产生高分贝的噪声，容易对耳朵产生伤害，因此在进行上述工作时，要佩戴耳塞或耳罩，以加强耳朵的防护。

4. 眼睛和面部的防护

如果佩戴的防护呼吸器不带面罩，就应该在大多数维修操作时佩戴防护眼镜、面罩等装置，以保护眼睛和面部。防护眼镜能在锤击、钻孔、磨削和切削等操作时，防止飞屑击伤面部或眼睛。图 1-4 所示为防护镜。

在进行焊接作业时，应佩戴有深色镜片的头盔或护目镜，头盔能保护面部免受高温、紫外线或融化的金属灼伤，深色镜片能保护眼睛免受电焊弧光的伤害。图 1-5 所示为手持焊接面罩。

图 1-4　防护镜

图 1-5　手持焊接面罩

5. 身体的防护

在车身维修车间应穿着合格的连体工作服，不能穿宽松的衣服、没系袖口扣子的衬衫，不能佩戴饰物。衣物应远离运动和运转的部件，宽松、下垂的衣物容易被绞入运动部件，造成人体伤害。

6. 手、腿、脚的防护

在焊接作业时，应戴上皮质的手套，防止焊接熔化的金属烫伤手臂。在进行车身维修作业中，经常会跪在地上进行操作，因此最好佩戴护膝，以保护膝盖，防止引起膝盖的损伤。图 1-6 所示为皮质手套。

在车身维修车间，工作时最好穿安全鞋，不能穿凉鞋和拖鞋。安全鞋鞋头有金属片，可以防止重物下落砸伤脚；安全鞋还有防滑和绝缘的功能，可以防止滑倒和触电事故的发生。

图 1-6　皮质手套

四、个人安全准则

维修人员在进行车身维修操作时要遵守以下准则。

1. 掌握信息

在使用各种设备前要认真学习产品标签或说明书上的使用方法和注意事项，切忌盲目操作和违反操作规程精细作业。

2. 佩戴个人防护用具

按防护要求佩戴安全防护用具，并保证防护用具性能可靠。

3. 合理使用压缩空气

用压缩空气枪吹洗车门的侧壁和其他难以达到的地方时，应当戴上护目镜和防尘面具。不要用压缩空气吹身上的尘土，以免压缩空气的压力把铁屑等杂质嵌入人体的皮肤内。

4. 金属处理过程

金属的处理剂含有磷酸，吸入这种化学物质或皮肤、眼睛接触到这种物质，可能会引起发炎，所以在使用这些材料时要佩戴安全镜、穿工作服、戴橡胶手套及气体呼吸保护器。

5. 场地安全

在工作场地不允许进行追逐、打闹。工作区的许多设备、工具，还有气和点的管路、线路都存在潜在的危险，可能对人员、物品产生损害。

在搬运物品时，一定要尽量借助一些设备进行搬运、提升、移动，尽量减小意外扭伤或砸伤。

任务三　工具设备的安全操作

一、手动工具

（1）使用工具人员必须熟知工具的性能、特点、使用、保管和维修及保养方法。

（2）工作前必须对工具进行检查，严禁使用腐蚀、变形、松动、有故障、破损等不合格工具。

（3）带有牙口、刃口尖锐的工具及转动部分应有防护装置。

（4）使用特殊工具时应有相应的安全措施。

（5）小型工器具应放在工具袋中妥善保管。

二、动力工具的安全操作

1. 电动工具

（1）使用电动工具时，应有必要的、合格的绝缘用品，在潮湿地带或金属容器内使用电动工具，必须有相应的绝缘措施，并有专人监护。电动工具的开关应设在监护人便于观察和操作的地方。

（2）砂轮机在使用前应检查砂轮有无外伤、裂纹，然后进行空转试验，无问题方可使用。由于砂轮机转速高且有一定的重量，打磨时与物件的接触点要求比较严格，所以稳定性较差。使用时，操作者精力要集中，需戴防护镜。磨削时应避免撞击，应用砂轮正面磨削，禁止使用砂轮侧面。为防止砂轮破碎伤人，在安装砂轮时砂轮与两侧板之间应加柔软垫片，且严禁猛击螺帽。图 1-7 所示为砂轮机。

（3）电动工具不用时，应妥当放置在干燥处，宜加锁。电动工具必须在规定的负荷容量内进行使用，方可获得良好的效果且较安全。不可用小型刀具或装置去加工本应使用大型刀具加工的工件，不可使用用途不当的刀具。图 1-8 所示为电动角磨机。

图 1-7　砂轮机　　　　图 1-8　电动角磨机

（4）穿宽松拂袖的服装使用电动工具是最危险的，因为可能被高速旋转的电动工具缠住衣物而发生意外。在户外工作时宜戴橡皮质手套及穿没有破洞的鞋子，工作时必须戴帽子。

（5）不可拖着导线移动工具，或拉导线拔出插头等，还须避免使导线触及高热物体及尖锐金属边缘或沾湿油脂。通常使用夹钳固定要切削的工件，这比用手握住工件加工要更加安全。

（6）工作时必须保持正确姿势，必须站稳，不可伸手越过工具取物及加工。注意保养工具，刀具必须时常保持锐利的状态才能获良好的加工性能与操作安全；按照规定润滑与更换配件；定期检查导线，如发现有破损应立即到专业修理中心修理。延长接电导线，如有破损应立即换新；手柄要保持干燥清洁，不沾油脂。

（7）工具在不用或进行保养及换夹具和刀具时，一定要拨出电插头。在打开开关转动机械以前，须检查刀具部分的调整工具及固定用扳手等有无完全取出。

2. 气动工具

（1）使用气动工具、气源时应装气水分离器，以免混浊空气进入，磨损机件。气动工具开始工作后要注意安全，一般在使用工具时应佩戴面罩、手套等。在使用工具前应认真阅读使用说明书。

（2）供气的软管应进行吹洗，不得对人，与套口连接应牢固。不工作时，应先关掉空气源，并将工具和空气源的接头拔掉。图1-9所示为气枪。

（3）气管不得变成锐角，遭受挤压或受到损坏时应立即停止使用。

图1-9　气枪

（4）气动工具在使用过程中，沿气管方向不得站人，以防风管脱口伤人。

（5）更换工具附件，须待气体全部排出、压力下降后方可进行。使用的气动工具距离空压机的远近，必然会在压力上产生差距，如果距离太远，则需要使用粗一点的气动软管，或者更大流量的空压机。图1-10所示为气动抛光机。

（6）使用冲击性气动工具（风锤，风镐、风铲、风枪等）时，必须把工具置于工作状态后方可通气。

（7）气动工具是利用空气压缩机产生的能量来进行工作的，输送的压缩空气必须是清洁、干燥的冷空气。但不准用压缩空气清洁衣物。气动工具在每天使用过后或者长时间不用之前，需要加油保养，具体方法就是在工具的进气口滴几滴气动工具专用油，经常保养可以延长工具的使用寿命。图1-11所示为空气压缩机。

图1-10　气动抛光机

图1-11　空气压缩机

3. 汽车举升机

汽车举升机安全使用操作规程：

（1）使用前应清除举升机附近妨碍作业的器具及杂物，并检查操作手柄是否正常。

（2）机器操作机构灵敏有效，液压系统不允许有爬行现象。

（3）支车时，四个支角应在同一平面上，并调整支角胶垫高度使其接触车辆底盘支撑部位。

（4）支车时，车辆不可支的过高，支起后四个托架要锁止。

（5）待举升车辆驶入后，应将举升机支撑块调整移动，以对正该车型规定的举升点。

（6）举升时人员应离开车辆，举升到需要高度时必须插入保险锁销，并确保安全可靠方可开始车底作业。

（7）机器除低保及小修项目外，其他烦琐、笨重的作业不得在举升器上操作修理。

（8）使用举升器时不得频繁起落。

（9）支车时举升要稳、降落要慢。

（10）有人作业时严禁升降举升机。

（11）如果发现操作机构不灵、电动机不同步、托架不平或液压部分漏油，应及时报修，不得带病操作。

（12）完成作业后应清除杂物，打扫举升机周围，以保持场地整洁。

（13）定期（半年）排除举升机油缸积水，并检查油量，油量不足应及时加注相同牌号的压力油。同时应检查润滑机构、举升机传动齿轮及链条。图1-12所示为汽车举升机。

图1-12　汽车举升机

【任务实施】

一、维修车间危险源识别及正确防护

1. 实训准备

场地：汽车钣金修复实训室。

设备：消防设施、电气控制柜、人体防护装备。

2. 实训目的

（1）认识维修车间，识别危险源。

（2）提高安全意识，主动进行自我防护。

（3）遵守安全准则，服从车间管理。

3. 实训步骤

1）认识维修车间

根据平面图，认识维修车间布局。现场参观维修车间，指出车间各设备的摆放位置。

2）消防安全

根据车间情况，逐一指出维修车间的消防设施，并说出设施的作用。

教师演示消防设施的使用方法。

3）电气安全

（1）了解车间电气控制单元的位置及使用。

（2）了解车间线路的走向及接插口位置。

（3）知道用电设备的电气安全操作知识。

（4）会使用万用表测量线路及接口。

（5）能够进行电气安全紧急情况处理。

4）个人防护

（1）个人防护用品的认识。

（2）个人防护用品的试穿、试戴。

4. 任务评价

维修车间危险源识别及正确防护评价标准见表1-1。

表 1-1　维修车间危险源识别及正确防护评价标准

序号	作业项目	考核内容	评分细则	分值	得分
1	消防安全	车间消防设施有哪些	表述正确	10	
		燃烧的三要素	表述正确	10	
		车间防火注意事项	表述正确	10	
2	电气安全	电气安全注意事项	表述正确	10	
3	防护知识	呼吸系统防护	表述正确	10	
		头部、耳、眼睛、面部防护	表述正确	20	
		身体、手、腿、脚防护	表述正确	20	
4	安全准则	个人安全准则	表述正确	10	

二、维修设备使用操作及维护

1. 实训准备

（1）场地：汽车钣金修复实训室。

（2）设备：手工工具、动力工具、液压工具。

（3）耗材：修复用车门5件、砂轮片、锯条、焊丝、保护气体、介子片、碳棒等。

2. 实训目的

（1）认识手工工具，并操作体验。

（2）认识动力工具，并操作体验。

（3）认识举升机类型，正确操作举升机。

3. 实训步骤

1）手工工具使用

（1）领取、清点工具，并将工具缺损情况报告给实训老师，记录。

（2）领取实训耗材，放在规定操作区域。

（3）教师示范操作要领。

（4）穿戴防护设备，分组进行操作体验。

2）动力工具使用

（1）检查工具外观是否完好。

（2）教师讲解操作要领，并示范。

（3）穿戴防护设备，进行操作体验。

3）举升机

（1）龙门举升机讲解，特别注意安全锁的使用，举升拖住车身的裙边。

（2）剪式举升机讲解，使用过程中要拉手刹，前后垫挡车块。

（3）教师讲解操作要领，并示范。

（4）分组操作体验。

4. 任务评价

维修设备使用操作及维护评价标准见表1-2。

表1-2　维修设备使用操作及维护评价标准

序号	作业项目	考核内容	评分细则	分值	得分
1	手动工具	手动工具使用保管	表述正确	25	
2	动力工具	电动工具安全操作	操作正确	25	
		气动工具安全操作	操作正确	25	
3	举升机	操作流程	操作正确	25	

复习思考题

一、选择题

1. 焊接作业中危害健康的因素有弧光辐射、金属烟尘和_____三种。

A. 高温　　　　　B. 粉尘　　　　　C. 有机溶剂　　　　　D. 有害气体

2. 引发电弧眼、白内障和皮肤癌的危害因素是_____。

A. 紫外光　　　　B. 红外光　　　　C. 可见强光　　　　D. 弧光

3. 声音在_____dB 以上即为有害的噪声。

A. 100　　　　　B. 110　　　　　C. 120　　　　　D. 130

4. 呼吸器应保存在_____中，保持清洁。

A. 暴露的环境　　　　　　　　B. 开口盒子

C. 气密的容器内或塑料自封袋　　D. 工作场所

5. 维修车间内压缩空气的压力一般为_____MPa。

A. 0.5~0.8　　　B. 0.8~1.0　　　C. 1.0~1.2　　　D. 1.2~1.5

6. 我国规定安全电压的最高标准为_____V。

A. 12　　　　　B. 24　　　　　C. 36　　　　　D. 48

7. 在进行研磨、钻孔和打磨时一定要使用_____固定小零件。

二、简答题

1. 汽车修复车间的工位一般设立哪些？最重要的是哪个工位？

2. 简述汽车维修车间安全用电的措施。

3. 维修车间如何防火？

4. 车身维修人员应做哪些身体防护？

项目二

车身修复常用工具及使用

📖【本章知识导读】

知识目标	1. 认识常用的钣金修理工具； 2. 认识汽车钣金修复常用的动力工具
能力目标	1. 熟练操作钣金修理常用工具并能正确进行维护与保养； 2. 掌握汽车钣金修复常用动力工具的使用及保养方法
重点、难点	汽车钣金修复常用工具使用方法

　　钣金常用工具及设备在汽车钣金修理中占有非常重要的地位，熟练使用工具可以高效地完成车身修理、调整和更换等技术工艺。

任务一　手工工具及使用

　　正确选择和使用汽车维修工具，对于提高维修效率、保障设备完整和人身安全有着十分重要的作用。

　　汽车钣金维修作业的手动工具包括扳手、旋具、钳子等通用工具，它们可用于拆卸零件、翼子板、车门和总成。此外还包括车身修复的专用工具，如钣金锤、垫铁、匙形铁、撬棍等。如图 2-1 所示。

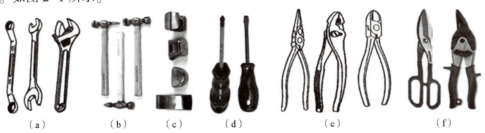

图 2-1　常用工具分类

（a）扳手；（b）锤子；（c）垫铁；（d）旋具；（e）钳子；（f）剪刀

1. 扳手

在汽车修理中为拆下和更换螺栓、螺母或拆下零件，通常使用梅花扳手、开口扳手或成套套筒扳手。如果由于工作空间和维修条件限制，可灵活选择扳手类型进行维修操作。

1）分类

汽车车身维修常用扳手类型主要有梅花扳手、开口扳手、套筒扳手和可调扳手等，如图2-2所示。

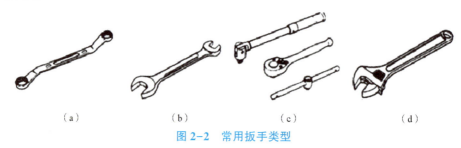

（a）　　　　　　　（b）　　　　　　　（c）　　　　　　　（d）

图2-2　常用扳手类型

（a）梅花扳手；（b）开口扳手；（c）套筒扳手；（d）可调扳手

2）功用及应用场合

（1）梅花扳手。

①功用：梅花扳手的工作部位呈花环状，套住螺母扳转可使六角受力均匀。梅花扳手适应性强，扳转力矩大，适用于拆装所处空间狭小的螺栓、螺母，特别是螺栓、螺母需要较大力矩时，应使用梅花扳手。

②使用要求：使用时，应轻力扳转，大拇指抵住扳头；当重力扳转时，四指与拇指应上下握紧扳手手柄，往身边扳转。扳转时，不准在梅花扳手上任意加套管或锤击；禁止使用内孔磨损过度的梅花扳手；不能将梅花扳手当撬棒使用；禁止用水或酸、碱液清洗扳手，应用煤油或柴油清洗后再涂上一层薄的润滑脂保管。

（2）开口扳手。

①开口扳手，又称呆扳手。其功用：适用于拆装所属空间狭小的标准规格的螺栓、螺母。

注意：当螺栓、螺母拆卸需要较大力矩时，应尽量使用梅花扳手。

②使用要求：与梅花扳手相同，使用时注意受力方向，禁止使用开口处磨损过度的开口扳手，以免损坏螺栓、螺母的六角。

（3）套筒扳手。

①功用：套筒扳手由一套尺寸不同的套筒和一根弓形的快速摇柄组成，对标准规格的螺栓、螺母均可使用。套筒扳手既适合一般部位螺栓、螺母的拆装，也适合处于深凹部位和隐蔽狭小部位螺栓、螺母的拆装。与接杆配合，可加快拆装速度和提高拆装质量。

②使用要求：使用时根据螺栓、螺母尺寸选定套筒，与手柄方形接头配合使用（视需要使用长、短接杆），用套筒套住螺栓、螺母，转动手柄进行拆装。用棘轮手柄拆装螺栓、螺母时，不可拆装过紧工件，以避免损坏棘轮。拆装时，手柄切勿摇晃，以免套筒滑出或损坏螺栓、螺母的六角。禁止使用锤子等工具将套筒击入变形的六角螺栓螺母，以免损坏套筒。禁止使用内孔磨损过度的套筒。工具使用完毕后应清洗油污，妥善放置。

（4）可调扳手。

①功用：可调扳手由固定和可调两部分组成，扳手的开度大小可以调整。可调扳手一般用于不同尺寸螺栓、螺母的拆装。

②使用要求：扳转时，固定部分承受拉力，以免损坏活动部分；不准在可调扳手的手柄上随意加套管或锤击；禁止将可调扳手当锤子使用。

2. 锤子

锤子可通过敲击来拆卸和更换零件，并根据声音来测试螺栓的松紧度，其使用类型取决于应用条件或材料。

1）分类

根据锤击需要，锤头可以采用各种材料，如橡皮锤、木槌和铜锤等。

（1）根据锤击部位不同，可以分为球头销锤、塑料锤和检修用锤等。

（2）根据车身维修场合不同，可分为橡皮锤、铁锤、球头锤、鹤嘴锤（镐锤）、重头锤（冲击锤）、精修锤等（见图2-3）等。

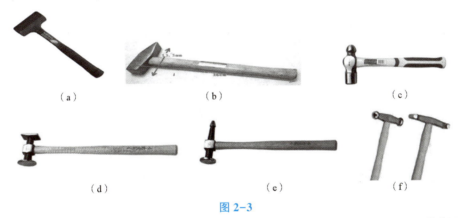

（a） （b） （c）

（d） （e） （f）

图 2-3

（a）橡皮锤；（b）铁锤；（c）球头锤；（d）重头锤（冲击锤）；（e）鹤嘴锤（镐锤）；（f）精修锤

2）功用及应用场合

（1）橡皮锤。

橡皮锤主要用于维修表面微小的凹陷，用橡皮锤轻轻地敲击不会损坏油漆的表面，也不会损坏表面的光泽。它经常与吸盘配合用于"塌陷型"的凹陷上，当吸盘将凹陷拉上来时，用橡皮锤围绕着高点进行圆周轻打，当高点落下及底部弹回到原来外形时会发生"嘭啪"的声音。如图2-3（a）所示。

（2）铁锤。

铁锤用于修复较厚的钣金件，使之大致回到原形，此类铁锤的手柄较短，适用于空间较为紧凑的地方。如图2-3（b）所示。

（3）球头锤。

球头锤也叫圆头锤，它的质量为290~450 g，由一个圆形平面锤头和一个球形锤头组成。它用于校正弯曲的基础构件、修平部件和钣金件粗成形阶段。如图2-3（c）所示。

（4）重头锤。

重头锤也叫冲击锤，它一头为圆形，另一头为方形，这种锤顶面大，使得打击的力散布在较大的面积上，用于凹陷钣金面的初步校正，或在内部板件和加强部位的加工，这种场合需要较大面积量而不要求光洁表面，如图2-3（d）所示。

（5）鹤嘴锤。

鹤嘴锤属于精修锤，锤头一端为圆形平面，另一端为尖形，尖头即鹤嘴，有的鹤嘴较长，能伸到车身后面，可用在如前挡泥板等这些操作不方便的部位。鹤嘴头用来消除车身的小凹部，其平端头与顶铁配合可以去除微小的凸点和波纹，如图2-3（e）所示。

使用鹤嘴锤时要小心，假如用力过猛，尖顶端可能会戳穿新型汽车上的钣金件，故只能在修复小的凹陷处用鹤嘴锤，并且要控制力度。

（6）精修锤。

精修锤也叫轻头锤，它的形状与重头锤一样，一般用来进行金属精加工，即用重头锤去除凹陷之后，用精修锤精修外形，如在车门处折边等。精修锤的锤面较冲击锤小，锤面隆起的锤头适用于修平表面微小凸点和波纹的顶端；带有锯齿面或交错缝槽面的精修锤叫收缩锤，适用于收缩作业，以便修整被过度捶打而产生的延伸变形。如图2-3（f）所示。

3）使用要求

（1）使用时，应握紧锤柄的有效部位，锤落线应与锤柄的轴线保持相切，否则锤头容易脱锤而影响安全。

（2）锤击时，眼睛应盯住锤柄的下端，以免击偏。

（3）禁止用锤子直接锤击机件，以免损坏机件。

（4）禁止使用锤柄断裂或锤头松动的锤子，以免锤头脱落伤人。

3. 旋具

旋具用于拆卸和更换螺钉，有木柄和塑料柄之分。木柄螺钉旋具有普通式和穿心式两种，穿心式能承受较大的扭矩，并可在尾部做适当的敲击。塑料柄螺钉旋具具有良好的绝缘性能，适用于电工使用。

1）分类

旋具主要有一字螺钉旋具和十字螺钉旋具两种类型，如图2-4所示。

（a）   （b）

图2-4 常用旋具类型

（a）一字；（b）十字

2）使用要求

（1）应根据螺钉形状、大小选用合适的螺钉旋具。

（2）使用时螺钉旋具不可偏斜，扭转的同时应施加一定压力，以免旋具滑脱和损坏螺纹。

（3）使用时手心应顶住柄端，并用手指旋转旋具手柄。如使用较长的螺钉旋具，则左手应把住旋具的前端。

（4）当螺钉旋具或工件上有油污时，应擦净后再用。

（5）禁止将螺钉旋具当撬棒或錾子使用。

4. 钳子

钳子可分为尖嘴钳、鲤鱼钳、剪线钳和大力钳，钳子多用于切断金属丝，夹持或弯曲小零件，如图 2-5 所示。

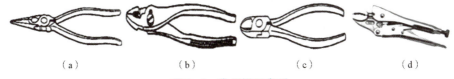

（a）　　　　　　　（b）　　　　　　　（c）　　　　　　　（d）

图 2-5　常用钳子类型

（a）尖嘴钳；（b）鲤鱼钳；（c）剪线钳；（d）大力钳

汽车钣金维修中广泛使用大力钳，主要用于夹持零件进行铆接、焊接、钻孔和磨削等加工，其特点是钳口可以锁紧并产生很大的夹紧力，被夹紧零件不会松脱，而且钳口有很多挡可调节位置，供夹紧不同厚度零件使用，另外也可作为扳手使用，如图 2-6 所示。

图 2-6　大力钳

使用要求：

（1）使用时应擦净油污，根据需要选用钳子类型。

（2）禁止将钳子当扳手、撬棍或锤子使用。

（3）不准用锤子击打钳子。

（4）禁止用钳子夹持高温机件。

5. 剪刀

剪刀分为手剪刀和台式剪刀，一般用于某种条件下单件生产或半成品的修整工作，如图 2-7 所示。

（a）　　　　　　　　　（b）　　　　　　　　　（c）

图 2-7　常用剪刀类型

（a）手剪刀；（b）弯剪刀；（c）台式剪刀

6. 顶铁

顶铁是一种手持的铁砧，与锤配合进行钣金修理作业，也称为垫铁或衬铁。

1）分类

顶铁分为通用顶铁、足跟形顶铁、足尖形顶铁和楔形顶铁等，如图 2-8 所示。

2）功能及应用场合

（1）通用顶铁也叫万能顶铁，可以用来粗加工挡泥板的拱起部分及与车身相同形状的

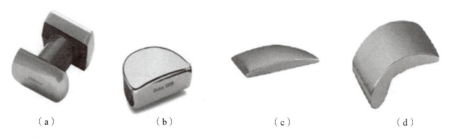

（a）　　　　　　　（b）　　　　　　　（c）　　　　　　　（d）

图 2-8　各种类型垫铁

（a）通用顶铁；（b）足跟形顶铁；（c）足尖形顶铁；（d）楔形顶铁

表面，校正挡泥板凸缘、装饰条和轮缘，修正焊接区。如图 2-8（a）所示。

（2）足跟形顶铁用来在板件上形成较大形状的凸起，校直高拱起或低拱起的金属板、长形结构件和平面板件。如图 2-8（b）所示。

（3）足尖形顶铁是一种组合平面顶铁，用来收缩车门板、挡泥板裙部、柱杆部和汽车各种盖板，也可以用来在挡泥板的底部形成卷边和凸缘。该顶铁的一个面非常平而另外一个面微微拱起，特别适合于加工还没有精加工的金属板件。如图 2-8（c）所示。

（4）楔形顶铁也叫逗号顶铁，用来在柱杆顶部和宽的挡泥板凸缘上升成拱起，也可以用来加工与支架或其他车身内部构件形成一个封闭的板件，还可以在柱杆顶部粗加工出一些小的凹痕，特别是在顶盖梁和横杆的后部，以及在车身其他地方生成皱褶等。如图 2-8（d）所示。

3）使用要求

用顶铁法修整可分为正托和偏托两种方式。

偏托是指直接用顶铁抵住最大凹陷处，使用木槌或龙锤敲击凹陷周围产生的隆起变形，即"深入浅出"地敲平凹凸变形。用偏托修整平面，一般不会造成钣件伸展，因为顶铁击打的是钣料正面的凹陷处，而锤子击打的是钣料正面的鼓凸部位，如图 2-9（a）所示。

当局部凹凸变形被修平至一定程度时，应改用正托进一步敲平。正托是指将顶铁直接顶在钣料背面不平的位置上，同时用锤子在顶铁的正面敲平。由于锤子的敲击作用会使顶铁发生轻度反弹，在锤子敲击的同时顶铁也将同时击打钣料，所以顶铁垫靠的越紧，则展平的效果越好，如图 2-9（b）所示。

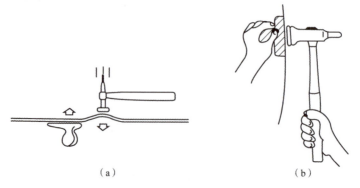

（a）　　　　　　　　　　　　　　　（b）

图 2-9　顶铁使用要求

（a）偏托；（b）正托

7. 匙形铁

匙形铁是车身维修的特殊工具，主要用于抛光金属表面，所以也叫修平刀。匙形铁有很多种形状和尺寸，可以满足各种不同形状车身钣件维修的需要，它的工作面一般有平面形、弧形和双钩形 3 种。各种匙形铁如图 2-10 所示。

匙形铁贴紧待修表面，再捶打匙形铁，对表面某些微小的划伤部位恢复原状特别有效，如图 2-11 所示。

不同的匙形铁可与不同的面板形状匹配使用，当面板背面的空间有限时，匙形铁也可当作匙形铁或撬棍使用，如图 2-12 所示。

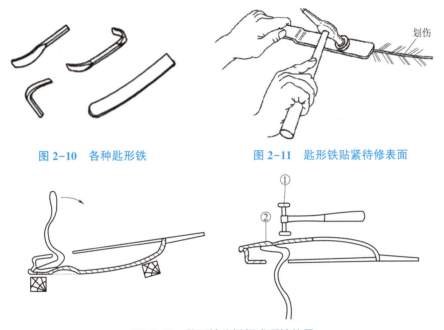

图 2-10　各种匙形铁　　　　　　　图 2-11　匙形铁贴紧待修表面

图 2-12　匙形铁作撬棍或顶铁使用

8. 撬棍

撬棍类似于匙形铁，用于进入有限的空间将凹点撬起，它们有不同的长度和形状。各种车身撬棍如图 2-13 所示。

9. 车身锉刀

在金属精加工或最终维修时常用到车身锉刀。在变形钣件经过敲击或拉回等粗加工后，锉削可以显露出钣件上任何需要再加以处理的凸点和凹点，也可以用在经加工去除钣件面上所有的凸、凹点后，最后磨光滑金属钣面。经锉刀加工后，再用打磨机打磨，就可以完成金属精加工的全部工作。如图 2-14 所示。

图 2-13　车身撬棍　　　　　　　图 2-14　车身锉刀

10. 冲头和錾子

冲头和錾子是钣金维修人员常备的工具，十分有用。冲头和錾子的种类如图 2-15 所示。

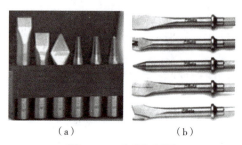

图 2-15 冲头和錾子

（a）冲头；（b）錾子

扁冲可以与锤子配合使用，在车身钣件和车架上重新成形凸缘、凸起、直线边缘、弯折等；扁冲也可以用来校直角线，如图 2-16 所示。錾子用于某些手工切削操作，比如去铆钉头或分割金属板块。常见的錾子有平头冷錾（也叫扁錾）、狭錾、菱形錾和圆头錾。汽车钣金维修中最常用的是扁冲和扁錾，二者样子和形状没有太大的区别，一般刃口锋利的为錾子，刃口钝的为扁冲，可以自己制作。

图 2-16 扁冲

冲头或錾子的端部形状应保持，如果由于锤击力致使端部增大变粗，则应将其磨回原状，变大的端部可能会刮到手。

11. 凹陷拉拔工具

1）凹陷拉拔器

凹陷拉拔器，有螺纹尖头和一个钩尖，一般情况下要求在皱褶处钻出或冲出一个或多个孔，拉拔时通常将螺纹尖头拧入所钻的孔，用滑锤轻轻敲打手柄，慢慢把凹陷拉平，如图 2-17 所示。

2）拉拔杆

拉拔杆有一个弯曲的头，同凹陷拉拔器一样，把它插入钻出的孔里，用一根拉拔杆即可把较小的凹陷或皱褶拉平，而要拉平较大的凹陷，就要同时用 3 根或 4 根拉拔杆。拉拔杆可与钣金锤一起使用，同时敲击和拉拔使车身钣件恢复到原来的形状，且造成金属延展的危险较小，如图 2-18 所示。

图 2-17 凹陷拉拔器

图 2-18 拉拔杆

3）真空吸盘

真空吸盘是一种简单工具，它可以迅速拉起较浅的凹坑，只要凹坑不是处在皱褶的钣金件上。作业时只需将吸盘附着在凹坑的中心并拉起，凹坑就可能恢复正常形状而不损伤油漆，也不需要再做表面整修，有时凹坑定位后还需要用锤子和顶铁来整平钣金件。如图 2-19 所示。

12. 装饰件拆卸工具

为了保护汽车车身上的装饰件及其连接件，在拆卸时必须使用专业工具，如尖叉形状的工具能撬起装潢小钉、弹簧、夹子和其他装饰件的连接件，如图 2-20 所示。

图 2-19 真空吸盘

图 2-20 装饰件拆卸工具

任务二　动力工具及使用

动力工具是利用气压、油压或电能进行工作的，汽车钣金修复的动力工具包括气动工具和电动工具两类。动力工具在汽车车身维修中的应用越来越广泛，它们的使用不仅提高了工作效率，而且提高了维修质量和精度，改进了传统的手工工艺和操作方法。

动力如果使用不当，则会非常危险，故必须按照动力工具或设备用户手册中的指导进行操作。

一、气动工具

气动工具是汽车修理行业中应用最为广泛的工具。

1. 空气压缩机

1）功用

空气压缩机是气源装置中的主体，它是将原动机（通常是电动机）的机械能转换成气体压力能的装置，是压缩空气的气压发生装置。

2）种类

空气压缩机按工作原理可分为容积式压缩机、往复式压缩机和离心式压缩机。

现在常用的空气压缩机有活塞式空气压缩机、螺杆式空气压缩机、离心式空气压缩机以及滑片式空气压缩机和涡旋式空气压缩机。

3）特点

空气压缩机的特点是，由电动机直接驱动，使曲轴产生旋转运动，带动连杆使活塞产生往复运动，引起气缸容积变化。由于气缸内压力的变化，故通过进气阀使空气经过空气滤清器（消声器）进入气缸，在压缩行程中，由于气缸容积的缩小，压缩空气经过排气阀的作用，经排气管、单向阀（止回阀）进入储气罐，当排气压力达到额定压力 0.7 MPa 时，由压力开关控制而自动停机。当储气罐压力降至 0.5~0.6 MPa 时，压力开关自动连接启动。

4）应用场合

空气压缩机常应用于以下场合，风动工具，如凿岩机、风镐、气动扳手等；仪表控制及自动化装置，如加工中心的刀具更换等；车辆制动、门窗启闭；食品、制药工业，利用压缩空气搅拌浆液；大型船用柴油机的启动、风洞实验、地下通道换气、金属冶炼、油井压裂、军事和轮胎充气等。

2. 气动扳手

气动扳手有两种基本形式：气动冲击扳手和棘轮扳手。

1）冲击扳手

冲击扳手的输出端具有带碰珠的短杆，将套筒一端插入到扳手输出端，另一端套在螺母上，开启进气门通压缩空气，即可实现拧紧或拧松螺纹的作业。如图 2-21 所示。

2）棘轮扳手

棘轮扳手的特点是扳手向一个方向旋转，依靠棘爪作用，带动螺母旋转；反方向转动时，棘爪空套不起作用，此时螺母不会旋转。利用压缩空气驱动气动马达带动棘轮机构旋转而成的扳手即为气动棘轮扳手，如图 2-22 所示。

图 2-21　气动冲击扳手

图 2-22　气动棘轮扳手

3. 气动钻

气动钻用压缩空气作动力驱动气动马达旋转，以达到钻孔的目的。常见的气动钻的类型如图 2-23 所示。

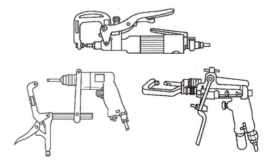

图 2-23　常见的气动钻类型

图 2-24 所示为专门用来去除焊点的气动钻附件（焊点切割器）。切开焊点时，钻机应固定在焊接的地方，利用钻头将焊点切除。

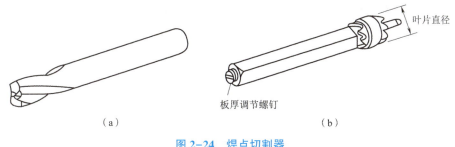

（a） （b）

图 2-24 焊点切割器

（a）钻头型；（b）孔锯型

4. 气动旋具

气动旋具可用于各种螺钉（机制螺钉、塑料自攻螺钉、钣金螺钉、复合金属板自钻孔螺钉、精密装配件上的精密螺钉）的旋紧。

5. 气动打磨机

气动打磨机一般用于喷漆车间。气动打磨机有两种：盘式打磨机（见图 2-25）和带式打磨机（见图 2-26）。气动打磨机主要用于刮去旧涂层及除锈和漆面抛光。

图 2-25 盘式打磨机 **图 2-26 带式打磨机**

6. 气动切割锯

车身修复、板材分割过程中常用的是气动往复式的切割锯，它能代替传统的手工钢锯，多用于金属板材（钢板、铝板等）、金属结构件和各种面板的分割，也可用于非金属板型的切割分离。

1）分类

气动锯是利用压缩空气为动力。气动锯锯条只有一端装在锯身上实现锯割作业，由于没有锯弓限制，故切割缝可以无限延长。气动锯具有切割效率高、使用方便、对构件损坏程度小等许多优点，主要由锯体、气管接口、气动开关和刀片等部分组成，如图 2-27 所示。

图 2-27 气动切割锯

2）应用场合

气动锯锯条是在气动锯上安装使用的一种锯切锯条，它具有 3 种不同的尾端接口，根据不同的气动锯配备不同的气动锯条。气动锯与其他的气动工具一样，是利用气泵或气缸中的气源作为驱动力替代手工具的人力，操作方便，效率高。

气动切割锯在汽车车身维修中广泛应用，尤其是在汽车钣金切割方面优势明显，用量很大。气动锯条的材质大多数为双金属，也有硬质合金，齿形主要是波浪齿和侧切齿。

7. 气动剪

气动剪可用于切断、修整和剪切塑料、白铁皮、铝皮与其他金属板材，如图 2-28 所示。

图 2-28　气动剪

8. 气动锉

气动锉用于快速清理车身、板材、型材表面或沟槽中尖锐的毛刺等作业，如图 2-29 所示。

9. 气动折边机

用于车身板件或车门等内外板的折边成形，也可用于普通金属板件的折边成形，如图 2-30 所示。

图 2-29　气动锉

1—多功能夹头；2—调速滚轮五挡可调；
3—散热出风口；4—碳刷口；
5—大功率电动机；6—超耐磨军工齿轮

图 2-30　气动折边机

10. 气动錾

气动錾用于去除焊点，非常方便。各种气动錾附件如图 2-31 所示。

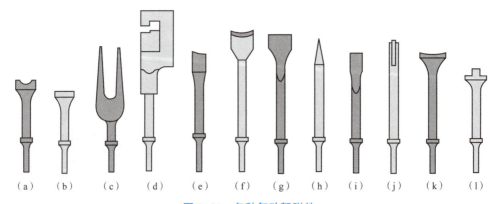

(a)　(b)　(c)　(d)　(e)　(f)　(g)　(h)　(i)　(j)　(k)　(l)

图 2-31　各种气动錾附件

(a) 万向接头和连接杆工具；(b) 光整锤；(c) 球头分离器；(d) 面板卷边器；(e) 减震器冲錾；(f) 排气尾管切断器；(g) 刮削器；(h) 锥形冲头；(i) 修整边角工具；(j) 橡胶衬套分裂器；(k) 衬套取出器；(l) 衬套安装器

11. 风枪

风枪是利用压缩空气驱动风枪中的活塞做往复运动，快速冲击冲头进行工作的，一般用于客车车身蒙皮的铆接，铆钉直径不超过 13 mm。风枪冲头头部可以制成不同形状：制成铲形，可以用来铲削板边毛刺或焊接坡口；制成"窝头"状，可用来铆接铆钉；制成平头，可用来矫正平钢板等。风枪外形如图 2-32 所示。

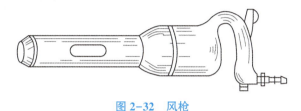

图 2-32　风枪

二、电动工具

前面提到的各种气动工具也可以用电动机作为动力，形成电动工具。

1. 手电钻

手电钻是以电为动力的手持式钻孔工具，如图 2-33 所示。使用手电钻时，应注意用电安全，同时在钻孔过程中手电钻应持牢。

2. 角磨机

角磨机也称手提砂轮机，主要用来打磨不易在固定砂轮机上磨削的零件，如发动机罩、驾驶室、翼子板及车身蒙皮等经过焊修的焊缝，也可对金属件进行抛光和除锈。如图 2-34 所示。

图 2-33　手电钻

图 2-34　角磨机

3. 台钻

台钻是汽车修理不可缺少的设备，台钻钻孔直径在 13 mm 以下。如图 2-35 所示。

图 2-35　台转

4. 台式砂轮机

台式砂轮机是固定在工作台上的电动设备，砂轮两端可以安装不同的转轮，实现不同的作业目的，如图 2-36 所示。

（1）磨轮（砂轮）。用于刃磨刀具、打毛刺等广泛的磨削作业。

（2）钢丝轮刷。用于清理和磨光，以及去除锈蚀、残漆和打毛刺等作业。

（3）磨光轮。通常用于磨光和抛光等作业。

图 2-36　台式砂轮机

三、动力工具的安全操作

（1）在使用动力工具前，要安装好动力工具的护具。在对工具进行修理和维护前，应先将空气的软管或电源线断开。

（2）动力工具使用时不要超出其额定功率。如砂轮通常有每分钟最大转速，在操作时应确保动力工具未超出砂轮、刷子或其他工具的极限转速，否则砂轮或刷子可能会炸开，砂轮碎块或钢丝甩出会造成人员、物品的损伤。

（3）当用工具进行研磨修整时，应避免工具表面硬化金属过热。

（4）用动力工具对小零件进行加工时，不要一手持零件，一手持动力工具进行操作，否则零件容易滑脱，造成手部的严重伤害。

（5）在进行研磨、钻孔和打磨时，一定要使用夹紧装置将零件夹紧或固定小零件。

任务三　液压工具及使用

依靠液压力驱动液压缸动作的机具与设备，统称为液压机具与设备。液压力可以用手摇式柱塞泵或电动液压泵来提供。

常用的液压机具与设备主要有液压起重器、液压矫正设备和液压提升设备三类。

一、液压起重器

1. 液压千斤顶

液压千斤顶是使用最普遍的起重设备，其起重能力为 1~20 t，如图 2-37 所示。

2. 汽车前端提升器

汽车前端提升器是一种专门用于提升汽车前端的液压装置。使用此类起重设备只能将托架支在轿车前端的保险杠或前横梁上，绝对不能将托架支在车身侧面使用，以免损坏车身。如图 2-38 所示。

3. 变速器起重器

在车身修理之前，经常要将变速器、发动机或传动装置拆下来，对于支撑这些被拆总成然后降低其高度并从汽车底部移出，使用变速器起重器是非常方便的，如图 2-39 所示。

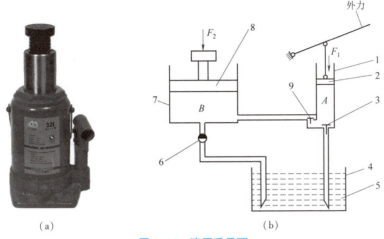

（a）　　　　　　　　　　　　（b）

图 2-37　液压千斤顶

（a）外形图；（b）液压系统图

1—油泵；2—油泵活塞；3—进油阀；4—储油缸；5—液压油；

6—放油阀；7—工作油缸；8—工作缸活塞；9—出油阀

图 2-38　汽车前端提升器

图 2-39　变速器起重器

二、液压矫正设备

矫正设备的结构形式很多，因适用车型、维修企业的任务和规模不同而有很大的差异。但不论车身矫正设备的结构形式如何，在车身矫正作业中都必须使用相应的矫正装置：施力装置、施力方向的实施装置、连接和支撑装置等。各装置之间通过如图 2-40 所示的方法互相连接，并且有效地作用于损伤的车身构件上，如图 2-41 所示。

（a）　　　　　　　　　　　　（b）

图 2-40　液压件的连接

（a）液压泵和工作油缸；（b）快速接头

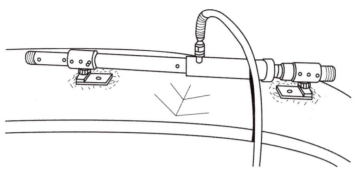

图 2-41　采用焊接板进行拉伸

汽车车身大梁矫正设备是事故汽车修理作业的高级设备之一，其投入通常为十几万至几十万元，利用车身大梁矫正设备对车辆的变形损伤进行修复，具有精度高、修复速度快等优点。

由于设备投入资金大，相对车身修复成本较高，因此国内未广泛采用。车身大梁矫正设备如图 2-42 所示。

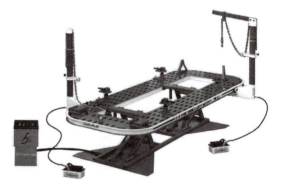

图 2-42　车身大梁矫正设备

三、液压提升设备

液压提升设备是汽车修理厂不可缺少的设备，它可以将整车提升到一定高度，便于修理工从事修理作业。对于车身修理而言，汽车提升机也是十分必要的。汽车提升机的形式很多，基本结构有双柱式和四柱式两种。几种常见类型的汽车提升机如图 2-43 所示。

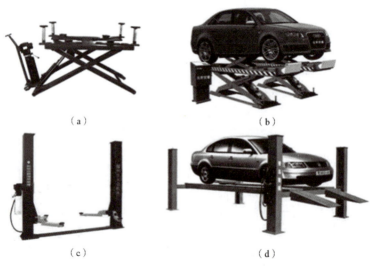

（a）　　　　　　　　　　　　（b）

（c）　　　　　　　　　　　　（d）

图 2-43　几种常见类型的汽车提升机

（a）可移动式提升机；（b）剪式提升机；（c）两柱式提升机；（d）四柱式提升机

任务四 专用工具

一、外形修复机

外形修复机也叫介子机或车身整形机，通过外接不同的焊接工具，可以实现单面点焊、焊接专用螺钉、环形介子和蛇形线等功能，比较容易将待修的车身进行拉、拔、修、回火及加热等钣金整形操作，是现代汽车钣金维修不可缺少的设备。

外形修复机主要用在车身一些双层或夹层钣金上无法通过垫铁和撬棍进行修复的地方。外形修复机及配件如图 2-44 所示。

图 2-44 外形修复机及配件

二、车身焊接与切割设备

1. 氧-乙炔焊设备

氧-乙炔焊是通过用氧气和乙炔的混合气体点燃的火焰进行焊接的一种金属连接方法，在以往的以低碳钢为主的汽车车身钣金维修中应用非常广，不仅可以焊补车身任何蒙皮、车架，还可以对大梁进行加热校正，如图 2-45 所示。但由于现代汽车车身的结构特点及新材料的应用，这种焊接方法已经很少利用，用在对汽车拉伸矫正过程中消除应力和对钣金进行金属收缩时也要十分小心。其原因是现代汽车车身以高强度钢为主，氧-乙炔焊的火焰热影响很大，很容易破坏高强度钢的内部组织，使它的强度大大降低，也会降低整车的强度。

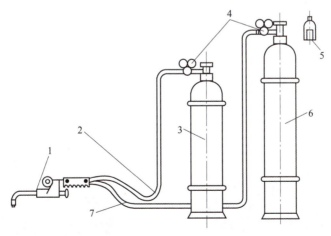

图 2-45 氧乙炔焊设备

1—焊炬；2—乙炔胶管（红色）；3—乙炔瓶；4—减压器；5—瓶帽；6—氧气瓶；7—氧气胶管（黑色）

2. 惰性气体保护焊

现代汽车的纵梁、横梁、立柱、门槛等结构件都是应用高强度钢制造，许多汽车制造商在车身的维修手册中都规定要利用熔化极惰性气体保护焊（简称 MIG 焊）对其进行焊接，不能用氧乙炔或手工电弧焊进行焊接。熔化极惰性气体保护焊是指用惰性气体保护焊缝，而且作为电极的焊丝在焊接过程中不断熔化填敷焊缝的一种焊接方法。惰性气体常使用氩气（Ar）或氦气（He），有时在惰性气体中混合有其他少量的 O_2、CO_2 或 H_2，形成富氩混合气体保护焊。

现在国内的钣金维修车间中，大多使用的是二氧化碳气体，准确说来其属于熔化极活性气体保护焊。有条件的地区采用的是富氩混合气体保护焊，就是用约 25% 的 CO_2 和 75% 的 Ar 混合气体作为保护气体，这会使焊接更容易、焊缝质量更好。

许多焊机都能够采用惰性气体保护焊，也能够采用活性气体保护焊（简称 MAG），使用时只要采用更好的气瓶和减压器就可以了。惰性气体保护焊设备如图 2-46 所示。

图 2-46　惰性气体保护焊设备

3. 电阻点焊

汽车制造厂对汽车车身的焊接主要是电阻点焊，现在国内的汽车钣金维修通常是用二氧化碳气体保护焊的塞焊来代替电阻点焊在修理时被钻除的焊点。电阻点焊机若能普及，将会帮助钣金修理人员实现快速点焊修复。多功能电阻点焊机如图 2-47 所示。

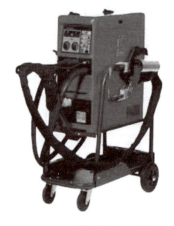

4. 钎焊

钎焊包括火焰钎焊、电弧钎焊和电热钎焊等。

火焰钎焊可用氧-乙炔焊等气焊设备，电弧钎焊可用钨极氩弧焊等设备，电热钎焊可用电烙铁等来进行钎焊。火焰钎焊的设备如图 2-48 所示。

图 2-47　多功能电阻点焊机

5. 等离子切割机

等离子切割机在汽车钣金维修中，主要用来切割钣金或者切除焊点，其外形如图 2-49 所示。

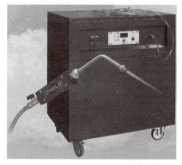

图 2-48　火焰钎焊设备

图 2-49　等离子切割机

三、电子车身测量系统

电子车身测量不仅避免了人为读数和计算的误差，而且通过计算机系统就可以确定测量的基准，进行自动对中，确保了测量的精确度；具有打印功能，可以把维修前、维修过程中和维修后的测量结果打印出来，提高车主、维修企业和保险公司之间的信任程度。现在的车身电子测量系统主要有激光扫描式、超声波定位式和传感器感应式三种。电子车身测量系统一般与大量校正仪或举升机配合使用，图 2-50 所示为 BANTAM-SHARK 全自动车身电子测量系统。

图 2-50　BANTAM-SHARK 全自动车身电子测量系统

【任务实施】

一、手工工具的认识及操作体验

1. 工量具的准备

（1）场地：汽车一体化车间。

（2）工量具：工具车和零件车、常用拆装维修工具和量具、工作台。

（3）耗材：润滑脂、棉纱等常用耗材，汽油。

2. 使用操作

1）操作和安全知识

（1）常用手工工具在使用和操作前，须穿戴工作服、远离油污。

（2）场地附近应配有灭火器，不能有易燃、易爆物品

（3）禁止将钳子当扳手、撬棒或锤子使用。

2）各种锤子的操作步骤（见图 2-51）

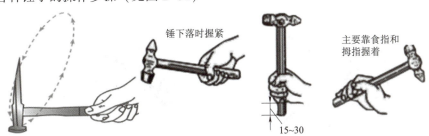

锤下落时握紧　　　　　　主要靠食指和拇指握着

15~30

图 2-51　锤子的操作姿势

3）各种旋具的操作步骤（见图 2-52）

用于拆卸和更换螺钉，分正负型号，取决于尖部的形状。

（1）使用尺寸合适的螺丝刀（与螺钉槽大小合适）。

（2）保持螺丝刀与螺钉尾端成直线，边用力边转动。

注意：切勿用鲤鱼钳或其他工具过度施加扭矩，否则可能会刮削螺钉的凹槽或损坏螺丝刀尖头。

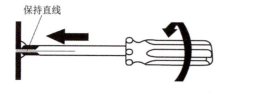

图 2-52　旋具操作

4）各种钳子的操作步骤

（1）尖嘴钳，在密封的空间里操作或夹紧小零件。钳子是长而细的，使其适于在密封空间里使用。此外，尖嘴钳还包括一个朝向颈部的刀片，可以切割细导线或将绝缘层从电线上去掉，如图 2-53 所示。

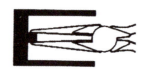

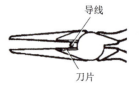

图 2-53　尖嘴钳的应用场合

（2）鲤鱼钳，用于夹东西，改变支点上孔的位置可以调节钳口打开的程度。此外，还可用钳口夹紧或拉动零件，并可在其颈部切断细导线，如图 2-54 所示。

图 2-54　鲤鱼钳的应用

（3）剪线钳，用于切割细导线。由于刀片尖部为圆形，故它可以用以切割细线，或者从线束中选择所需的线切下，如图 2-55 所示。

注意：不能用以切割硬的或粗的线，否则会损坏刀片。

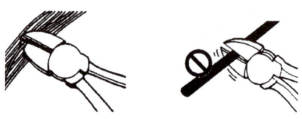

图 2-55　剪线钳的操作

5）垫铁的操作

用顶铁法修整可分为正托和偏托两种方式。偏托法是直接用顶铁抵住最大凹陷处，使用木槌或尼龙锤敲击凹陷周围产生的隆起变形，即"深入浅出"地由最大凹凸变形处开始敲平，如图2-56所示。

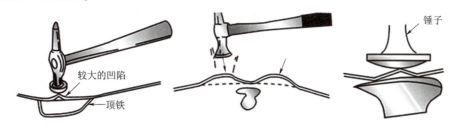

图 2-56　顶铁法修正
（a）用顶铁修复较大凹陷；（b）偏托法修复凹陷；（c）正托法修复凹陷

3. 任务评价

手工工具认识及操作体验任务评价见表2-1。

表 2-1　手工工具认识及操作体验任务评价

序号	作业项目	考核内容	评分细则	分值	得分
1	成套套筒扳手的认识	说出各扳手的作用：棘轮扳手、滑动手柄、旋转手柄、加长杆、套筒	表述正确	30	
2	常用扳手认识	梅花扳手的用途	表述正确	10	
		呆扳手的用途	表述正确	10	
		活动扳手的用途	表述正确	10	
		扭力扳手的用途	表述正确	10	
3	钳子和螺钉旋具认识	尖嘴钳的用途	表述正确	30	
		鲤鱼钳的用途	表述正确		
		剪线钳的用途	表述正确		
		螺钉旋具的用途	表述正确		
		垫铁的用途	表述正确		

二、动力工具认识及操作体验

1. 工量具的准备

（1）场地：汽车一体化车间。

（2）工量具：工具车和零件车、手持式砂轮机、气动扳手和工作台。

（3）耗材：铝管。

2. 使用操作

1）操作和安全知识

（1）在使用和操作常用动力工具前，须穿戴工作服、远离油污。

（2）场地附近应配有灭火器，不能有易燃、易爆物品。

（3）禁止在非安全状态使用动力工具。

2）动力工具的操作步骤

（1）操作准备。

清洁并检查气动扳手，确认气动扳手没有损坏；清洁并检查手持式砂轮机，确认砂轮机没有损坏。

（2）气动扳手选用。

①连接管路，如图2-57所示。

②将气动扳手调节至拧松的位置，并将气压挡位调至合适位置，如图2-58所示。

图2-57　连接管路

图2-58　调节气压挡位

③按下气动扳手开关，旋出固定螺栓，如图2-59所示。

④调节气动扳手至顺时针旋转，如图2-60所示。

图2-59　旋出固定螺栓

图2-60　调节气动扳手

⑤旋入固定螺栓，如图2-61所示。

⑥断开气管，如图2-62所示。

图2-61　旋入固定螺栓

图2-62　断开气管

（3）手持式砂轮机的选用。

①选用手持式轮砂机。

注意事项：选用前确认砂轮机没有损坏、砂轮固定良好不松动，如图2-63所示。
手持式砂轮机使用砂轮的最大直径为125 mm。

②连接电源，并检查砂轮机能否正常工作，如图2-64所示。

　　　图2-63　检查砂轮机（一）

　　　图2-64　检查砂轮机（二）

③使用砂轮机切断铝管。

注意事项：使用时必须双手握紧砂轮机，如图2-65所示。

图2-65　双手握紧砂轮机切断铝管

④关闭砂轮机，并断开电源。

4. 任务评价

动力工具认识及操作体验任务评价内容见表2-2。

表2-2　动力工具认识及操作体验任务评价

序号	作业项目	考核内容	评分细则	分值	得分
1	动力工具的认识	说出动力工具操作方法	表述正确	20	
2	气动扳手的操作	自我防护	操作正确	10	
		使用前检查	操作正确	10	
		正确操作	操作正确	10	
		使用后放回	操作正确	10	
3	手提砂轮机的操作	自我防护	操作正确	10	
		使用前检查	操作正确	10	
		正确操作	操作正确	10	
		使用后放回	操作正确	10	

复习思考题

一、填空题

1. 在汽车修理中为拆下和更换螺栓、螺母或拆下零件，通常使用_____扳手、_____扳手或_____扳手。

2. 活动扳手由_____和_____两部分组成，扳手的_____可以调整。活动扳手一般用于_____尺寸螺栓、螺母的拆装。

3. 旋具用于拆卸和更换螺钉，有_____柄和_____柄之分。_____螺钉旋具又分为普通式和穿心式两种，_____能承受较大的扭矩，柄可以在尾部做适当的敲击。

4. 根据锤击需要，锤头可以采用各种材料，如_____、_____和_____等。

5. 用垫铁法修整可分为_____和_____两种方式。

6. 汽车钣金维修厂中最常用的动力工具有_____和_____两类。

7. 气动扳手又称为_____，一般分为_____和_____。

8. 气动打磨机主要用于_____及_____、_____。

9. 盘式打磨机打磨时用的砂轮片粒度为_____、_____和_____。

10. 举升机主要分为_____、_____和_____三大类型。

11. 千斤顶按结构特征可分为_____千斤顶、_____千斤顶和_____千斤顶。

二、选择题

1. _____适应性强、扳转力大，适用于拆装所处空间狭小的螺栓和螺母。（   ）

A. 呆扳手　　　　　B. 梅花扳手　　　　　C. 套筒扳手

2. _____主要用于消除工件表面的小凹坑。（   ）

A. 扁头锤　　　　　B. 鹤嘴锤　　　　　C. 平头锤

3. 由于_____钳口是双六角形，所以可容易地装配螺栓和螺母，并可施加大扭矩操作。（   ）

A. 呆扳手　　　　　B. 梅花扳手　　　　　C. 套筒扳手

4. _____的用途在于它能旋转螺栓、螺母而不需要重新调整。（   ）

A. 呆扳手　　　　　B. 梅花扳手　　　　　C. 套筒扳手

5. _____是气源装置中的主体，它将原动机（通常是电动机）的机械能转换成气体压力能，是压缩空气的气压发生装置。

A. 砂轮机　　　　　B. 空气压缩机　　　　　C. 台钻

三、简答题

1. 汽车钣金修复中常见的电动工具有哪些？
2. 汽车钣金修复中常见的气动工具有哪些？
3. 简述举升机的使用操作流程。
4. 简述汽车钣金修复中外形修复机的使用操作流程。

3

项目三

汽车车身结构

📖 【本章知识导读】

知识目标	1. 了解车身结构特点； 2. 熟悉轿车车身结构特点； 3. 熟悉客车车身结构特点； 4. 熟悉货车车身结构特点
能力目标	1. 掌握轿车、客车、货车车身结构的特点； 2. 能了解不同结构形式的区别
重点、难点	1. 轿车车身机构中，承载式与非承载式车身结构的区别； 2. 客车与货车车身结构中，承载式车身结构的变化

　　汽车车身维修人员在工作环境中接触噪声、粉尘、弧光辐射等污染的情况较多，同时在实际工作过程中还要用到拉伸、锤击等动力设备，操作人员受到伤害的概率很高，所以在提高自身防范意识的同时，各种必要的安全防护措施也是必不可少的，正确地使用和保养各种安全防护设施也是车身修复人员必须掌握的。

任务一　汽车车身概述

📖 【任务引入】

　　车主老李的车发生了碰撞，来到4S店进行钣金修复，在修复老李的车之前，需要怎么对其进行拆卸呢？这台车的车身结构是什么样的呢？不同的车身结构有哪些特点呢？

📖 【相关知识】

　　车身与发动机、底盘共称为汽车的三大总成。车身不论是在功能使用、车型开发，还是生产投资、厂房规划、销售服务等方面都具有极重要的地位。奥迪轿车的车身，从外形到装备，从汽车空气动力学到人机工程学，从功能到结构，从原材料到制造工艺都体现出现代轿车车身向着高性能、新技术、多样化发展的趋势。

一、车身的作用

车身既是保护乘员和行李的工具，也是汽车的主要承载部件，又是技术与艺术有机结合的艺术品，在色彩斑斓的世界对社会环境和人们的心态有着深刻的影响。随着社会的发展，人们对物质生活的需求逐步增大，作为交通和运输工具的轿车，越来越受到重视。现在在各国汽车产品中，轿车产量约占75%，人们对轿车的多样化要求越来越强烈，而轿车多样化的主要体现部分就是车身。

由于电子技术和材料的进步，使汽车的一些性能指标达到了崭新的高度，并大大推进了车身向豪华化、多样化、居室化和办公室化方向发展，提高了驾驶员的操纵方便性和乘员的舒适性，以适应现代人生活和工作的需要。很多人在选择轿车时，首先考虑的已不是发动机和底盘的结构及性能，而是车身的式样和装备了。

目前，计算机辅助设计与制造（CAD、CAM）以及有限元结构分析方法的广泛应用，不但提高了开发和制造的质量，也缩短了新车身的开发周期，这就更能适应人们对轿车不断更新的追求。

二、汽车车身的组成

轿车车身的组成包括车身本体、内外装饰件、车身附件和车身电子装置等。

1. 车身本体

车身本体又叫白车身，本体是车身乃至整车的基体，目前主要是由钢板冲压的零件焊接而成，也有用轻金属和非金属材料制造的。本体主要包括骨架、车前板制零件、车门、行李舱等部分，但不包括附件及装饰件未涂漆的车身。现代轿车车身本体的组成构件大体分为三类：覆盖件、车身结构件（梁和支柱）及结构加强件。

（1）车身覆盖件：包覆骨架的表面板件，指车身中包覆梁、支柱等的构件，具有较大空间曲面形状的表面和车内板件。

功用：封闭车身、体现车身外观造型及增大结构强度和刚度等。

（2）车身结构件（梁、支柱）：支撑覆盖件的全部车身结构零件。

功用：它是车身承载能力的基础，对保证车身所要求的结构强度和刚度非常重要。

此外，其还具有以下作用：

①安装车身各种构件或附件，如车门铰链、发动机罩、玻璃、密封条等。

②连接各车身覆盖件，组成车身的封闭壳体。

③完成车身各种活动部分的动态配合。

④设置流水槽结构和车身通风道。

（3）结构加强件：主要用于加强板件的刚度，提高各构件的连接强度。

一般车身本体包括货车车身本体（货车驾驶室）、轿车车身本体（车身焊接总成及四门两盖）、客车车身本体（由车身骨架与车身蒙皮等构成的组合体）。

2. 内、外装饰件

内、外装饰件是车身外部及内部起装饰与保护作用的零部件的总称。内、外装饰件是既有实用价值又具装饰作用的零件。内装饰件中最重要的部分是显示汽车使用中各种数据的仪表板，此外还有顶棚、地毯以及车内各种护板；外装饰件有外部装饰条和商标等。

（1）外装饰件主要有前后保险杠、车门防撞装饰条、散热器面罩、外饰件、玻璃、密封条和车外后视镜等。

（2）内装饰件主要有车门内护板、车顶顶棚、地板及侧壁的内饰等。

3. 车身附件

车身附件是指车身中具有独立功能并成为一个分总成的机构，如座椅、仪表板、空调、后视镜、玻璃升降器、安全带、刮水器、车灯、遮阳板、扶手、车门机构及附件、车内后视镜等。

4. 车身电子装置

车身电子装置主要包括刮水器、洗涤器、空调装置、仪表、开关、前灯、尾灯和各种指示照明灯等。

任务二　轿车车身结构

一、轿车的车身外形

为了减小空气阻力系数，现代轿车的外形一般用圆滑流畅的曲线去消隐车身上的转折线。前围与侧围、前围、侧围与发动机罩、后围与侧围等地方均采用圆滑过渡；发动机罩向前下倾；车尾行李舱短而高翘；后翼子板向后收缩；风窗玻璃采用大曲面玻璃，且与车顶圆滑过渡，前风窗与水平面的夹角一般为 25°～33°，侧窗与车身相平；前后灯具、门手把嵌入车体内；车身表面尽量光洁平滑；车底用平整的盖板盖住；降低整车高度，等等，这些措施均有助于减小空气阻力系数。在 20 世纪 80 年代初问世的德国奥迪 100C 型轿车就是最突出的例子，它采用了上述种种措施，其空气阻力系数只有 0.3，成为当时商业轿车外形设计的最佳典范。

车身的型式各式各样、多姿多彩，其分类的方法也有多种。根据车身受力情况可分为承载式和非承载式；根据外形可分为折背式、斜背式、舱背式、短背式等多种；根据座椅的排数可分为一排座、二排座、三排座；根据所用材料可分为钢制的、塑料制的和铝制的等；根据车身的功能和装备情况可分为基本型、舒适型、豪华型、运动型和增压型五种。

根据外形及功能，轿车可分为以下几种。

1. 无行李舱轿车

典型无行李舱轿车车身外形如图 3-1 所示。这种车一般有前座和后座，供 4～6 人乘坐，其中图 3-1（b）所示为四门轿车，目前在我国较为常见。

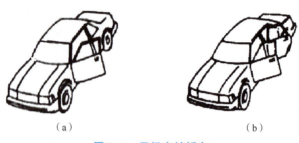

图 3-1　无行李舱轿车

（a）两门轿车；（b）四门轿车

2. 硬顶无行李舱轿车

典型硬顶无行李舱轿车车身如图 3-2 所示。这种车具有金属硬顶，通常没有门柱或仅有较短的 B 形支柱。

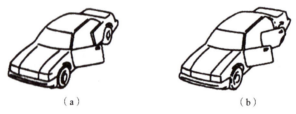

图 3-2　硬顶无行李舱轿车

（a）两门硬顶轿车；（b）四门硬顶轿车

3. 敞篷车

典型敞篷车车身外形如图 3-3 所示。敞篷车都是没有门柱的，有的敞篷车还有可升降的塑料顶篷和后车窗，以适应不同用户的需求。目前我国已有少量的此类轿车。

图 3-3　敞篷车

（a）两门敞篷车；（b）四门敞篷车

4. 有行李舱轿车

典型的有行李舱轿车车身外形如图 3-4 所示。这种轿车的特征是其尾部行李舱为客厢的延伸部分，此种汽车流行三门或五门形式。

（a）　　　　　　　　　　　（b）

图3-4　有行李舱轿车

（a）两门有行李舱轿车；（b）四门有行李舱轿车

5. 旅行车

典型的旅行车车身形状如图3-5所示。旅行车的顶部向后延伸至全车长，在车后部有一个内部宽敞的行李舱。

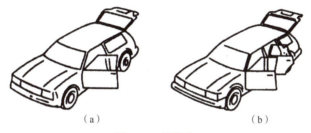

（a）　　　　　　　　　　　（b）

图3-5　旅行车

（a）两门旅行车；（b）四门旅行车

6. 轻型多用途汽车

典型轻型多用途汽车车身形状如图3-6所示。此外，微型厢式车也属于这种类型。

（a）　　　　　　　　　　　（b）

图3-6　轻型多用途汽车

（a）两门卡车；（b）四门微型货车

二、轿车车身结构

目前，轿车车身结构有两种，即有车架车身结构与无车架整体式车身结构。

1. 有车架车身

有车架车身的壳体与车架是可分离的两个部分，车身本体悬置于车架上，用弹性元件连接。车架的振动通过弹性元件传到车身上，大部分振动被减弱或消除，平稳性和安全性好，而且箱内噪声低。

这种车身比较笨重，质量大，汽车质心高，高速行驶的稳定性较差，目前轿车基本不采用，如图 3-7 所示。

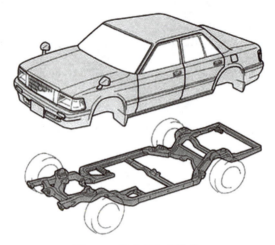

图 3-7　有车架车身结构

2. 无车架整体式车身

整体式车身不再依赖车架承受荷载，只是加强了车头、侧围、车尾和底板等部位，车身和底架共同组成了车身本体的刚性空间结构。这种形式的车身具有较大的抗弯曲和抗扭转的刚度，质量小，高度低，汽车质心低，装配简单，高速行驶稳定性较好，是现代轿车设计的主导结构，如图 3-8 所示。

但由于道路负载会通过悬架装置直接传给车身本体，因此噪声和振动较大。

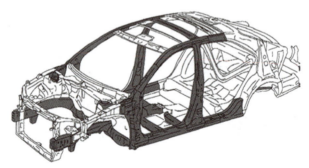

图 3-8　无车架整体式车身结构

任务三　客车车身结构

一、车身结构及其分类

1. 按承载形式分

按车身承载形式，客车车身结构可分为非承载式、半承载式和承载式三大类。非承载式和半承载式车身结构都属于有车架式的，而承载式车身则属于无车架式的。从设计的角度看，这类分法是比较合理的。按承载形式对车身结构进行分类，表征了不同形式车身结构的组成以及车身制造工艺过程中的差异。

1）非承载式客车车身（见图3-9）

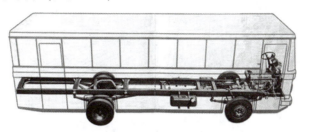

图 3-9　非承载式客车的底盘及车身

2）半承载式客车车身（见图3-10）

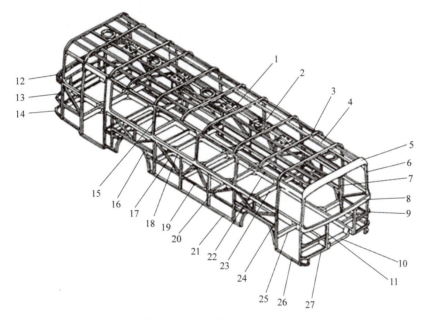

图 3-10　半承载式客车车身

1—顶灯地板；2—换气扇框；3—顶盖横梁；4—顶盖纵梁；5—前风窗框上横梁；6—前风窗立柱；7—前风窗中立框；8—前风窗框下横梁；9—前围搁梁；10—车架前横梁；11—前围立柱；12—后风窗框下横梁；13—后围搁梁；14—后围裙边梁；15—侧围窗立柱；16—车轮拱；17—斜撑；18—腰梁；19—侧围搁梁；20—侧围立柱；21—侧围裙边梁；22—上边梁；23—车架横梁；24—门立柱；25—车架悬臂梁；26—门槛；27—车架纵梁

3）承载式客车车身

图3-11所示为奔驰O404大客车的承载式车身结构，其底架是用薄钢板冲压或型钢焊制的纵横格栅，以取代笨重的车架。格栅是高度较大（约500 mm）的桁架结构，因而车身两侧地板上只能布置坐席，而坐席下方高大的空间可用作行李舱，故适用于大型长途客车。整体承载式车身结构的特点是所有的车身壳体构件都参与承载，互相牵连和协调，充分发挥材料的潜力，使车身质量最小而强度和刚度最大。

（1）使用工具人员必须熟知工具的性能、特点、使用、保管和维修及保养方法。

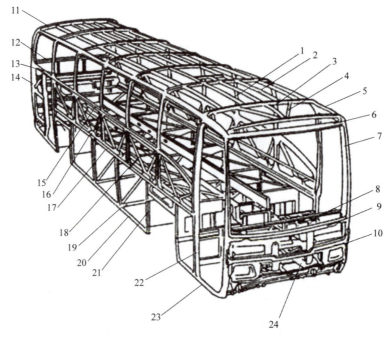

图 3-11 奔驰 O404 大客车的承载式车身

1—侧窗立柱；2—顶盖纵梁；3—顶盖横梁；4—顶盖斜撑；5—上边梁；6—前风窗框上横梁；
7—前风窗立柱；8—仪表板横梁；9—前风窗框下横梁；10—前围搁梁；11—后风窗框上横梁；
12—后风窗框下横梁；13—后围加强横梁；14—后围立柱；15—腰梁；16—角板；17—侧围搁梁；
18—斜撑；19—底架横格栅；20—侧围裙边梁；21—裙立柱；22—门立柱；23—门槛；24—底架纵格栅

（2）工作前必须对工具进行检查，严禁使用腐蚀、变形、松动、有故障、破损等不合格工具。

（3）带有牙口、刃口尖锐的工具及转动部分应有防护装置。

（4）使用特殊工具时应有相应的安全措施。

（5）小型工、器具应放在工具袋中妥善保管。

2. 按车身结构分类

根据车身结构上的差异，可将客车车身分为薄壳式、骨架式、复合式、单元式和嵌合式结构等几种。

1）薄壳式结构（见图 3-12）

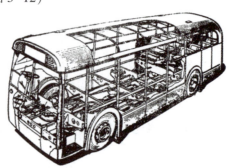

图 3-12 薄壳式客车车身结构

2）骨架式结构（见图 3-13）

图 3-13　骨架式客车车身结构

3）复合式结构（见图 3-14）

图 3-14　复合式客车车身结构

4）单元式结构（见图 3-15）

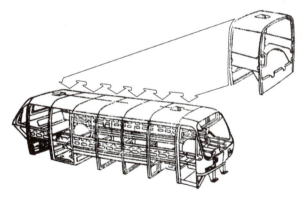

图 3-15　GMC 公司的单元式客车车身结构

5）嵌合式结构（见图 3-16 和图 3-17）

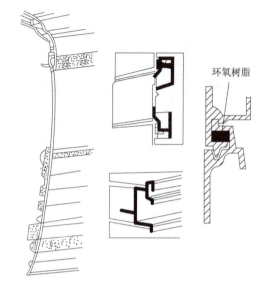

图 3-16 嵌合式客车车身侧壁结构及 Rohrlok 连接法

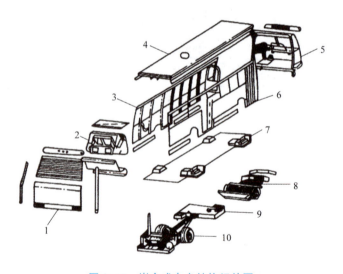

图 3-17 嵌合式车身结构组件图

1—后围；2—空调装置；3—侧壁（挤压铝型材）；4—顶盖（氨基甲酸乙酯泡沫）；5—前脸；

6—侧壁边缘；7—地板组件（氨基甲酸乙酯泡沫）；8—前操纵部分；9—储气罐；10—后悬架和发动机

二、车架及车身骨架设计

1. 车身骨架设计

客车由于长度和用途不同，其车身结构也有很大差异。6 m 以下的客车由于车长较短，车身结构形式基本上与轿车相似，一般采用承载式车身，车身构件多为薄板冲压件焊接而成，较少采用骨架结构。而 7 m 以上的大、中型客车的车身结构多由骨架和蒙皮构成，由骨架形成车体并承载。

车身骨架一般可分为六大片，分别为前围骨架，后围骨架，左侧、右侧骨架，车顶骨架和底骨架，每片骨架总成的连接部分称为分形面。图 3-18 所示为一城市客车车身骨架。

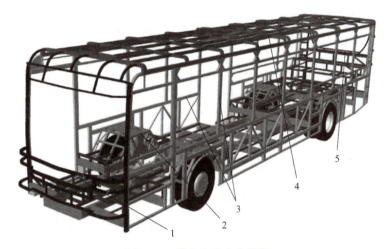

图 3-18　城市客车车身骨架

1—前围骨架；2—底骨架；3—侧围骨架；4—顶骨架；5—后围骨架

1）侧围骨架设计

侧围总成分左、右两大片，若不带中门，左、右两片小件可基本对称。侧围骨架的构成一般包括驾驶员门后立柱总成、乘客门后立柱总成、侧窗立柱、舱门立柱、侧窗上下纵梁、舱门上下纵梁和侧窗下纵梁与舱门上纵梁之间加强车身支撑蒙皮的斜撑、门框梁等。通常腰梁以下立柱贯通，与牛腿对应的各主柱之间还可根据结构需要加设小立柱。腰梁以下的纵梁有座椅搁梁、地板搁梁（侧围搁梁）、裙边加强梁和裙边梁等，座椅搁梁和裙边加强梁并不是均具有，此时，腰梁与地板搁梁之间可设计成桁梁结构。窗主柱根据总布置需要，尽量与腰主柱为同一主梯形。轮罩处适当加强，门立柱较粗。窗角、门角注意加强，局部有其他用途则再加支撑梁。图 3-19 所示为一长途客车侧围骨架设计。

全承载式车身侧围是整车重要的承载部件，考虑其高度方面的结构特性以提高整车的弯曲特性，同时由于连接底骨架和顶骨架，也可利用侧围结构断面高的特点发挥其在整车扭转工况下的抗扭特性。另外，侧围是整车主要的外露部件，可以通过增强侧围结构设计来适当减弱底架部分设计（底架部分一般占整车骨架质量的 65% 以上），这样既提高了整车的结构强度，也有利于整车轻量化。具体应考虑以下几个方面：

（1）增加侧围骨架在厚度方向的材料尺寸规格，以提高侧围抗侧向冲击的能力。舱门立柱、门立柱应于底骨架断面上，以增加其横向抗冲击的能力。

（2）合理设计侧围腰部蒙皮区结构，提高其承载能力。侧围上部是风窗洞口，下部是行李舱洞口，因此只能通过合理设计腰围部蒙皮区结构以提高侧围的承载能力。合理选取侧围上下腰梁间距值，同时在侧围两腰梁间合理设计斜撑，能成倍提高其承载能力。需要注意的是，斜撑的斜度不能太小，即高宽比不应小于 0.6。如果太小，斜撑的弯曲受力将增大，断裂的危险也会随之增加。

（3）中门门洞断开了侧围下腰梁，要对断开处进行加强处理。为使整车侧面受力连续，在结构设计时可以考虑设计一些力流引导结构，中门上部可加并一根梁，以消除门上侧两拐角的应力集中。

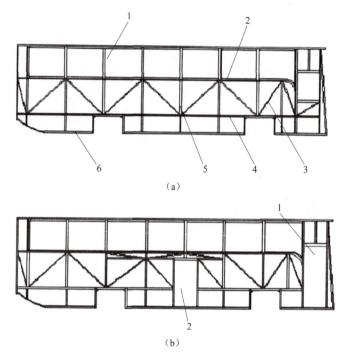

图 3-19　长途客车侧围骨架设计

（a）左侧围骨架；　　　　　　　　（b）右侧围骨架
1—窗柱；2—腰梁；3—加强立柱；　　1—前乘客门；2—后乘客门
4—裙边梁；5—立柱；6—底部边梁

（4）为提高整车上部结构承载能力，窗立柱应设计强一些，即采用尺寸规格大一些的材料，必要时可以选用性能好的材料。客车整车在发生交通事故，特别是出现车顶着地的情况时，窗立柱将承受很大载荷，为保证车内必需的安全空间，窗立柱要有足够的强度和刚度。

2）顶骨架设计

顶骨架一般由顶部贯穿横梁、边纵梁、前后拱顶支撑梁等组成，图 3-20 所示为衡山客车厂的 HSZ6120 顶骨架设计，其在整车结构中一般起到下面几个方面的作用：承受车顶负荷（如空调、内行李架、风道等）；连接侧围、前后围，使整车成为一个封闭舱体；承受车辆在运行中产生的部分弯曲和扭转载荷等。

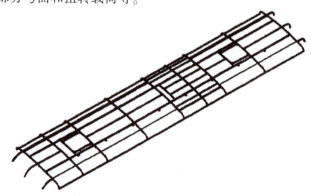

图 3-20　HSZ6120 顶骨架设计

在顶骨架设计时可以从以下几个方面考虑：

（1）多采用横纵梁及左右双矩管梁布置。纵梁宜布置成边上密、中间疏的形式。横梁布置应与侧窗立柱对应，尽量与侧围立柱形成多处闭环，这样才能很好地传递整车运行中产生的扭转载荷，并将左、右侧产生的力进行直接传递，而在车顶内不产生附加的扭转载荷。

（2）车顶纵梁在车顶承载中贡献度比较低，因此车顶纵梁的尺寸规格可以适当减小些，应适当增加车顶横梁的尺寸规格，提高其抗弯、抗扭曲能力。在贯通车顶的横梁有足够的强度和刚度后，其他多余的横梁就可以略去。合理分布车顶纵横梁、减少不必要的梁结构有利于车顶骨架设计的轻量化，同时可以大大减少焊接工作量。纵横梁设计布置还要符合国家标准中关于客车顶部静态承载的规定。

（3）在结构设计时，除非是安装结构上的需要，否则应保持车顶横梁贯穿车顶不断开，这样有利于提高车顶的刚度和抗扭能力。

（4）侧曲线与顶曲线结合的曲率选择要符合工厂的具体加工条件，便于成形；考虑与侧围骨架及前后围骨架的结合方式，还有与内蒙皮、外蒙皮的连接。

（5）顶骨架是顶部所有其他部件的安装基础，客车顶部安装部件较多，包括顶外蒙皮、空调顶置部分及安全天窗、前后内顶装饰件、顶中内饰装饰板、内风道、扬声器、电视机、内顶灯等部件，长途和旅游客车还有内行李架、顶骨架等，都必须为其提供矩管、薄板、厚板等根基和部件的安装使用空间，此外还要注意安全出口的数量及位置。

3）前后围设计

前后围骨架结构由于要满足客车的一些造型要求，尤其是前围，其造型曲面比较丰富，使得前围空间梁的设计较制造为复杂。在设计时主要考虑以下几方面：

（1）对风窗处的尺寸要求严格，前后围骨架应与玻璃有很好的贴合，特别是与前后风窗安装止口有很好的贴合，保证前后风窗能安装到位。

（2）设计合理的结构，连接侧围骨架、车顶骨架及底盘车架，保证整车车体成为刚性很强的框架。

（3）用简单的方式表达造型曲线：在前后围骨架、左右立柱、上下横梁、风窗围框横梁都是造型模型曲线圆整后得出，空间曲线既要表达清楚又要能够保证加工。

（4）注意前后围蒙皮、前后保险杠、前后风窗玻璃、前后各种灯具、刮水器、前后内顶装饰件、前后地板安装密封等部件的安装。

（5）前围风窗下部应设计得足够强，必要时可以考虑与底架结构设计成一体，以提高其抗撞击能力，避免与较低物体（特别是小轿车等）发生碰撞时进入客车车体内部引起二次伤害。对于发动机前置的客车还需留出进风道。

（6）一般前围骨架设置立柱两根，后围骨架设置四根，前围可根据具体情况增加支立柱，横梁设置 3~4 根即可。在保证强度和刚度的条件下，前后围骨架应尽量设计的简约些。因其受载荷小，支立柱也应设计的简单且便于布置。

图 3-21 所示为衡山客车厂的 HSZ6120 前后围骨架设计。

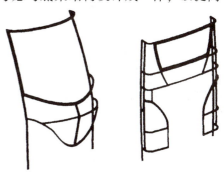

图 3-21　HSZ6120 前后围骨架设计

2. 客车用冷弯型钢

车身骨架采用冷弯型钢制作，不但可以提高客车车身的强度和扭转刚度，而且可以大大减少客车生产厂家车身制造的工作量，因此冷弯型钢在客车车身上的应用与日俱增。

根据我国的国家标准 GB/T 6727—1986《客运汽车冷弯型钢》，客车用冷弯型钢有三种，分别是槽形型钢、方形空心型钢和矩形空心型钢，其对应的代号分别为 KQC、KQF 和 KQJ。冷弯型钢的截面形状及标准符号如图 3-22 所示。

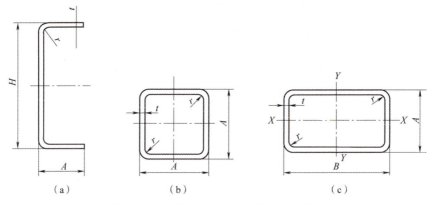

图 3-22　冷弯型钢的截面形状及标准符号

（a）槽形型钢；　　　　（b）方形空心型钢；　　　（c）矩形空心型钢

H—高度；A—腿长；　　A—边长；t—壁厚；　　B—宽度；A—高度；

t—壁厚；r—内圆弧半径　r—内圆弧半径　　　　t—壁厚；r—内圆弧半径

冷弯型钢弯曲度每米不得大于 3 mm，纵弯曲度不得大于总长度的 0.30%，且不得有明显的扭曲。此外型钢的端部应剪切整齐，由切断方法造成的较小变形和毛刺是允许存在的。常用的槽形型钢是 KQC20×70×5.5，常用的方形型钢有 KQF30×30×2、KQF40×40×2、KQF50×50×2，常用的矩形型钢有 KQJ30×50×1.5、KQJ30×50×1.75、KQJ30×50×2、KQJ40×50×2、KQJ60×50×2。冷弯型钢弯曲角的内圆弧半径见表 3-1。

表 3-1　冷弯型钢弯曲角的内圆弧半径　　　　　　　　　　　　　　　　mm

选用钢种	内圆弧半径	
	$t \leqslant 4$	$4 < t \leqslant 8$
普通碳素结构钢	$\leqslant 1.5t$	$\leqslant 2.0t$
低合金结构钢	$\leqslant 2.0t$	$\leqslant 2.5t$

冷弯型钢的材料主要有两种，分别是普通碳素结构钢和低合金结构钢。普通碳素结构钢用得最多的是 A3 钢（即 Q235）；低合金结构钢主要是 16Mn，一般用于槽钢及特制矩形管。

任务四　货车车身结构

货车即载货汽车，人们也称之为卡车，是指一种主要为载运货物而设计和装备的商用车辆，它是否牵引挂车均可。近年来，随着我国高速公路网的加快建设与不断完善，公路运输行业迎来了大变革、大发展的时代，货车已经从载运货物这一单一功能向可代表物流准时化的物流服务运输工具这一方向发展，成了一种社会化的服务工具。因此，货车车身的设计也需要紧跟时代的步伐，满足当今社会的需求。

货车车身包括驾驶室和车箱两部分。在高度追求运输效率的今天，货车通常是昼夜不停地行驶，驾驶员轮换驾驶，驾驶室作为驾驶员与乘员工作和休息的空间，其设计既要满足实用性、耐用性、空气动力性、安全性等基本性能要求，又要具有良好的人机工程环境。货车车箱根据不同的需要可以设计成多种形式，其结构也各不相同，在设计时需考虑的有车箱结构强度、车箱尺寸及容量、前后轴载荷分配等因素，对于厢式车箱还要考虑空气动力性能。

由此可见，在设计货车车身结构时，需要综合考虑货车的实用性、耐用性、安全性、舒适性以及其他各方面相关的因素。

一、货车的分类

货车的种类繁多，形式各异，各国的分类标准有所不同，在我国国家标准 GB/T 3730.1—2001《汽车和挂车类型的术语和定义》中，将货车分为普通货车、多用途货车、全挂牵引车、越野货车、专用作业车和专用货车六大类，具体形式及定义见表3-2。

表3-2　货车分类、定义及其示意图

货车分类	定义	示意图
普通货车	一种在敞开（平板式）或封闭（厢式）载货空间内载运货物的货车	
多用途货车	在其设计和结构上主要用于载运货物，但在驾驶员座椅后带有固定或折叠式座椅，可运载3个以上乘客的货车	
全挂牵引车	一种牵引杆式挂车的货车。它本身可在附属的载运平台上运载货物	

续表

货车分类	定义	示意图
越野货车	在其设计上所有车轮同时驱动（包括一个驱动轴可以脱开的车辆）或其几何特性（接近角、离去角、纵向通过角、最小离地间隙）、技术特性（驱动轴数、差速锁止机构或其他型式的机构）及其性能（爬坡度）允许在非道路上行驶的一种车辆	
专用作业车	在其设计和技术特性上用于特殊工作的货车。例如：消防车、救险车、垃圾车、应急车、街道清洗车、扫雪车、清洁车等	
专用货车	在其设计和技术特性上用于运输特殊物品的货车。例如：罐式车、乘用运输车、集装箱运输车等	

此外，人们根据日常生活和工作中的不同需要，还将货车按以下几种形式进行了分类：

（1）按驾驶室结构分为长头式货车、短头式货车、平头式货车、双排座货车、卧铺式货车和偏置式货车等。

（2）按车箱结构分为栏板式货车、厢式货车、油罐车、自卸车和汽车列车等。

（3）按载重量分为轻型货车（3.5 t 以下）、中型货车（4~8 t）和重型货车（8 t 以上）。

二、货车车身结构特点

1. 驾驶室结构特点

货车驾驶室按其结构主要分为以下三种形式：

（1）长头式驾驶室，其特点是发动机位于驾驶室的前部，如图 3-23（a）所示。

（2）短头式驾驶室，其特点是发动机位于驾驶室的前下部，如图 3-23（b）所示。

（3）平头式驾驶室，其特点是发动机位于驾驶室的下部，如图 3-23（c）所示。

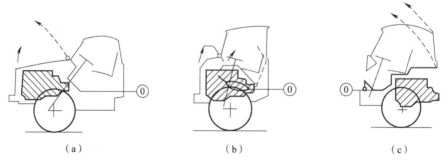

（a）　　　　　　　　　（b）　　　　　　　　　（c）

图 3-23　货车驾驶室的结构类型

（a）长头式；（b）短头式；（c）平头式

此外，还有一种偏置式驾驶室，如图 3-24 所示，这种驾驶室偏置于发动机的一侧，它是平头式或长头式驾驶室的一种变型。

图 3-24 偏置式驾驶室

在总布置设计中，当车身总布置尺寸参数（长、宽、高、轴距、轮距等）和质量参数确定之后，对驾驶室采用何种形式可通过以下的优缺点权衡。

（1）在驾驶室空间方面，长头式驾驶室内部要比平头式的宽敞，因此地板可以布置的较低，有利于驾驶员上、下车，各种操纵机构也容易布置，便于驾驶员操纵。

（2）在舒适性方面，长头式驾驶室要比平头式驾驶室好。长头式驾驶室的发动机与驾驶室分开，发动机的散热、排气、振动和噪声等对驾驶室的影响小，便于隔热、防振和降噪；而短头式驾驶室由于发动机位于驾驶室下方，其所受影响较大，需要采取更加有效的隔热、防振和降噪措施。

（3）在发动机的接近性方面，长头式驾驶室要比平头式好。平头式驾驶室为改善发动机的接近性，通常设计有驾驶室翻转机构，通过驾驶室的前翻使发动机暴露出来，增加了机构的复杂性。

（4）在碰撞安全性方面，长头式驾驶室也要比平头式好。当发生正面碰撞事故时，长头式驾驶室的发动机区域能起到较好的缓冲吸能作用。

（5）在视野性方面，长头式驾驶室由于车头的遮挡，视野范围受到限制，没有平头式的宽阔。

（6）在车架利用面积方面，同等轴距下，平头式驾驶室占用的车架有效面积要比长头式的少。

（7）在机动性方面，平头式驾驶室货车的最小转弯半径小，机动性比长头式的好。

（8）短头式驾驶室的发动机有部分位于驾驶室内，经过适当的布置，既可有效提高车架的利用面积和视野性，又可充分利用驾驶室的宽度。因此，当所设计的货车长度有限制，又希望其具有较大的车箱有效面积时，可以采用短头式驾驶室。

（9）偏置式驾驶室既具有平头式轴距短、视野宽的优点，又避免了驾驶室闷热的不足，而且发动机的接近性好，便于维修。在超宽的汽车上采用这种窄驾驶室，还可以进一步改善驾驶员视野。因此，偏置式驾驶室主要应用于重型矿用自卸车。

2. 车箱的结构特点

货车车箱主要可分为两大类，一类是通用车箱，另一类是专用车箱。通用车箱一般可分为平板车箱、低栏板车箱、高栏板车箱和小吨位自卸车箱等，图 3-25 所示为几种常见的通用车箱。专用车箱的种类较多，可大致分为厢式车箱、罐式车箱、自卸车车箱和集装箱等，图 3-26 所示为几种常见的专用车箱。

（a）　　　　　　　　　　（b）　　　　　　　　　　（c）

图 3-25　通用车箱

（a）平板车箱；（b）低栏板车箱；（c）高栏板车箱

（a）　　　　　　　　　　（b）　　　　　　　　　　（c）

图 3-26　专用车箱

（a）冷藏车箱；（b）油罐车箱；（c）集装箱运输车箱

通用车箱主要用于运输一些装卸方式简单、环境要求不高及周转次数少的货物，如运输木材、煤炭、布料和粮食等。

专用车箱主要用于运输通用车箱不宜运输的货物，比如，易损的日用百货、食品等可采用厢式车箱运输，液态的化学品、燃料等可采用罐式车箱运输，而需要跨国远途运输的货物则采用集装箱最为方便。

三、驾驶室结构及其布置

1. 驾驶室的结构

1）长头式驾驶室的结构

（1）驾驶舱。

驾驶舱由前围板、前围侧板、前围上盖板、前立柱、后立柱、顶盖、顶盖前后横梁、上边梁、后围板、后围横梁、门槛等组成（在承载物件的外面覆以外覆盖件和车门等，在内部装置仪表板、内饰件、地板等构成完整的驾驶舱），如图 3-27 所示。

按驾驶舱的装焊工艺可将驾驶舱分为有骨架结构的驾驶舱和无骨架结构的驾驶舱。有骨架结构的驾驶舱先由地板、前骨架和后骨架等组合件装焊成驾驶舱骨架分总成，然后再装焊前围、后围、顶盖、门槛等外覆盖件以构成驾驶舱。无骨架结构的驾驶舱是由各种钣金覆盖件和钣金零件先装焊成几个分总成，然后再在装焊台上装焊成整个驾驶舱。

（2）车前板制件。

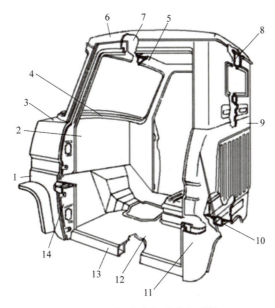

图 3-27　长头式驾驶室驾驶舱

1—前围左侧板；2—前围板；3—前围上盖板；4—前风窗框下横梁；
5—前风窗框上横梁；6—顶盖；7—上边梁；8—后围上横梁；9—后围板；
10—地板后横梁；11—左后立柱；12—地板；13—左门槛；14—左前立柱横梁

车前板制件是指驾驶舱前部覆盖发动机和车轮的零部件的总称，主要由散热器面罩和框架、发动机罩、翼子板及挡泥板等组成，如图 3-28 所示。

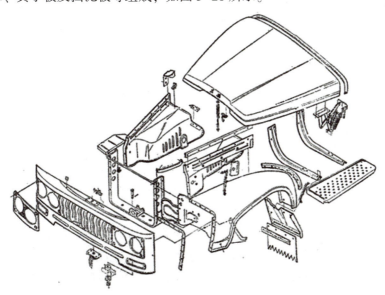

图 3-28　车前板制件

2）平头式驾驶室的结构

平头式驾驶室在结构上和长头式驾驶室类似，但比较简单，主要由各种覆盖件和钣金零件组成的封闭断面和开口断面来作为承载构件，如图 3-29 所示。

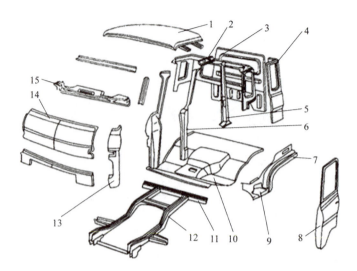

图 3-29　平头式驾驶室结构

1—车顶盖；2—上边梁；3—后围板；4—后围角板；5—后框；6—前柱；7—门槛；8—车门；
9—踏脚板；10—地板；11—地板横梁；12—纵梁；13—前围侧板；14—前围板；15—仪表板

为提高发动机检测、维修和保养时的接近性，平头式货车往往采用前翻式驾驶室来使发动机暴露出来。在需要翻转时，前翻式驾驶室通过翻转机构使整个驾驶室向前翻转，而在不需要翻转时，则通过锁止机构锁定驾驶室。

（1）前围。

平头式驾驶室前围是外板式前围，发动机安装在其后面，这种前围可以分为单层式和双层式。单层式前围多用于轻型货车，该前围外板既是覆盖件又是受力件。仪表板下部各总成均布置在地板与仪表板固定板之间的支架上。单层式前围的优点是结构简单、质量小、工艺性好。双层式前围多用于中、重型货车。前围板分为外板和内板，外板是覆盖件，起装饰作用，且可拆卸；内板是受力件，功用与内板式前围相同。

（2）驾驶室翻转机构。

驾驶室翻转机构主要由支架、翻转轴、施力机构、支撑杆及调整机构等组成。翻转机构的形式主要有液压式和扭杆式，相比于液压机构，扭杆机构具有布置容易、操作轻便灵活、可靠性高等特点。图 3-30 所示为某轻型货车驾驶室翻转机构，其采用了扭杆式翻转机构，结构简单，且驾驶室的翻转角（指驾驶室翻转后被支撑杆撑住的位置）大。

其工作原理是：扭杆 7 一端插入驾驶室支承轴管内的花键中，另一端由扭杆臂 2 固定在驾驶室右支架 3 上，驾驶室前支承轴管 5 与驾驶室的左右地板骨架连接。当驾驶室为锁止状态时，该结构使扭杆的扭转角为最大，此时扭杆的扭力矩最大；当锁止解除后，扭杆的扭力矩作用于驾驶室前支承，克服驾驶室重力矩，并施加较小的向上推力，以使驾驶室实现翻转。当驾驶室翻转到最大角位置时，扭杆的能量基本释放，驾驶室的翻转速度逐渐衰减，轻轻上推驾驶室，依靠驾驶室支承杆 1 将驾驶室锁在最大翻转角的位置。当放下驾驶室时，驾驶室利用自身的重力下落，其重力矩逐渐增大，驾驶室前支承对扭杆作用使其扭转角增大，则扭阻力矩也增大，克服重力矩，使驾驶室的回落速度逐渐减小，当略加外力时，向下拉动驾驶室即可使其锁住。

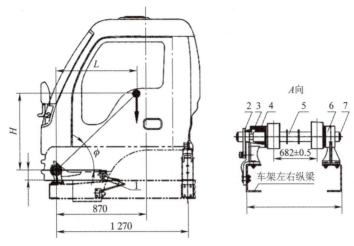

图 3-30 某轻型货车驾驶室翻转机构

1—驾驶室支承杆；2—扭杆臂；3—驾驶室右支架；4—胶垫；

5—驾驶室前支承轴管；6—驾驶室左支架；7—扭杆

（3）驾驶室锁止机构。

在汽车正常行驶或制动时，为防止驾驶室发生自行翻转，需采用驾驶室锁止机构锁定驾驶室。图 3-31 所示为某轻型货车驾驶室锁紧机构，其主要由手把机构总成，左、右锁紧机构总成，长拉杆，短拉杆，驾驶室后支承支架总成和后支承胶垫总成等组成。其中手把机构总成及左、右锁紧机构总成固定在驾驶室后围上，驾驶室后支承支架总成通过后支承胶垫总成固定在车架上。

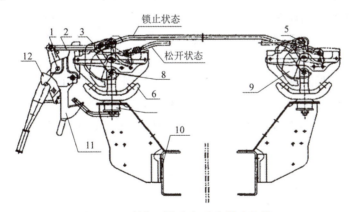

图 3-31 某轻型货车驾驶室锁止机构

1—手把机构总成；2—短拉杆；3—左锁紧机构总成；4—长拉杆；5—右锁紧机构总成；6—支架；

7—驾驶室后支承胶垫总成；8—驾驶室后支承销；9—销钩；10—车架左右纵梁；11—安全锁把；12—副锁钩

图 3-31 所示为锁紧机构锁紧、松开两种状态。锁紧时手把机构通过短拉杆、长拉杆带动左、右锁紧机构使其锁钩紧紧地钩住驾驶室的左、右后支承支架上的支承销。解除锁紧时，先拉开副锁钩，将其手把往外拉动，通过短拉杆、长拉杆带动左、右锁紧机构使其锁钩脱离驾驶室的左、右后支承支架上的支承销，往外拉开安全锁把使其脱离挂杆，即可实现驾驶室翻转。

该锁紧机构的特点是整个锁紧机构有多重保险功能，其中左、右锁钩的自锁功能与安全锁钩两种保险相互独立，即使有一个保险失效，另一个保险仍然起作用，同时副锁钩有效地防止了手把总成的自由运动，保证驾驶室安全可靠地锁住，即使驾驶室受到较大的正面或侧面冲击，驾驶室也会可靠地锁住。

3）侧围、后围、顶盖及地板

驾驶室侧围、后围及顶盖皆为薄板冲压件。顶盖为单层结构，为增加刚性内设 1~2 根横梁；侧围与后围有单层板的，也有带内板双层板的；后围有后围窗；侧围面积大时，也设侧围窗，侧围窗可以是封闭的，也可以是开启的。

驾驶室地板由地板和地板梁组成，地板是薄板冲压的大面积钣金件，地板梁是主要的支承和受力件，多由 2 mm 左右的钢板冲压而成。地板是驾驶室的基础，驾驶室的上部件焊在其上面，并通过悬置与车架连接。地板需承受乘员的重力，故要求地板有足够的刚度和强度。

4）驾驶室的悬置方法

驾驶室通过悬置连接于车架上，当货车行驶时，来自路面或发动机的激励将引起车架的扭转变形和振动，这是影响驾驶室强度和舒适性的主要因素。悬置的作用就是尽可能地减少货车在扭斜停放或者在各种道路状况下行驶时车架变形和振动对驾驶室的影响。因此，在设计驾驶室悬置结构时应该考虑以下两点：

（1）合理的尺寸布置和悬置块参数的选择，满足其承受能力及减小车架弯曲和扭曲变形的要求。

（2）适当的结构选取，保证驾驶员及乘员的乘坐舒适性。

到目前为止，大多数的货车驾驶室都是采用橡胶垫作为弹性元件的悬置结构。悬置既要保证能吸收振动能量和适应车架变形，又要防止驾驶室水平方向的窜动，因此要求橡胶垫的垂直刚度比较低而水平刚度比较高。按照受力方向的不同，可将橡胶垫分为剪切型和压缩型两种。

如图 3-32（a）所示悬置结构中的橡胶垫为剪切型，它具有垂直刚度低和水平刚度高等优点，而当悬置的侧向负载要求很高时，还可采用有预压的剪切型橡胶垫。

如图 3-32（b）所示悬置结构中的橡胶垫为压缩型，它在使用上比剪切型的方便，而且使用寿命更长，因此压缩型采用得较多。

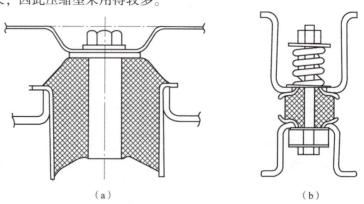

（a）   （b）

图 3-32 驾驶室悬置形式

（a）剪切型；（b）压缩型

悬置经常承受反复变换的拉力和压力，由于交变载荷易使橡胶垫产生破坏，故一般悬置结构中的橡胶垫多数为上、下两个或多个，每个垫块都只在单向压力下工作。

为减少车架变形和振动对车身的影响，应尽量减少悬置点，并将其布置在车架振动的节点附近。为正常发挥悬置作用，驾驶室在支承部位也必须有足够的刚度。目前货车驾驶室一般都采用三点或四点式悬置布置，在长头式驾驶室中也有采用五点或六点式悬置的。三点式的布置形式是前悬两点、后悬一点；四点式则为前悬两点、后悬两点，呈水平对置式或（倒）八字形布置。与三点式相比，四点式具有驾驶室稳定性好、橡胶垫不易老化、装配工艺简单等优点。

随着对货车驾驶及乘坐舒适性的不断提高，驾驶室悬置技术也在不断发展和完善，出现了半浮式和全浮式驾驶室悬置装置，在重型货车中已经得到了广泛的应用。半浮式或全浮式悬置采用与悬架相似的钢板弹簧、螺旋弹簧或空气弹簧作为弹性元件，驾驶室部分或全部地悬置在车架上，通过与悬架结构的匹配，配置筒式减震器，构成一套完整的悬架系统，因此具有良好的缓冲性和减振性，显著地提高了货车的驾驶舒适性。同时，由于弹簧的变形量要比橡胶垫大得多，因此，在车架受扭时，其变形量大部分被弹簧抵消，从而改善了驾驶室的受力情况。

2. 驾驶室的布置

1）座椅布置

驾驶室的座位数可以设置为单人座、双人座、三人座或者双排座等，此外对于长途运输的重型货车还可以设置单卧铺甚至双卧铺。长头式货车因为发动机在驾驶室前面，地板不受发动机的影响，可以做得低而平坦，座椅易于布置，乘员活动方便。平头式货车的发动机在驾驶室后部，位于座椅下面，驾驶室前部地板平整，或只凸起一个不高的通风道，室内可设置3个座位，中间座位位于发动机的上方。

2）车门布置

货车驾驶室的车门布置按照开启方法可以分为顺开式和逆开式，两者的差别在于车门铰链的布置，顺开式车门的铰链布置在前，逆开式车门的铰链布置在后。顺开式车门即使在货车行驶时仍可借气流的压力关上，比较安全，而且便于驾驶员在倒车时向后观察，因此被广泛采用。逆开式车门在货车行驶时若关闭不严就可能被迎面气流冲开，因而用得较少。为了便于上、下车，平头式驾驶室车门可采用逆开式。因为平头式货车载重量较大，速度低，即使是在车门开启时行驶，所产生的空气动力力矩也不会破坏汽车的稳定性。

由于货车（尤其是中、重型货车）驾驶室距离地面较高，故在布置车门外手柄时需满足人机工程学的要求，具体布置参数见图3-33和表3-3。

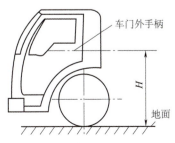

图3-33 车门外手柄的高度

表3-3 车门外手柄的高度

最大总质量/kg	车门外手柄高度 H/m
<6 000	≤1.40
≥6 000~15 000	≤1.60
≥15 000	≤1.75

3）内部控制尺寸

在我国国家标准 GB/T 15705—1995《载货汽车驾驶员操作位置尺寸》中对货车驾驶员的座椅位置及操纵机构的布置作出了规定，见图 3-34～图 3-36 及表 3-4。

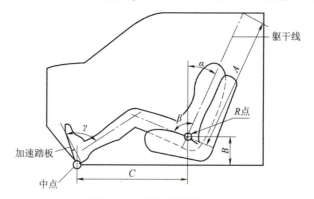

图 3-34　货车驾驶员坐姿

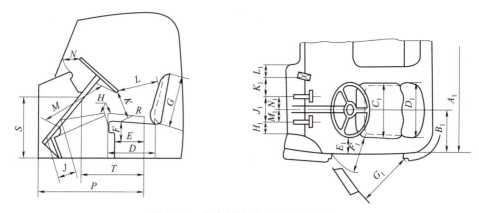

图 3-35　货车驾驶员座椅布置尺寸

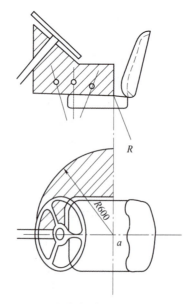

图 3-36　货车驾驶室操纵机构的布置

表3-4 货车驾驶员座椅与操纵机构的布置尺寸及有关数据

序号	符号	项目		指标	说明
1	A	R点至顶棚高		≥950 mm	（1）沿躯干线量取。 （2）轻型货车≥910 mm
2	B	R点至地板距离		390 mm±140 mm	
3	C	R点至驾驶员中点的水平距离		550~900 mm	中点按GB/T 11563中压下加速踏板的情况确定
4	α	背角		5°~28°	
5	β	臀角		90°~115°	
6	γ	足角		87°~95°	
7	D	座垫宽度		440 mm±40 mm	
8	E	座椅前后最小调整范围		100 mm	140 mm为佳
9	F	座椅上下最小调整范围		40 mm	（1）70 mm为佳。 （2）轻型货车允许不调
10	G	靠背高度		520 mm±70 mm	带头枕的整体式靠背，此尺寸可以增加，但增加部分的宽度应减小
11	H	R点至离合器、制动器踏板中心距离		750~850 mm	气制动或带有加力器的离合器和制动器，此尺寸的增加不大于100 mm
12	J	离合器、制动器踏板行程		≤200 mm	
13	K	转向盘下缘至座垫上表面距离		≥180 mm	
14	L	转向盘后缘至靠背距离		≥450 mm	
15	M	转向盘下缘至离合器、制动器踏板纵向中心面距离		≥600 mm	
16	N	转向盘至前面及下面障碍物距离		≥80 mm	
17	P	R点至前围的水平距离		≥1 000 mm	脚能伸到的最前位置
18	T	R点至仪表板的水平距离		≥600 mm	此二项规定达到一项即可
19	S	仪表板下缘至地板距离		≥540 mm	
20	A_1	驾驶室内部宽度	单人座	≥540 mm	1. 内宽是在高度为车门窗下缘的前门后支柱内侧量取。 2. 轻型货车三人座≥1 550 mm
			双人座	≥1 250 mm	
			三人座	≥1 650 mm	
21	B_1	座椅中心面至前门后支柱内侧距离		360 mm±30 mm	1. 在高度为前门窗下缘处量取。 2. 轻型货车≥310 mm

续表

序号	符号	项目	指标	说明
22	C_1	座垫宽度	≥450 mm	
23	D_1	靠背宽度	≥450 mm	在靠背最宽处测量
24	E_1	转向盘外缘至侧面障碍物距离	≥100 mm	轻型货车≥80 mm
25	F_1	车门打开时，下部通道宽度	≥250 mm	
26	G_1	车门打开时，上部通道宽度	≥650 mm	
27	H_1	离合器踏板纵向中心面至侧壁的距离	≥80 mm	
28	J_1	离合器踏板纵向中心面至制动器踏板纵向中心面的距离	≥110 mm	
29	K_1	加速踏板纵向中心面至制动器踏板纵向中心面距离	≥100 mm	
30	L_1	加速踏板纵向中心面至最近障碍物的距离	≥60 mm	
31	M_1	离合器踏板纵向中心面至转向柱纵向中心面的距离	50~150 mm	
32	N_1	制动器踏板纵向中心面至转向柱纵向中心面的距离	50~150 mm	
33		转向盘中心对座椅中心面的偏移量	≤40 mm	
34		转向盘平面与汽车对称平面间的夹角	90°±5°	
35		变速杆手柄在所有工作位置时，应位于转向盘下面和驾驶员座椅右面，不低于座垫表面，在通过 R 点横向垂直平面之前，在投影平面上距 a 点（a 点为 R 点在水平面上的投影）≤600 mm（见图3-36）		
36		变速杆和手制动器的手柄在任意位置时，距驾驶室内其他零件或操纵杆的距离≥50 mm		

注：1. 图3-34和图3-35中的字母是指表中的符号。
　　2. 图中 R 点及驾驶员中点有关的尺寸及角度，是用三维 H 点人体装置确定的。
　　3. 座椅位置是将座椅调整到最低最后位画出的。
　　4. 驾驶室轮廓是指驾驶室内侧表面。

4）校核

对货车驾驶室视野性要求规定为：驾驶员能观察到离开汽车前端12 m、远处高5 m的交通灯，如图3-37所示；车头两侧的挡泥板应尽量低一些，以免妨碍驾驶员向两侧观察；车头前部散热器罩应低一些，以保证驾驶员的下视角不小于12°，能看到距驾驶员视点前3 m处、高度为0.7 m的儿童。

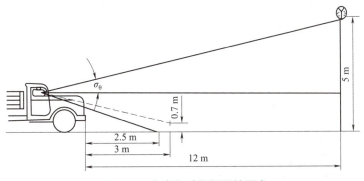

图 3-37 货车驾驶员视野性要求

四、车箱结构及其布置

1. 车箱的结构

通用栏板式车箱主要是由纵梁及横梁组成的骨架、边框、底板和四块栏板（即前板、后板和左、右侧板）组成的，如图 3-38 所示。按照结构材料的不同，通用栏板式车箱可分为木质结构、金属结构和钢木混合结构三种。

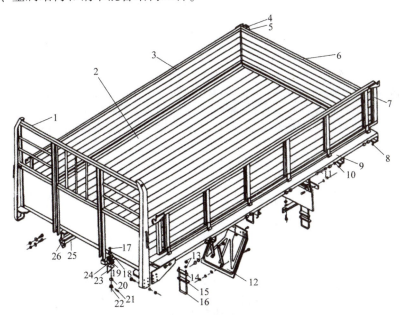

图 3-38 通用栏板式车箱结构

1—前板总成；2—底板总成；3—右边板总成；4, 13—螺母；5—栓杆；6—后板总成；
7—左边板总成；8—绳钩；9, 20, 21—开口销；10, 18—垫圈；11—销钉；12—挡泥板；
14—压板；15—垫板；16—U 形螺栓；17—螺栓；19—弹簧；22—槽顶螺母；
23—下支座（在车架上）；24—上支座；25—纵梁垫木；26—车箱纵梁

木质车箱的纵梁、横梁、底板和栏板均采用木质材料制成，并通过钢制的钣金件、螺栓及铰链等零件将它们互相连接，如图 3-39 所示。底板可通过横梁支承在其下面的纵梁上。车箱的纵梁则利用若干个 U 形螺栓紧固在车架上，也有少数车箱的底板没有纵梁，而是将车箱横梁直接安装在车架上，此种结构刚性较差。木质车箱的底板和栏板通常用薄钢条包边，为避免早期损坏，在车箱边板的外侧再加钢条包边。

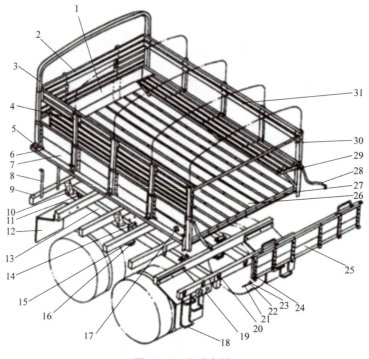

图 3-39　木质车箱

1—前板总成；2—高栏前板总成；3—篷杆；4—高栏左边板总成；5—角撑；6—绳钩；7—左边板总成；
8—挡泥板支承条；9—横梁；10—纵、横梁连接板；11—支座（连接车箱与车架）12—挡泥板；13—纵梁；
14—U形螺栓压板；15—U形螺栓垫板；16—U形螺栓；17—反光灯；18—踏梯；19—尾灯底板；
20—铰链固定页板；21—销钉；22—垫圈；23—开口销；24—铰链活动页板；25—后板总成；
26—底板总成；27—钢条包边；28—链钩；29—右边板总成；30—链索；31—高栏右边板总成

金属结构车箱由钢板冲压、焊接而成，车箱底板的栏板均冲压出瓦楞状凸筋，以增强其刚度，如图 3-40 所示。

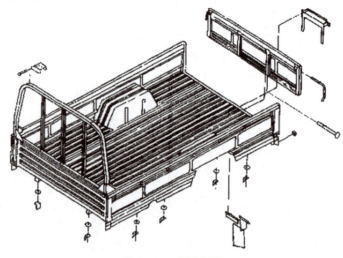

图 3-40　金属车箱

钢木车箱是一种混合结构，通常底板是用木质材料制成，或采用钢、木间隔，或燕尾形结构，其余部分为钢结构，如图 3-41 所示。

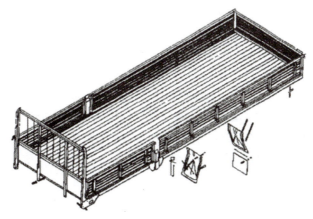

图 3-41　钢木混合车箱

木质车箱的主要特点是易于制造和修理，但是使用寿命较短；金属结构车箱虽然具有使用寿命长、可节约木材等优点，但在货车行驶中噪声较大。不同结构车箱的对比和应用情况见表 3-5。

表 3-5　不同结构车箱的对比和应用情况

车箱种类	木质车箱	钢、木混合车箱	金属车箱
结构形式	木质	木底板、钢边板	金属板焊接
优点	有弹性，受冲击碰撞不易变形，修理方便，耐腐蚀、振动小	质量小、寿命长，兼有钢木的优点，是中型车的发展方向	质量小，结构简单，装配容易，刚性大
缺点	质量大、寿命短	加工种类多	无弹性，不耐冲击，不宜装运动物和汽油
应用	多用于老式车箱	应用甚广，逐渐取代木质车箱	多用于小吨位车及自卸车

在我国汽车行业标准 QC/T 29058—1992《载货汽车车箱技术条件》中规定了货车全钢和钢木（竹、塑）混合结构车箱的技术要求、试验方法、检验规则、标志、储存及运输。

2. 车箱的布置

通用栏板式车箱的尺寸可根据以下因素来确定：

1）车箱的计算容积

该容积应能保证在运输散装货物或成包货物时，尽可能充分利用货车的载质量。车箱的计算容积可根据货车最大装载质量和所运货物的单位容积质量来确定。

2）尺寸及其他条件限制

尽管我国国家标准 GB/T 1589—2004《道路车辆外廓尺寸、轴荷及质量限值》允许货车有较大的长度，但是为了减小货车质量，提高货车的机动性，在满足使用要求的条件下，应当尽量缩短车箱长度。在国标中还规定了货车的最大宽度不超过 2.5 m，因此在保证车箱外宽要求的前提下，可适当加宽车箱内宽，以求缩短车箱长度和栏板高度，降低货车的质心，提高货车的机动性和稳定性。栏板高度主要受货车最大载质量的限制，低栏板车箱的栏板高度应不大于 600 mm（一般在 400~600 mm），高栏板车箱的栏板高度为 900~950 mm。

3）给定的轴荷分配

大多货车采用的是发动机前置后轴驱动的形式，以后轴为双轮胎的 4×2 货车为例，其理想的轴荷分配是前轴占 30%~40% 的整备质量，后轴占 60%~70% 的整备质量。根据轴荷分配可初定车箱质心位置，车箱长度 L_K 可按 $L_K = 2L_N$ 来确定。如图 3-42 所示，L_N 为车箱质心至驾驶室后围的距离减去前栏板厚度和驾驶室与车箱之间的间隙。初步确定车箱长度 L_K 后还必须校核是否能获得满意的有效容积。

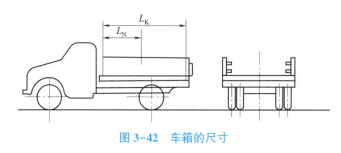

图 3-42   车箱的尺寸

4）车箱距地面高度

车箱距地面的高度通常取决于车轮直径及其跳动时所需的间隙，其值为 1 000~1 400 mm，此高度与铁路上货台高度大致相适应，以便于装卸货物。为了运输笨重货物或动物等，有时希望降低车箱地板高度，此时就不得不使轮罩凸出于车箱地板以上，因而使车箱地板和底架的结构复杂化，同时还减小了有效容积。

五、货车车身空气动力性能

在国内，行驶于高速公路上的货车最高时速可达 100 km/h 以上，货车的空气动力性对其燃油经济性和行驶稳定性都有着显著的影响，越来越受到人们的重视。货车的车身一般为非流线型，其主要是通过外形设计的局部优化和加装附加装置来减小空气阻力和升力的。

1. 外形设计的局部优化

汽车行驶时所受的空气阻力是与汽车运动方向相反的气动力，其大小与空气阻力系数 C_D、迎风面积 S、空气密度 ρ 及车速 v 有关。在设计货车车身时，主要是通过降低 C_D 值来达到降低空气阻力的目的的。

美国福特公司对 3∶8 比例汽车模型的风洞试验结果表明，当把车头棱角改成半径 $R40$ mm 的圆角时，即可以防止气流在转角处分离，使厢式车模型的 C_D 下降 50% 以上；而当圆角半径增大时，效果却不显著。由此可见，将货车流线型化的作用并不大，只需要将车身的棱角倒圆，就可以得到理想的效果。

2. 采用附加装置

1）加装导流罩

货车的车身形式繁多，有些在驾驶室和车箱之间还存在间隔，这些都给降低风阻、改善气流增加了困难，通常采用加装导流罩的方法来解决。

导流罩是装在驾驶室顶部的导流附件，其设计形状不同，减阻效果也有一定的差别。意大利菲亚特公司进行的牵引挂车车身细节和附加装置对 C_D 值的研究结果表明，若装上不同的导流装置，可使 C_D 值下降 22.6%～23.8%。当把最好的导流装置与侧裙及隔板连用时，可使 C_D 值下降 27.1%；而当它与具有圆弧拐角导流器且外板平滑的集装箱匹配后，C_D 值可下降 34%。

因此，在货车、牵引车与半挂车上装导流罩和各种附加装置时，可通过优化组合的方式得到最佳效果。

2）加装隔离装置

在驾驶室与车箱之间，沿着车子宽度方向的对称平面上安装一块连接平板，称为隔离装置，如图 3-43 所示。

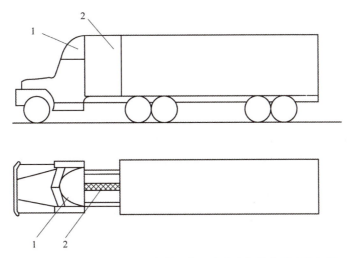

图 3-43　利用导流罩与隔离装置的组合来降低货车的空气阻力
1—导流罩；2—隔离装置

加装隔离装置之后，可以改善因侧向风而引起的、通过驾驶室与车箱之间的水平气流，减少由于该气流而产生的、在驾驶室与车箱之间的气流分离。当它与导流罩连用时，可以稳定导流罩的尾流，从而保证导流罩的效能。

【任务实施】

车身结构认知任务评价表见表3-6。

表3-6　车身结构认知任务评价表

序号	作业项目	考核内容	评分细则	分值	得分
1	承载式车身	简述其特点	表述正确	10	
		简述其主要组成	表述正确	10	
		主要应用于哪些类型的车辆上	表述正确	10	
2	非承载式车身	简述其特点	表述正确	10	
		简述其主要组成	表述正确	10	
		主要应用于哪些类型的车辆上	表述正确	10	
3	客车车身结构	简述客车车身的结构特点	表述正确	20	
3	货车车身结构	简述货车车身的结构特点	表述正确	20	

复习思考题

一、判断题

1. 碰撞修理就是将汽车恢复到事故前的尺寸。（　　　）

2. 前轮驱动和后轮驱动汽车的前悬架结构是不相同的。（　　　）

3. 强度最高、承载能力最强的车架是框式车架。（　　　）

4. 整体式车身前部结构比车架式车身复杂得多。（　　　）

5. 客车的车身结构都是车架式的。（　　　）

6. 前置前驱汽车的后轮采用独立的滑柱式悬架，在后面碰撞时对后轮定位的影响比后轮驱动汽车要大得多。（　　　）

二、选择题

1. 轿车常用的车门类型有_____。

A. 窗框车门　　　　　　　　　B. 冲压成形车门

C. 折叠式车门　　　　　　　　D. 无框车门

2. 承载式客车车身类型有_____。

A. 基础承载式　　　　　　　　B. 骨架承载式

C. 车架承载式　　　　　　　　D. 整体承载式

三、简答题

1. 简述承载式车身和非承载式车身各自的特点及优势。

2. 轿车、越野车、客车、货车车身结构各有什么特点？

4

项目四

车身焊接

📖 【本章知识导读】

知识目标	1. 了解焊接工艺的种类； 2. 了解车身修复中常用的焊接方法； 3. 掌握氧-乙炔焊、气体保护焊、电阻点焊、钎焊等焊接工艺的特点； 4. 掌握等离子弧切割的基本原理
能力目标	1. 掌握二氧化碳气体保护焊的焊接方法； 2. 掌握电阻点焊焊接方法及质量检查方法； 3. 了解钎焊焊接和等离子弧切割手法
重点、难点	1. 二氧化碳气体保护焊焊接方法； 2. 电阻点焊焊接方法及检查方法

　　汽车上零件连接的方法有三种，即机械连接、焊接和粘接。在汽车车身修理作业中，焊接占的比重最大，这是因为，焊接可以获得与母材相近的强度，而且连续焊接不仅具有良好的水密性、气密性，而且有比其他任何连接方式都可靠的结合强度。

　　焊接是对需要连接的金属板件加热，使它们共同熔化，最后结合在一起的方法。车身件多由钢板或型钢构成，在车身维修作业中离不开焊接技术。

任务一　概　　述

　　常用的焊接方法有气体保护焊、电阻焊、手工电弧焊和氧-乙炔焊等，随着高强度钢板和铝合金等金属在车身板件上的普遍使用，氧-乙炔焊和手工电弧焊应避免使用。与其他连接方法相似，焊接具有节省钢材、操作简单和密封性能好等优点。

　　定义：焊接是指通过加热或者加压，或者两者并用，加或不加填充材料，使两分离的金属表面达到原子间的结合，形成永久性连接的一种工艺方法。

一、焊接工艺分类

从大的方面讲，焊接工艺可分为压焊、熔焊和钎焊，如图 4-1 所示。

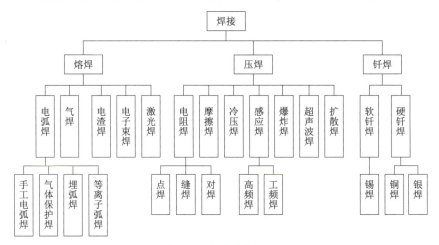

图 4-1　焊接方法分类

1. 压焊

压焊是通过电极对金属加热使其熔化，并利用焊接时施加一定压力而完成焊接的方法。在各种压焊中，电阻点焊是汽车制造业中最常用的焊接方法，但在汽车修理业中应用还较少。

2. 熔焊

熔焊通过电弧或火焰等方式将金属件加热到熔点，使它们共同熔化连在一起（通常采用焊条、焊丝）。

3. 钎焊

钎焊采用比母材熔点低的金属材料作钎料，将焊件和钎料加热到高于钎料熔点而低于母材熔化温度，利用液态钎料润湿母材，填充接头间隙并与母材相互扩散实现连接焊件的方法。根据钎焊材料熔化的温度，可分为软钎焊和硬钎焊。钎焊材料的熔化温度低于450 ℃的是软钎焊，高于450 ℃的是硬钎焊。

二、焊接防护

（1）工作前要穿戴好劳动保护用品。

（2）合、拉电闸时宜戴手套操作，并站在电闸的旁侧，动作要迅速到位，发现问题要及时拉闸。

（3）检查电焊机外壳接零线或接地是否良好、可靠。

（4）焊接过程中要注意通风，清除熔渣时应戴好防护眼镜。

（5）对被焊物进行安全确认。

（6）工作完毕，切断电源（拉下电闸），清理好工作场地。

任务二 电阻焊

电阻焊有三大显著特征：一是焊接的热源是电阻热，故称电阻焊；二是焊接时工件必须接触，因而也称接触焊；三是焊接时需要施加压力，故属于压焊。

电阻焊的分类方法很多，按工艺特点分为点焊、缝焊和对接焊等。

电阻点焊是承载式车身在制造中应用最广泛的焊接方法，在一部汽车的车身部件里有几千个电阻点焊点，占车身全部焊接部位的 90% 以上。在车身修复中，立柱、车顶、门槛和散热器框架等位置的板件更换都可以利用电阻点焊进行快速焊接。

一、电阻焊的特点及应用

1. 电阻焊的优点

1）焊接生产率高

电阻焊是一种内部热源，焊接时热能损伤比较少，热效率较高。点焊时若用通用电焊机，则每分钟可焊 60 点；若用快速电焊机，则每分钟可达 500 点以上；对焊直径为 40 mm 的棒材，每分钟可焊一个接头；焊厚度为 1~3 mm 的薄板时，其焊接速度通常为 0.5~1 m/min。因此电阻焊非常适合大批量生产。

2）焊接质量好

从焊接接头来说，由于冶金过程简单，且不易受空气的有害作用，所以焊接接头的化学成分均匀，并且母材基本一致。从整体结构看，由于热量集中，受热范围小，热影响区也很小，所以焊接变形不大，并且易于控制。此外，电阻焊的焊缝是在外界压力作用下结晶的，具有锻压的特性，所以容易避免产生锁孔、疏松和裂纹等缺陷，能获得致密的焊缝。

3）焊接成本较低

焊接时不用焊接材料，一般也不用保护气体，所以在正常情况下除必需的电力消耗外，几乎没有什么消耗，因而成本低廉。

4）劳动条件较好

电阻焊时既不会产生有害气体，也没有强光的辐射，所以劳动条件比较好。此外，电阻焊接过程简单，易于实现机械化、自动化，因而工人的劳动强度较低。

2. 电阻焊的缺点

（1）对参数波动敏感。焊接过程进行的很快，因此，当焊接时因某些工艺因素发生波动，对焊接质量的稳定性有影响时，往往来不及尽心调整。

（2）焊后难以无损检测，在重要的承力结构中使用电阻焊要慎重。

（3）结构受较多限制。工件的厚度、形状和接头形式受到一定程度的限制。如点焊、缝焊一般只适用于薄板搭接接头，若厚度太大，则受到设备功率的限制，而搭接头又难免会增加材料的消耗，降低承载能力。对焊主要适用于紧凑断面的对接焊头，而对薄板类零件焊接则比较困难。

（4）设备功率大、复杂，除了需要大功率的供电系统外，还需要精度高、刚度较大的机械系统，因而设备成本较高。

3. 电阻焊的应用

电阻点焊、缝焊和凸焊主要用于焊接厚度小于 3 mm 的薄板组件，生产率高，适合大批量生产。对焊是将两工件沿整个端面同时焊起来的电阻焊方法，主要适用于对接直径在 20 mm 以内的棒材或线材，不适用于大断面对接和薄壁管子对接。

虽然电阻焊工件接头形式和厚度受到一定的限制，但适用于电阻焊的结构和零件仍然非常广泛。例如，飞机机身、汽车车身、自行车钢圈、锅炉钢管接头、轮船的锚链、洗衣机和电冰箱的壳体等。电阻焊所适用的材料也非常广泛，不但可以焊接碳素钢和低合金钢，而且可以焊接铝、铜等非铁金属及其合金。

二、电阻点焊的焊接原理

电阻点焊是利用低电压、高强度的电流流过夹紧在一起的两块金属板时产生的大量电阻热，用焊枪（焊炬）电极的挤压力把它们熔合在一起的。电阻点焊焊接原理如图4-2所示。

电阻点焊三个主要参数如下：

1. 电极压力

两个金属之间的焊接机械强度与焊枪电极施加在金属板上的力有直接关系，当焊枪电极将金属板挤压到一起时，电流从焊枪电极流入金属板，使金属熔化并熔合。焊枪电极的压力太小、电流过大都会产生焊接飞溅物，导致焊接机头强度降低。

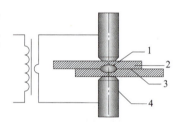

图 4-2　点焊原理
1—熔核；2—工件；
3—结合面；4—电极

焊枪电极压力太大会使焊点过小（熔核小），如图4-3所示，从而降低焊接部位的机械强度。焊枪电极压力过高会使电极头压入被焊金属软化的部位过深，导致焊接质量降低。焊点被电极压入的深度不能超过板厚的一半。

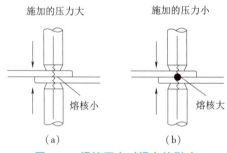

图 4-3　焊接压力对焊点的影响
(a) 施加的压力大；(b) 施加的压力小

2. 焊接电流

金属板加压后，一股很强的电流流过焊枪电极，然后流入两个金属板件。在金属板的结合处电阻值最大，电阻热使温度迅速上升，如图4-4（a）所示。如果电流不断流过，金属便熔化并熔合在一起，如图4-4（b）所示。电流太大或压力太小，将会产生内部溅出物。如果适当减小电流强度或增加压力，则可使焊接溅出物减少到最小值。焊接电流和施加在点焊部位的压力都对焊接质量有直接的影响。

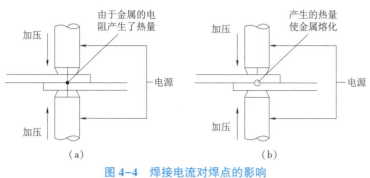

图 4-4　焊接电流对焊点的影响

（a）电阻大；温升快；（b）电流不断，金属熔化

3. 加压时间

电流停止后，焊接部位熔化的金属开始冷却，凝固的金属形成了圆而平的焊点。对焊点施加的压力合适就会使焊点的结构非常紧密，有很高的机械强度。加压时间是一个非常重要的因素，时间太短会使金属熔合不够紧密。焊接操作时的加压时间一般不能少于焊机说明书上的规定值。

三、电阻点焊的设备

电阻点焊机主要由变压器、控制器和电极三部分构成，如图 4-5 所示。

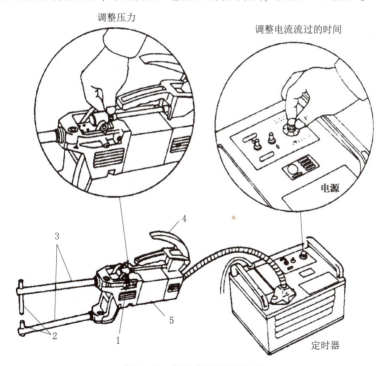

图 4-5　电阻点焊机的构造

1—调压旋钮；2—电极；3—电极臂；4—加压手柄；5—变压器

1. 变压器

变压器将低电流强度的 220 V 或 380 V 车间线路电压转变成低电压（2~5 V）、高电流强度的焊接电流，避免了电击的维修。焊机变压器既可以安装在焊枪上，也可以安装在远处，并通过电缆和焊枪连接。

安装在焊枪上的变压器的电流效率更高，这是因为在这种情况下，变压器和焊枪之间焊接电流损失很小或没有损失；安装在远处的变压器必须较大，而且要使用较大的车间线路电流，以弥补连接变压器和焊枪长电缆所造成的电力损失。

当使用加长型或宽距离电极臂时，高强电流会由于电缆线长度增加而降低，可调整焊机上的控制器，将输出的电流强度调高。

2. 焊机控制器

焊机控制器可调节变压器输出焊机电流的强弱，并可以精确地调节焊接电流通过的时间。在焊接时间内，焊接电流被接通并流过被焊接的金属，然后电流被切断。

焊接控制器应能够进行全范围的焊接电流调整。焊接电流的大小由焊接金属的厚度、需要达到被焊接部位的电极臂长度及间距来决定。当使用缩短型电极臂时，应减小焊接电流；而当使用伸长型或宽间距的电极臂时，应增大焊接电流。

某些用于承载式车身修理的电阻点焊机上还带有另外的控制装置，用于处理金属表面上产生的轻微锈蚀。这种装置可供修理者在焊接环境恶劣时选用。

3. 电极

电极利用电极臂向被焊金属施加压力，并流入焊接电流。大多数电阻点焊机都带有一个加力机构，可以产生很大的电极压力来稳定焊接质量。这些加力机构有的使用弹簧手动夹紧装置或由气缸产生压力的气动夹紧装置。有些小型的挤压型电阻点焊机不具备增力机构，它完全靠操作人员的手来控制压力的大小，因此不能用于修理车身结构时的焊接操作。

用于整体式车身修理的电阻点焊机，带有一套可更换电极臂的装置，对于较难焊接的部位，可视具体条件选用合适的电极臂进行焊接。如图 4-6 所示。

图 4-6 各种类型的电极臂

四、电阻点焊的工艺

用于整体式车身修理的电阻点焊机可带有全范围的可更换电极臂装置，为使点焊部位有足够的强度，在进行操作前可按下列步骤对电阻点焊机进行检查和调整。

1. 选择电极臂

通常应根据焊接部位来选择电极臂。电极臂选择的原则是当多个电极臂都可以焊接某一个部位时，尽量选择最短的电极臂，如图 4-7 所示。

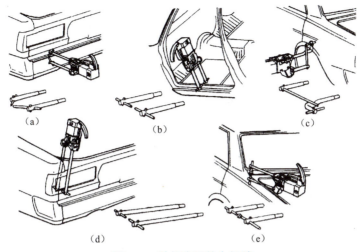

图 4-7　选择合适的电极臂

（a）45°电极臂；（b）标准电极臂；（c）用于轮罩的电极臂；（d）长电极臂；（e）旋转电极臂

2. 调整电极臂

电极臂应尽量缩短其外伸长度，以获得较大压力。长度调整好后，要将电极臂和电极头紧固，以免在焊接时发生松动而影响焊接质量。如图 4-8 所示。

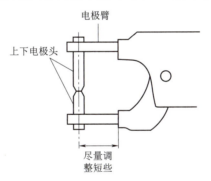

图 4-8　调节焊枪电极臂

3. 电极头的正确调整（见图 4-9）

将上、下两个电极头对准在同一条轴线上。电极头对准状况不好将引起加压不充分，造成电流过小，导致焊接部位的强度降低。

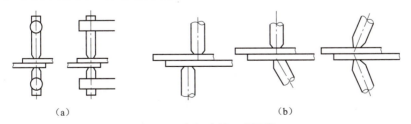

图 4-9　电极头的正确调整

（a）正确；（b）错误

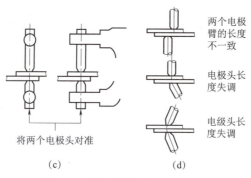

两个电极臂的长度不一致

电极头长度失调

电级头长度失调

将两个电极头对准

(c)   (d)

图 4-9   电极头的正确调整（续）

（c）正确；（d）错误

4. 选择正确的电极头直径

电极头直径增加，焊点直径将减小；电极头直径减小，焊点直径将增大；电极头直径小到一定值以后，焊点的直径将不再增大。为了获得理想的焊接深度，选择合适的电极头直径。电极头直径 D 与板厚 T 有关，推荐值为 $D=（2T+3）$ mm，如图 4-10 所示。

在开始操作前，注意电极头直径是否合适，然后用锉刀将它锉光，以便清理掉电极头表面的燃烧生成物和杂质。当电极头端部的杂质增加时，该处的电阻也随之增加，将会减小流入工件的电流并减少焊接熔深，导致焊接质量下降。连续焊接一段时间后，电缆线和电极头端部会因为散热不好而造成过热，使电极头端部过早的损坏而增大电阻，并引起焊接电流急剧下降。在使用没有强制冷却的电极头时，可在焊接 5~6 次让电极头端部冷却后再进行焊接。

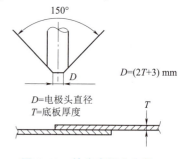

$D=(2T+3)$ mm

D＝电极头直径
T＝底板厚度

图 4-10   检查电极头直径

5. 调整电流流过时间

电流流过的时间也和焊点的形成有关。当电流流过的时间延长时，所产生的热量增加，焊点直径和焊接熔深随之增大，焊接部位散发出的热量随着通电时间的延长而增加。经过一定的时间后，焊接温度将不会再增加，即使通电时间超过了这一时间，点焊直径也不会再扩大，有可能产生电极端部的压痕和热变形。

许多简单的电焊机都无法调整施加的压力和焊接电流，而且其电流强度值较低。这些焊机在操作时可适当延长通电时间来保证焊接的强度。

当对车身上的防锈钢板（电镀或镀锌）进行焊接时，焊接电流强度比普通钢板焊接电流高 10%~20%，以弥补电流强度的损失。一般简单的电焊机无法调节电流强度，可适当延长通电时间。

五、点焊操作要点

点焊前清除焊接金属表面层的油漆、油污、锈斑、灰尘等杂物；对需要进行防锈处理的部位，焊接之前要涂上一层导电系数较高的防锈剂；整平被焊接的金属表面，并用夹紧装置夹紧。

1. 尽量采用双面点焊法施焊

对无法实施双面点焊的部位，可采用气体保护焊的塞焊法，以保证良好的焊接强度。

2. 保持焊接夹角

焊接时应保持电极与金属板之间夹角为 90°，否则电流强度会减小，直接影响焊接质量，如图 4-11 （a）所示。

3. 两次点焊

当三层或多层金属重叠在一起时应进行两次点焊，如图 4-11 （b）所示。

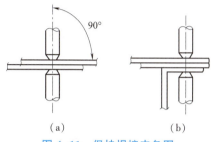

（a）　　　　　　　　（b）

图 4-11　保持焊接夹角图

4. 焊点数目

考虑到修理厂的点焊机功率一般都小于制造厂点焊机的功率，因此在修理时，点焊的焊点数目应多于原来的焊点数目，通常以增加 30% 为宜，如图 4-12 所示。

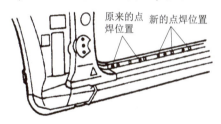

图 4-12　焊点数目

5. 最小焊接间距

两金属板间的焊接强度取决于点焊间距和边缘距离。两板之间结合力随焊接间距减小而增大，但当间距小到一定数值时，结合力不再增大，反而有害。当两焊点间距离变小时，往复电流增加，而不会使焊点处被加热升温，导致焊接质量下降。如图 4-13 所示。

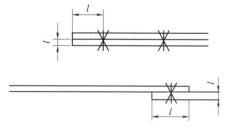

图 4-13　最小焊接间距

6. 焊点边距

金属板的端部距离不应太小，一般应保持不小于 12 mm 为宜。点焊的间距与边距见表 4-1。

表 4-1 点焊的间距与边距   mm

板厚	间距 s	边缘距离 p	图例
0.4	≥12	≥6	
0.8	≥15	≥6	
<1.2	≥18	6	

7. 点焊顺序

点焊的顺序如图 4-14 所示。

8. 过渡圆角的焊接

对于有过渡圆角的板件焊接，一般不应在圆弧过渡区施焊，只有采取了专门的措施才允许对圆角过渡区施焊，否则将导致开裂等缺陷，其焊点分布如图 4-15 所示。

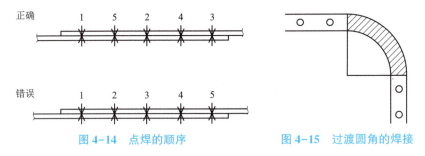

图 4-14 点焊的顺序   图 4-15 过渡圆角的焊接

六、焊接质量检验

点焊的检验可采用外观目测检验和试验性检验。除非特殊需要，一般采用外观目测检验法判定点焊质量。

1）目测检验

（1）焊接位置。焊接位置应在凸缘的中心线上，且不允许产生电极头孔，焊点不超过边缘，修理时，应避免在原焊点施焊。

（2）焊点数量。修理时焊点数量应大于出厂焊点的 1.3 倍，如原制造厂的焊点为 4 个，则修理焊点应不少于 5 个。

（3）焊点间距。修理时焊点间距应略小于制造出厂的焊距，但不应小于规定的数值，且焊点分布要均匀。

（4）压痕（电极头压痕）。焊接表面的压痕深度不得超过金属板厚度的一半，如图 4-16（a）所示。

（5）气孔。不允许有肉眼能看见的气孔，如图 4-16（b）所示。

（6）溅出物。用手套在焊接表面上擦过时，没有被刺卡拉丝现象，如图 4-16（c）所示。

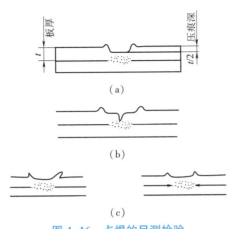

图 4-16　点焊的目测检验

（a）压痕；（b）气孔；（c）溅出物

2）试验性检验

（1）拆解法检查。

对试焊件焊接质量进行检查时，可用如图 4-17 所示的方法用力拆解，根据断口的清晰与否，直观判定点焊质量的优劣。

图 4-17　拆解法检查

（2）扁口錾检查。

用如图 4-18 所示的扁口錾，沿焊件接缝楔入板间距焊点 7~10 mm 处，打进深度以观察到熔核形状时为止（不得超过 30 mm），确认焊点无脱开后抽出检具并将检验处修平。

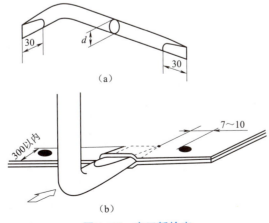

图 4-18　扁口錾检查

（a）扁口錾；（b）操作方法

任务三　惰性气体保护焊

现在车身中的纵梁、横梁、立柱等结构件都是应用高强度钢或超高强度钢制造，惰性气体保护焊（MIG）在焊接整体式车身上的高强度钢板方面比其他常规焊接方法更合适。当今汽车上使用的新型高强度钢不能用氧乙炔或电弧焊进行焊接，而广泛应用惰性气体保护焊。

CO_2 气体保护电弧焊是惰性气体保护焊中的一种。惰性气体保护焊是利用惰性气体将电极、电弧区以及焊接熔池置于其保护之下的电弧焊接方式，简称为气体保护焊。用于保护焊的惰性气体主要有氩气和二氧化碳两种，前者又称氩弧焊，后者称为 CO_2 气体保护焊。CO_2 气体保护焊的示意图如图 4-19 所示。

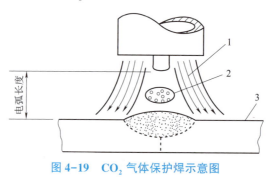

图 4-19　CO_2 气体保护焊示意图

1—CO_2 气体保护层；2—熔融金属；3—工件

CO_2 气体保护电弧焊是从 20 世纪 50 年代初期发展起来的一种新的焊接技术，它是一种高效率的焊接方法。CO_2 气体保护电弧焊现已在我国造船、机械制造、汽车制造等工业部门获得了广泛的应用。它的普及运用，给汽车钣金的修理带来了极大的便利。

CO_2 电弧焊按焊丝直径分为细丝焊和粗丝焊两种；按操作方式分为自动焊和半自动焊两种。目前，其主要用于焊接低碳钢及低合金钢等黑色金属。与其他电弧焊相比，CO_2 气体保护焊有它自身的特点。

一、CO_2 气体保护焊的特点

（1）生产率高。CO_2 电弧焊的穿透力强、熔深大，而且焊丝的熔化率高，所以，熔敷速度、生产率比手工焊高 1~3 倍。

（2）焊接成本低。CO_2 气体是酿造厂和化工厂的副产品，来源广、价格低。因而，CO_2 气体保护焊的成本只有埋弧焊和手工焊的 40%~50%。

（3）能耗低。CO_2 电弧焊和药皮焊条手弧焊相比，3 mm 厚低碳钢板对接焊缝，每米焊缝消耗的电能，前者为后者的 70% 左右。25 mm 厚低碳钢板对接焊缝，每米焊缝消耗的电能，前者仅为后者的 40%。所以，CO_2 电弧焊也是较好的节能焊接方法。

（4）适用范围广。CO_2 气体保护焊不论何种位置都可进行焊接。薄板可焊到 1 mm 左右，几乎不受限制（采用多层焊），而且焊接薄板时较之气焊速度快、变形小。

（5）抗锈能力较强，焊缝含氢量低，抗裂性好。

（6）焊后无须清渣，又因是明弧，故便于监视和控制，有利于实现焊接过程的机械化和自动化。

二、CO_2气体保护焊的原理

CO_2气体保护焊使用一根焊丝，焊丝以一定的速度自动进给，在母材和焊丝之间出现短弧，短弧产生的热量使焊丝熔化，将母材焊接起来，实现半自动电弧焊接。在焊接过程中，CO_2气体对焊位实施保护，以免母材被空气氧化。大多数钢材都用二氧化碳作为保护气体进行焊接；对于铝材则采用氢气或氢、氮混合气作为保护气体进行焊接。

气体保护焊熔滴的过渡形式有两种：短路过渡和细颗粒过渡。焊丝作为一极，其端部不断受热熔化，形成熔滴并脱离焊丝过渡到母材熔池中。两种不同过渡形式的适用范围和工艺要求是不同的。

细颗粒过渡的特点是电流大、直流反接。气体保护焊采用大电流、高电压进行焊接时，熔滴呈颗粒状过渡。当颗粒尺寸增加时，会使焊缝成形恶化，飞溅加大，并使电弧不稳定。因此常用的是细颗粒状过渡，此时熔滴直径为焊丝直径的 1/4～1/3 倍。

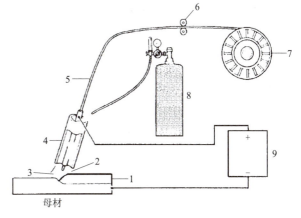

短路过渡形式是采用细焊丝、小电流和低电压焊接时出现的。因为电弧短，故液态熔滴还未增大时即与熔池接触形成短路，使电弧熄灭，熔滴脱离焊丝过渡到熔池中去，然后电弧重新引燃。这种周期性短路→燃弧交替即为短路过渡过程。由于短路过渡母材受热量较少、变形小、熔深较浅，故多用于薄板的焊接。汽车钣金焊接多采用此种形式。短路过渡电弧焊的工作原理如图 4-20 所示。

图 4-20　CO_2气体保护焊的原理

1—焊缝金属；2—CO_2气体；3—电弧；
4—焊枪喷嘴；5—焊丝；6—送丝滚轴；
7—焊丝卷轴；8—CO_2气瓶；9—焊机电源

CO_2气体保护焊的工作过程如图 4-21 所示。

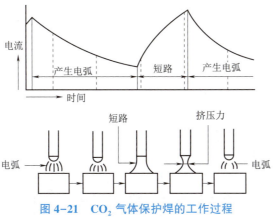

图 4-21　CO_2气体保护焊的工作过程

（1）焊丝在焊接部位经过短路→燃弧→短路→燃弧过程，每一次短路电弧焊丝都从端部将微小的熔滴转移到母材熔池之中。

（2）在焊丝周围有一层惰性气体保护层，以免焊缝被氧化。

（3）焊丝采用自动进给，连续焊接。

（4）在整个焊接过程中，母材受热量小、变形小，不致影响钣金件整体的几何形状。

三、CO_2气体保护焊接设备

汽车车身修理用的CO_2气体保护焊接设备多是半自动的，在其焊接过程中，设备自动运行，但焊枪需用手来控制。CO_2气体保护焊接设备参见图4-20和图4-22，其基本组成部分如下：

（1）存储CO_2气体的钢瓶、减压装置以及输送管道系统，保护熔池免受污染。

（2）送丝控制装置，调节送丝速度。

（3）配备指定规格的成卷的焊丝。

（4）供焊接用的机内电源装置。

（5）电缆及接线装置。

（6）焊枪和电缆，供操作者牵引到不同工位上焊接。

（7）CO_2气体保护焊设备供气系统。

CO_2气体保护焊设备供气系统如图4-22所示，它和电弧焊的不同之处是气路中一般要接入加热器。

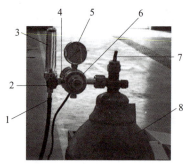

**图 4-22 CO_2气体保护焊
设备供气系统**

1—气体输出口；2—工作流量调节阀；
3—流量指示；4—加热器；5—气压表；
6—减压阀；7—气瓶阀；8—气瓶

1. 加热器

焊接过程中钢瓶内的液态CO_2不断地汽化成CO_2气体，此汽化过程要吸收大量的热能。另外，钢瓶中的CO_2气体是高压的，压力为$(50\sim65)\times10^5$ Pa，经减压阀减压后，气体体积膨胀也会使气体温度下降。为了防止CO_2气体中的水分在钢瓶出口处及减压表中结冰而使气路堵塞，在减压之前要通过加热器进行加热。显然，加热器应尽量装在靠近钢瓶的出气口附近。

2. 焊机控制电路

熔化极自动、半自动焊机的控制电路包括引弧、熄弧、焊接程序控制、规范参数自动调节以及全自动跟踪等电路。一般说来，自动焊机和半自动焊机具有的控制越多，功能越完善，设备越复杂，价格也越昂贵。例如某些国产NBC系列CO_2半自动焊机（如NBC-160，NBC-250，NBC-400）的引弧、熄弧均由手工操作，具有简单的气体导前、气体滞后和送丝电动机的调速控制等电路。

四、CO_2气体保护焊工艺参数

CO_2气体保护焊是车身修理最常用的焊接方法，施焊前首先要根据焊件具体情况，选择工艺参数，如焊丝直径、电流、电压等相关数据。

1. 焊丝直径

CO_2气体保护焊的焊丝是选用H08Mn2Si或H08Mn2SiA合金钢丝制成的。汽车车身钣金

件厚度为 1.5~2.5 mm，焊丝直径为 0.4~0.8 mm，见表 4-2。

表 4-2 焊丝直径的选择

焊丝直径/mm	短路过渡		颗粒过渡	
	电流/A	电压/V	电流/A	电压/V
0.6	40~70	17~19		
0.8	60~100	18~19		
1.0	80~120	18~21		
1.2	100~150	19~23	160~400	25~38
1.6	140~200	20~24	200~500	26~40

汽车钣金修理中焊丝直径以 0.8 mm 居多。近年来，国外修理设备中，直径为 0.4 mm 的细丝应用较普遍。

2. 焊接电流与电弧电压

CO_2 气体保护焊对电源电压稳定性要求较高，一般将电源、送丝装置、焊丝都装在机箱内，并有调节电压和送丝速度的设施。

CO_2 气体保护焊电源都是直流的，一般情况下，焊丝接正极，工件接负极，此种接法称为反接法。反接法电弧稳定，飞溅小，熔深大，焊缝中含氢量低，适用于短路过渡的普通焊接。汽车修理中多采用反接法。焊丝接负极，工件接正极的方法称为正接法。正接法焊丝熔化率高、熔化深度较浅，适用于颗粒过渡的高速焊接、堆焊或铸铁补焊等场合。

熔丝过渡形式与焊丝直径、板厚的影响见表 4-3。

表 4-3 熔丝过渡形式与焊丝直径、板厚的影响

焊丝直径/mm	熔丝过渡形式	板厚/mm	焊丝位置
0.8	短路	1.5~2.5	全位置
	颗粒	2.5~4	水平
1.0~1.2	短路	2~8	全位置
	颗粒	2~12	水平
≥1.6	短路	3~12	全位置
	颗粒	26	水平

焊接电流的大小会影响母材的焊接熔深、焊丝熔化速度、电弧的稳定性、焊接溅出物的数量。随着电流的增加，熔深、剩余金属的高度和焊缝宽度也会增大，如图 4-23 所示。

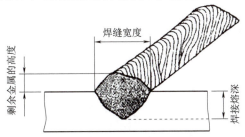

图 4-23 熔丝过渡形式与焊丝直径、板厚的影响

电弧电压决定了电弧的长度。当电弧电压调整到适当数值时，在焊接部位将连续发出轻微的"哩喳"声。电弧电压过高，电弧长度增加，焊接熔深小，焊缝呈扁平状；电弧电压过低，电弧长度减小，焊接熔深增加，焊缝呈狭窄凸起状，如图4-24所示。

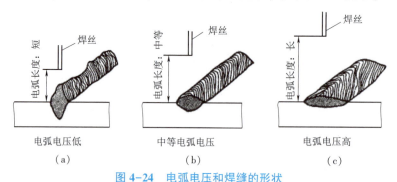

图 4-24　电弧电压和焊缝的形状

（a）电弧电压低；（b）中等电弧电压；（c）电弧电压高

3. 导电嘴到母材的距离

导电嘴到母材的距离对焊接质量影响很大，标准距离应为 6~16 mm，如图4-25所示。

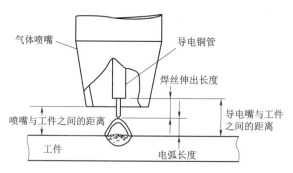

图 4-25　导电嘴到母材的距离

导电嘴到母材的距离过大，保护气体所起的保护作用减小，同时，焊丝外伸过长反而会加快焊丝熔化的速度，影响焊接质量。但若距离过小，则焊接难以进行。

4. 焊接速度

焊接速度过快，焊接熔深和焊缝宽度都会减小，焊缝会变成圆拱形，若速度再快，则还会出现咬边现象；焊接速度过低，则会产生许多烧穿孔。焊接速度与母材板厚的关系见表4-4。

表 4-4　焊接速度与母材板厚的关系

母材板厚/mm	焊接速度/（mm·min^{-1}）
0.8	1 070
>0.8	<990

五、CO_2 气体保护焊的焊接方法

1. 焊接位置

与其他焊接一样，CO_2 气体保护焊的焊接位置也有平焊、横焊、立焊和仰焊四种，如图 4-26 所示。

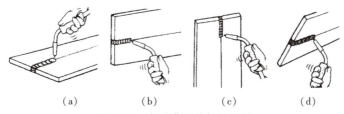

图 4-26　各种典型的焊接位置
（a）平焊；（b）横焊；（c）立焊；（d）仰焊

平焊一般容易进行，焊接速度较快，焊接质量易于保证，只要不是在汽车上施焊，应尽量采用平焊。

水平焊缝进行横焊时，应使焊炬向上倾斜，以尽可能避免重力对熔池的影响。

立焊时，可根据具体情况选用上焊法、下焊法或立角焊法。对于气体保护焊应以上焊法为主，手工电焊则以下焊法为主。

仰焊是最难掌握的，为避免熔化金属脱落引起事故，一定要用较低的电压、短电弧和小熔池相配合。施焊时，将喷嘴推向工件，以防止焊丝向熔池之外移动。

2. 焊接形式

CO_2 气体保护焊的焊接形式有六种，如图 4-27 所示。

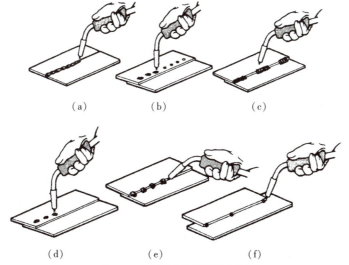

图 4-27　各种典型的焊接形式
（a）连续焊；（b）塞焊；（c）连续点焊；（d）点焊；（e）搭接点焊；（f）定位焊

1）定位焊

定位焊实际上是临时点焊，是用于保持两焊件相对位置固定不变的一种替代措施。定位焊各焊点之间的距离与母材厚度有关，是厚度的 15~30 倍，如图 4-28 所示。

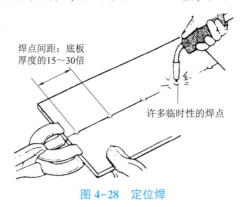

图 4-28　定位焊

2）连续焊

焊炬连续、稳定沿焊缝移动形成连续焊缝，如图 4-29 所示。

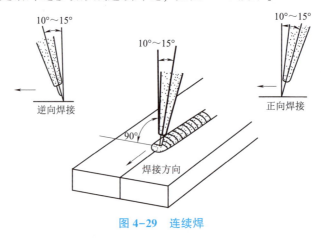

图 4-29　连续焊

3）塞焊

两块金属板叠在一起，在其中一块板上钻有通孔，将电弧穿过此孔并被熔化金属所填满而形成焊点称为塞焊，如图 4-28（b）所示。用塞焊替代铆接、螺钉连接是使用非常广泛的工艺方法。

4）点焊

点焊法是送丝定时脉冲被触发时，将电弧引入被焊的两块金属板，使其局部熔化的焊接方法，如图 4-28（d）所示。

六、半自动气体保护焊注意事项

（1）施焊前清理焊件表面与焊丝表面的油污和锈迹，以防焊接时产生气孔。

（2）瓶装液态 CO_2 灌气后应将钢瓶倒置 1~2 h，然后每隔 30 min 打开瓶口气阀放水 2~3 次，才能保证输出的 CO_2 气体的纯度。使用前，打开瓶口气阀 2~3 s，排出瓶顶部低纯

度的 CO_2 气体，然后接入焊枪使用。焊接过程中，当瓶内气压低于 900 kPa 时应停止使用，更换新气源。

（3）引弧之前，调好焊丝伸出长度，一般应等于焊丝直径的 10 倍（如 8 mm）。焊丝头部有粗大的球形头，应当剪去。

（4）引弧点应位于距焊缝端部 2~4 mm 处，引弧后再移向端头开始施焊。焊丝端头与焊件的距离应保持在 2~3 mm。焊接时应掌握好速度，防止熔化不良或焊波过高等缺陷。熄弧，待金属熔池完全凝固后方可抬起焊枪。

七、CO_2 气体保护焊的缺陷及产生原因

CO_2 气体保护焊的常见缺陷及产生原因见表 4-5。

表 4-5　CO_2 气体保护焊的常见缺陷及产生原因

缺陷	缺陷状态	说明	主要原因
气孔和凹坑	凹坑　气孔	气体进入焊接金属中会产生气孔或凹坑	（1）焊丝上有锈迹或水分； （2）母材上有锈迹或污物； （3）不适当的阻挡（喷小组堵塞、弯曲或气体流量过小）； （4）焊接时冷却速度太快； （5）电弧太长； （6）焊丝规格不合适； （7）气体被不适当的封闭； （8）焊缝表面不干净
咬边		咬边是由于过分熔化的母材形成一个凹槽，使母材的横截面减小，严重降低了焊接部位的强度	（1）电弧太长； （2）焊炬角度不正确； （3）焊接速度太快； （4）电流太大； （5）焊炬送进太快； （6）焊炬角度不稳定
熔化		这种现象发生在母材与焊接金属之间，或发生在两种熔敷金属之间	（1）焊炬进给不适当； （2）电压较低； （3）焊接部位不干净
焊瘤		角焊比对接焊更容易产生焊瘤，焊瘤会引起应力集中而导致过早腐蚀	（1）焊接速度太慢； （2）电弧太短； （3）焊炬送进太慢； （4）电流太小

续表

缺陷	缺陷状态	说明	主要原因
焊接熔深不够		此种缺陷是由于金属板熔敷不足而产生的	（1）电流太小； （2）电弧过长； （3）焊丝端部没有对准两层金属板的对接位置； （4）槽口太小
焊接溅出物过多		过多的溅出物在焊缝的两边形成许多斑点和凸起	（1）电弧过长； （2）母材金属生锈； （3）焊炬角度太大
产生溅出物（焊缝浅）		在角焊缝处容易产生溅出物	（1）电流太大； （2）焊丝规格不正确
垂直裂纹		裂纹通常只发生在焊缝顶部表面	焊缝表面被脏物弄脏（油漆、油污、锈斑）
焊缝不均匀		焊缝不是均匀的流线形，而是不规则的形状	（1）导电嘴的孔被损坏或变形，焊丝通过嘴口时发生振动； （2）焊炬不稳
烧穿		焊缝内有许多孔	（1）焊接电流太大； （2）两块金属之间的坡口槽太宽； （3）焊炬移动速度太宽； （4）焊炬至母材之间的距离太短

任务四　氧—乙炔焊

　　氧乙炔焊属于熔焊的一种，是利用可燃气体（乙炔气）和助燃气体（氧气），在焊炬的混合室内混合、喷出并点燃后，通过发生剧烈的氧化燃烧（可达3 000 ℃左右）来熔化焊件金属和焊丝并使之熔合的一种焊接方法，因此也有气焊之称。

　　由于气焊中氧乙炔火焰的热量不易集中，并且焊接过程加热面积较大以及金属热传导的作用，不仅会使构件发生较大的变形，而且还会改变原有金属材料的性质，影响焊接件的寿命。因此汽车制造厂都不提倡使用氧乙炔焊来修理汽车。尽管大多数汽车制造厂都有充足的理由不赞成使用氧乙炔焊接，可它在车身修理厂还是得到了某些应用。氧乙炔焊可以进行热收缩、硬钎焊和软钎焊、表面清洁和切割非结构性的零部件。氧乙炔焊接不能用来切割任何类型汽车上的结构性零部件。

一、氧乙炔焊构造及操作

典型的氧乙炔焊设备组成示意图如图 4-30 所示。

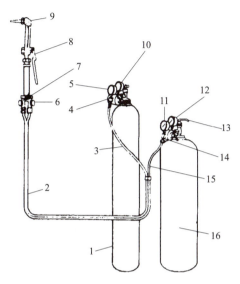

图 4-30　氧乙炔焊设备组成示意图

1—气瓶；2—双芯软管；3—氧气软管；4—氧气调节器；5，11—工作压力表；
6—氧气软管接头；7—乙炔软管接头；8—焊（割）炬；9—喷嘴；10，12—气瓶压力表；
13—乙炔阀扳手；14—乙炔调节器；15—乙炔软管；16—乙炔气瓶

1. 氧乙炔组成

（1）钢瓶，分别装有压缩的氧气和乙炔气。

（2）各种调节减压装置，将氧气瓶、乙炔瓶出口压力调至规定数值，供焊接用。

（3）各种软管用于连通气瓶和焊炬。

（4）焊炬，将氧气和乙炔气体输入到焊炬内以适当的比例混合，从喷嘴出口燃烧，产生加热火焰，使被焊接钢材熔化。焊炬的类型有两种，即焊炬和割炬，两者功能是不同的，不能混用。

2. 氧乙炔操作

使用焊炬之前，应根据焊件的板厚、焊接方法选择适用的焊嘴。一般薄板选用小号焊嘴，厚板选用大号焊嘴。焊嘴装在焊炬端部时应拧紧。

点燃焊炬之前，应先检查焊嘴、气阀及其管道有无漏气现象。检查方法是先打开氧气阀 1/4 圈，再打开乙炔阀门一圈，检查有无堵塞和漏气，确认其可靠之后再点燃火焰。

点火后，焊嘴应朝下方，并远离可燃物。此时，缓慢开启氧气阀，火焰将由黄色的乙炔焰变成蓝色的火焰，称为碳化焰，如图 4-31（b）所示。碳化焰焰芯是蓝白

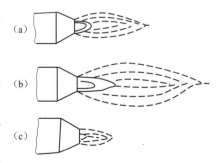

图 4-31　各种氧炔火焰示意图
(a) 中性焰；(b) 碳化焰；(c) 氧化焰

色的，外围包着一层蓝色的火焰，轮廓不是十分清楚，外焰呈橘红色。慢慢关闭乙炔阀门直到焊嘴处呈现一个很清晰的内焰芯，这时称为中性焰，如图 4-31（a）所示。中性焰的焰芯也是蓝白色的，轮廓清晰，外焰呈淡橘红色。继续关闭乙炔阀门或打开氧气阀门，焊嘴处将出现一个更小的淡蓝色焰芯，此时称为氧化焰，如图 4-31（c）所示。氧化焰内芯看不清楚，焊接时会发出急剧的"噢噢"声。

二、氧乙炔工艺参数选择

1. 火焰类型的选择

火焰的类型取决于焊接母材的材质。碳钢类材料多采用中性火焰焊接，其他材料则有使用碳化焰和氧化焰的。

各类火焰的适用范围见表 4-6。

表 4-6　各类火焰的适用范围

火焰类型	适用范围	火焰类型	适用范围
中性焰	碳钢件、紫铜件焊接	轻微氧化焰	锰钢、青铜、黄铜件焊接
轻微碳化焰	（1）高碳钢、铝合金件焊接；（2）镀锌钢板、一般铝板焊接	氧化焰	金属板料切割

2. 焊嘴的选择

焊嘴的大小与火焰的能率有关。单位时间内火焰所提供的热能的大小代表火焰的能率，大号的焊嘴，火焰能率高，适于厚板的焊接。

各种焊嘴适用范围见表 4-7。

表 4-7　各种焊嘴的适用范围

焊件厚度/mm	0.5~2.5	1.5~2.5	2~3	3~5	5~7
焊炬型号	HO1~6				
焊嘴号码	1~2	2	2~3	3~4	5

汽车钣金件金属板厚多在 1.5 mm 左右，因此，2 号焊嘴使用最多。

3. 焊丝的选择

（1）焊丝材料应选用与焊件相同的材料，汽车钣金件多为低碳钢板，选用一般铁丝即可。

（2）焊丝直径与焊件厚度、坡口形式和操作方式有关。焊丝过细，焊接时焊件尚未熔化而焊丝已熔化下滴，焊接不良；焊丝过粗，则焊件熔化而焊丝尚未熔化，势必增加焊件接头区的加热时间，使金相组织改变，降低了焊接质量。同样条件下，采用左焊法和右焊法，焊丝直径也不相同。当焊件厚度小于 15 mm 时，不同焊接方法可按以下经验公式估算焊丝直径：

左焊法：

$$焊丝直径 = \left(\frac{板厚}{2}+1\right)（mm）$$

右焊法：

$$焊丝直径 = \left(\frac{板厚}{2}\right)（mm）$$

对于薄板的焊接，焊丝直径与厚度相同即可。

4. 焊嘴与焊丝的倾角选择

（1）焊嘴的倾角一般应考虑焊件厚度、施焊位置和焊件材料的热物理性诸因素来确定。厚度大、材料熔点高、导热性良好时，焊嘴倾角可取大一些；反之，倾角应减小。低碳钢水平位置焊接时，焊嘴倾角与厚度的关系如图 4-32 所示。

（2）气焊时焊丝相对于焊嘴的角度一般为 90°~100°，如图 4-33 所示。

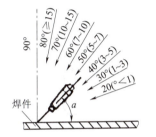

图 4-32　焊嘴与焊丝的倾角选择

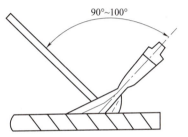

图 4-33　焊嘴与焊丝的相对角度

三、氧乙炔焊操作方法

气焊的操作方法有左焊法和右焊法两种。焊炬从右向左移动的焊接方法称为左焊法；焊炬从左向右移动的焊接方法称为右焊法，如图 4-34 所示。

（a）　　　　　　　　　（b）

图 4-34　左焊法与右焊法

（a）左焊法；（b）右焊法

左焊法操作简单，适于薄板及低熔点材料的焊接。右焊法火焰指向焊缝，熔池保护效果好，不易产生气孔、夹渣，热量利用效率高，焊缝冷却较慢，适用于焊接较厚或高熔点的材料。

对于较长的焊缝，应事先间隔焊上若干点，以保持整个焊缝位置相对固定，然后采取分段或逆向焊接完成整个焊缝的焊接，其顺序如图 4-35 所示的 Ⅰ、Ⅱ、Ⅲ。

焊接中途停顿后，应将原熔池和附近焊缝重新熔化后才能继续焊接，重叠部分不应小于 6 mm。

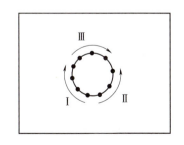

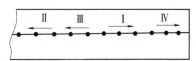

图 4-35　分段焊和逆向焊示意图

开始起焊时，由于焊件温度较低，故可加大焊嘴与焊件的倾角，加快预热速度；当起焊处形成白亮的熔池时，再减小倾角进入正常焊接；焊接收尾时，焊件温度较高，应减小倾角，加快送焊丝的速度和焊接速度，直到熔池填满，火焰再慢慢离开。

四、不同位置上的气焊作业要点

由于板面的位置和焊缝的方向不同，气焊作业会有某些特殊要求。例如同样是水平板面，焊缝在上表面称为平焊，焊缝在下表面称为仰焊；板面为立面，焊缝沿板的纵向称为立焊，沿横向则称为横焊等。各种不同位置上的气焊作业，在汽车钣金修理中都会碰到，有必要了解它们的特殊要求。

焊嘴、焊丝的运动示意图如图 4-36 所示。

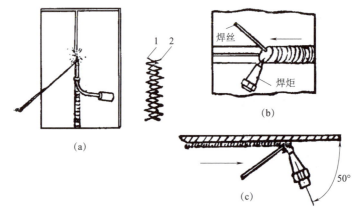

图 4-36　焊嘴、焊丝运动示意图

（a）立焊；（b）横焊；（c）仰焊
1—焊丝（条）运行轨迹；2—焊嘴运行轨迹

不同位置上的气焊作业要点见表 4-8。

表 4-8　不同位置上的气焊作业要点

焊法	焊缝位置	操作要点	焊嘴
平焊	板面水平，焊缝在上表面，任意方向	（1）焊接切口对正、对齐、放平； （2）间隔 40~50 mm，点焊一点，再连续焊接； （3）保持火焰焰芯的末端距表面 2~6 mm	焊嘴的大小与火焰的能率有关。单位时间内火焰所提供的热能大小代表火焰的能率。各种焊嘴的适用范围见表 4-9。大号的焊嘴，火焰能率高，适于厚板的焊接。汽车钣金件金属板厚多在 1.5 mm 左右，因此 2 号焊嘴使用最多。
立焊	与水平面成 45°~90° 角的倾斜板面，焊缝沿板纵向（立缝）	操作要点与平焊基本相同，但火焰能率应略低于平焊，焊接要由下至上进行，焊炬不能做纵向摆动，每次向熔池送焊丝少一些，也可做微小横向摆	选用比平焊小一号的焊嘴

续表

焊法	焊缝位置	操作要点	焊嘴
横焊	在工件立面或斜面上沿着横向焊接	操作要点与平焊基本相同，但火焰能率应高于平焊。 （1）采用自右向左的焊接方法； （2）火焰直接朝向焊缝，利用气流压力阻止金属流下； （3）焊接时焊丝始终浸在熔池中，并做环形运动	选用比平焊小一号的焊嘴
仰焊	焊缝位于水平板面下方（或斜面下侧），焊工仰视焊接	（1）采用较细的焊丝、小火焰能率的焊嘴； （2）采用右焊法，利用焊丝末端和气流压力防止熔化金属流下； （3）焊嘴与工件夹角约50°，焊线下与工件表面保持30°~40°； （4）严格掌握熔池大小和温度，使液态金属始终处于较稠状态	选用比平焊小一号的焊嘴

表 4-9　各种焊嘴适用范围

焊件厚度/mm	0.5~1.5	1.5~2.5	2~3	3~5	5~7
焊嘴号码	1~2	2	2~3	3~4	5

五、铝板的气焊

1. 铝板气焊的工艺参数

1）火焰类型、焊炬和焊嘴的选择

铝板焊接应采用乙炔稍多一些的中性火焰；焊炬选用与板厚有关，对于厚度小于 1.5 mm 的薄铝板，可选用 H01-2 型焊炬；焊嘴则选用 1~2 号焊嘴为宜。绝对不能用焊接钢板的焊炬对铝板施焊。

2）焊丝的选择

铝焊丝代号有 301、311、321 和 331 四种，其中 301 为纯铝焊丝，311 为铝硅合金焊丝，321 为铝锰合金焊丝，331 为铝镁合金焊丝。

焊接硬铝时应选用铝硅焊丝 311，其熔点低，液态流动性好，有较高的抗热性能，除了铝镁合金外的各种铝合金的焊接均可采用，故有通用铝焊丝之称。

焊件厚度小于 1.5 mm 时，焊丝直径约为板厚的两倍。通常用同一材料的边角料剪切成适用的焊丝即可。

3）焊剂的使用

铝的化学性能很活泼。纯铝暴露在空气中，其表面很快被氧化，生成一层氧化铝。氧化铝的焊接性能很差，因此，必须设法清除掉铝板表面的氧化铝才能进行焊接。

铝的气焊溶剂 CJ401 能够溶解和消除铝板及熔池表面的氧化膜，并在熔池表面形成较薄的熔渣，保护熔池金属在焊接过程中不再被氧化，增加熔池金属的流动性，排除熔池中的气体、氧化物及其他夹杂物。铝板气焊是离不开焊剂的。

铝气焊溶剂 CJ401 呈粉末状，吸水性强，平时用密封瓶装保存。使用前，用蒸馏水把粉末调成糊状，将糊状焊剂涂在焊丝或焊件表面上再进行焊接。焊剂应随用随调，以免变质。焊接完毕后必须立即将焊剂残渣从金属表面上洗刷干净，以免引起腐蚀。

2. 铝板气焊工艺操作要点

（1）焊接前须将焊缝两侧 30 mm 之内的表面用钢丝刷彻底清理干净，并及时涂上焊剂，所用的焊丝则应整条清理干净，备用。

（2）将铝板对接焊接时，用点焊法固定焊件的相对位置，防止焊接时变形过大。点焊间距约为 20 mm。对于直线型焊缝，从中间开始向两端点焊；对于环型焊缝，采取对称点焊法。

（3）由于铝在高温时颜色不变，难以看到熔化情况，故焊接时应不断用蘸有焊剂的焊丝端头拨动加热金属表面，待感到金属表面变软，焊丝与焊缝金属熔合在一起时，立即熔料施焊。

（4）焊接中断或终止时，火焰应缓慢离开焊缝，继续焊接时，接头处应与原有焊缝重叠 20~30 mm。焊接非封闭焊缝时，为防止开裂，宜采用如图 4-37 所示的焊接顺序，即从距一端 40~50 mm 的 A 点按箭头所示方向焊至另一端，然后再从 B 点向相反方向焊至右端，交接部分重合 20~30 mm。

（5）焊完后，立即用热水将焊件表面的熔渣清刷干净，防止腐蚀。

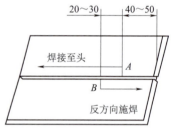

图 4-37　起焊点的确定

六、汽车钣金气焊注意事项

为了获得良好的焊接质量，用气焊焊接时一定要做到焊丝和焊缝两边的金属材料三者同时熔化，并及时移动焊炬和填充焊丝。由于汽车钣金件的厚度较小，都在 1 mm 左右，故焊接时，焊炬停留稍久板料就会被烧穿；若焊炬移动过快，则焊件熔化不良；焊丝填充过早，焊件熔化不良，焊接不牢固；焊丝填充稍迟，焊件难免被烧穿。为避免出现这些不良结果，钣金气焊应注意以下事项：

（1）考虑到汽车钣金件特性，气焊时应选用小号焊炬（如 HO1-6）、3 号以下的焊嘴、焊丝直径为 2 mm 左右的铁丝，并采用中性火焰。

（2）焊缝一次完成，焊接速度要快，绝不可反复烧焊。

（3）焊炬的移动要平稳，焊丝则以涂抹形式的动作熔于熔池之中。

（4）部件边缘裂缝的焊接应从裂缝尾部（裂缝止端）开始起焊，焊嘴应指向焊件外面，减少部件受热，防止前焊后裂。

（5）长焊缝的焊接，事先应将连接处修整对齐，并按要求间隔点焊后再行焊接。焊接长焊缝时一般应从中间向两端依次交替焊接而成。

（6）挖补焊接，事先应将补丁板料在平台上普遍捶击一遍，以减少焊接变形。

任务五　钎　　焊

氧乙炔焊和电焊都是要将焊件材料加热到熔化状态，然后将焊丝（条）熔化滴入熔池，冷却后形成焊缝，将被焊接件焊牢。钎焊则与此不同，其只将焊件材料（母材）加热而不熔化，利用低熔点的钎料填充在焊件衔接处，使被焊材料焊接在一起。

用熔点低于 427 ℃ 的有色金属合金为钎料的焊接称为软钎焊。软钎料熔化流进两个连接面之间的空隙，粘附这两个表面并凝固在一起，如锡焊。用熔点高于 427 ℃ 的金属钎料进行钎焊称为硬钎焊，如铜焊。汽车钣金修理中如散热器、汽油箱、装饰钣金、车身缺陷等的修理都离不开钎焊。

钎焊必须借助于焊剂，否则无法焊接成功。

一、锡钎焊

锡钎焊是利用热烙铁接触并加热焊件表面，同时熔化的焊锡流向被焊接的缝隙之中，达到钎焊目的。

锡钎焊的工艺要点如下：

1. 焊前准备

彻底清除工件焊接部位的油污和氧化物。汽车钣金件多为低碳钢板或铜合金，对其实行钎焊之前，首先要对被焊部分用刮刀、锉刀、砂布打磨，并用盐酸除锈，直到呈现光亮，涂上氯化锌溶液，才能施焊（镀锌薄板才可用盐酸作焊剂）。

2. 加热烙铁

选取适当的烙铁，修整其工作表面后放入加热炉加热。加热时宜将烙铁的大头加热，以免烧毁烙铁工作面，其加热温度不应高于 600 ℃。

3. 施焊

取出已加热的烙铁，用锉刀把烙铁工作端锉干净，放在氯化锌溶液中浸一下以清除氧化物，再与焊锡反复摩擦，使工作端两面均匀镀上一层焊锡。施焊时，铬铁在工件上拉动，焊锡靠近烙铁工作部分不断熔化流进待焊部位。当发现烙铁上的焊锡不能很快熔化时，说明温度过低不宜施焊，应更换烙铁或重新加热。施焊时如发现锡珠离开焊缝或出现夹渣，则表明焊接处还有污物或需再涂焊剂。

4. 正确使用焊剂

锡钎焊使用的焊剂氯化锌有用于清除烙铁工作面氧化物的，有用于涂抹焊接部位的，不能混用。

二、铜钎焊

铜钎焊属于硬钎焊，通常用氧炔焊炬加热母材，以黄铜焊条作为钎料，以铜焊粉或硼砂、硼酸、硅酸作为焊药进行焊接。

铜钎焊的工艺要点如下：

1. 焊前准备

施焊前将焊件清理干净，如除锈。

2. 加热钎条

用气焊火焰加热铜钎条，蘸上硼砂。

3. 将铜条烧熔滴入焊件

将焊件用气焊焰加热至樱红色，随即将蘸有焊料的铜条烧熔滴入焊件。

4. 长焊缝的铜钎焊

焊缝较长时，应一边加热、一边熔料，并随时蘸取焊药，必要时把焊药撒在焊接处，以消除焊接过程中焊缝内的氧化物。

三、钎焊的特点

同熔焊方法相比，钎焊具有以下优点：

（1）钎焊接头平整光滑，外观美观。

（2）工件变形较小，尤其是对工件采用整体均匀加热的钎焊方法。

（3）钎焊加热温度较低，对母材组织性能影响较小。

（4）某些钎焊方法一次可焊成几十条或成百条焊缝，生产率高。

（5）可以实现异种金属或合金以及金属与非金属的连接。

但是，钎焊也有它本身的缺点，如钎焊接头强度比较低、耐热能力较差、装配要求比较高等。

【任务实施】

焊接设备操作。

1. 操作前准备

（1）场地：汽车钣金修复实训室。

（2）安全防护用品：工作服、工作帽、工作鞋、手套、防护目镜、耳塞、口罩。

（3）设备材料：CO_2 气体保护焊机、板件、焊接手套、焊接面罩、色笔。

2. 实习目的

（1）了解 CO_2 气体保护焊焊接设备。

（2）掌握 CO_2 气体保护焊操作方法。

3. 操作步骤

1）设备安全检查

焊接环境通风，周围无易燃、易爆物品，安全通道畅通。

佩戴安全手套，打开配电箱开关，将焊机电源开关置于"开"挡；按要求调整电流和送丝速度，打开气瓶阀门，气体压力表显示不小于 0.1 MPa；打开流量旋钮，调节到流量指示球到指定数值（10~15 L/min）。按下焊枪开关，检查送丝、送气是否正常，确认正常后松开加压螺杆，逆时针转动焊丝盘，收回焊丝，以避免浪费。若送丝速度不正常，则检查加压螺杆是否调整到 5~6 之间、打铁线是否连接正常。

2）试焊

（1）按要求穿戴焊接安全服、绝缘鞋和手套。

（2）清洁试焊的钣件（一般用废件），有必要时敲平，以方便焊接，如图4-38所示。

（3）调整焊接台架固定钣件的横臂高度，立焊时一般与自己肩膀同高。

（4）使用大力钳、C形钳等夹具将钣件夹紧，然后按焊接位置要求固定在焊接台架横臂上。图4-39所示为立焊时的固定方法。

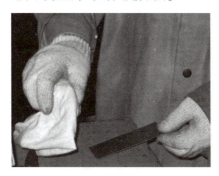
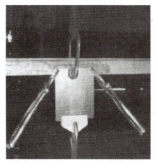

图4-38　清洁钣件　　　　图4-39　钣件固定在焊架横臂上

（5）清理焊枪，焊丝伸出喷嘴3~5 mm，并把过长的焊丝剪去，如图4-40所示。

（6）拿好或者戴好防护面罩，将喷嘴靠近钣件，焊丝对准焊缝，压下焊枪开关，开始试焊。焊丝与工件间的距离控制在5 mm以内，如图4-41所示。

（7）试焊期间，要根据实际情况多次进行参数调整，直至得到符合要求的焊缝为止。

图4-40　剪去过长的焊丝　　　　图4-41　焊接

3）平焊操作方法

平焊一般采用蹲位、左向焊法。焊接时，焊枪做直线运动，不做左右摆动。焊枪向焊接方向的移动应缓慢、稳定。采用断弧焊法焊接薄板时，每一个焊点完成后，焊枪移动的距离应尽量保持均匀，以保证焊缝的连续性。

（1）平焊操作姿势。

平焊常用站、坐、蹲等姿势，一般采用蹲位姿态，操作姿势如图4-42所示。

站立平焊　　　　坐位平焊　　　　蹲位平焊

图4-42　平焊的操作姿势

（2）平焊焊枪角度。

平焊操作时可以采用左向焊法或者右向焊法。平焊焊枪角度如图 4-43 所示。焊枪角度对左向焊法和右向焊法焊缝的影响如图 4-44 所示。

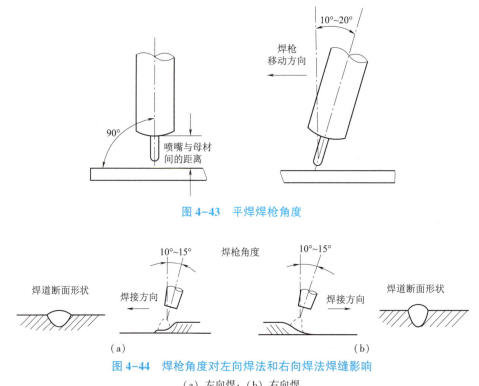

图 4-43　平焊焊枪角度

图 4-44　焊枪角度对左向焊法和右向焊法焊缝影响

（a）左向焊；（b）右向焊

（3）平焊操作要领。

①控制电弧及焊点。首先调试好焊接工艺参数，然后在钣件左端焊缝起始处引燃电弧，经过 0.5~1 s 的时间形成第一个焊点，然后松开开关熄弧。重复此动作并开始向右焊接，焊枪在焊缝方向从左向右小幅度移动，不做两侧的横向摆动。在焊接和移动过程中，要严格保持焊枪喷嘴与钣件之间的距离，不要随意抬起焊枪，以保证焊丝伸出长度不变，同时使焊缝获得良好、持续的气体保护。

②控制熔池的大小。熔池的大小决定背部焊缝的宽度和余高，要求焊接过程中严格控制熔池直径。若熔池太小，则根部熔合不好；若熔池太大，则根部焊道变宽、变高，容易引起烧穿和产生焊瘤。要求焊接过程中仔细观察熔池大小，并根据熔池直径的变化及工件温度的变化情况，及时调整焊接时间和焊接速度。施焊中要保持熔池直径不变，才能熟练地掌握单面焊双面成形操作技术，获得宽窄与高低均匀的背部焊道。

控制熔池大小及焊缝成形的要点有以下三个方面：

a. 控制好每一次焊接的持续时间。焊接持续时间长，则焊点面积大、熔池温度高，容易导致钣件被烧穿；时间短，则熔池来不及成形，导致背面焊缝不成形。

b. 控制好两次焊接之间的时间间隔。间隔时间太短会使钣件温度过高，导致钣件烧穿；间隔时间太长会使钣件温度太低，导致起弧不顺利，焊点熔合不良。

c. 控制好每次焊点完成后的移动距离。移动距离太小会导致焊缝堆积过高、焊丝回烧，损坏导电嘴；移动距离太大会导致焊缝连续性差，甚至不能形成完整的焊缝。

③保证焊缝两侧的熔合。焊接过程中注意观察钣件表面的熔合情况，依靠电弧在钣件表面的停留，保证两钣件熔化并与熔池边缘熔合在一起。

④控制喷嘴的高度。在焊接过程中，始终保持喷嘴与钣件表面有 5～8 mm 的距离，并确保焊丝伸出长度不超过焊丝直径的 10 倍。

4）立焊操作方法

（1）立焊操作姿势。

立焊一般采用蹲姿，当使用头戴面罩时，可以采用双手握枪的操作动作。

（2）立焊焊枪角度。

立焊枪角度有向上立焊和向下立焊两种方法，如图 4-45 所示。立焊一般采用向下立焊的焊接方法。

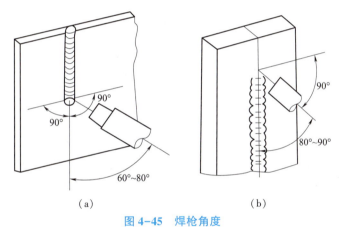

图 4-45　焊枪角度

（a）向下立焊；（b）向上立焊

（3）立焊操作要领。

①控制电弧及焊点。在起焊点引弧后，第一个焊点形成 0.5～1 s 的时间，然后熄弧，在焊缝方向小幅移动，焊接第二个点，第二个焊点压在第一个焊点边缘，重复引弧后 0.5～1 s 的时间，如此就形成焊缝，焊枪在焊缝方向不做左右方向上的摆动。

②控制熔池大小，保证焊缝两侧的融合，操作要求与平焊相同。

③控制喷嘴的高度。焊接过程中保证喷嘴与板件表面之间距离为 4～5 mm，焊丝伸出长度不超过焊丝直径的 10 倍。

5）横焊操作方法

（1）横焊的姿势。横焊一般采用蹲姿，姿势与立焊相同，使用头戴式面罩时，可以采用双手握枪的操作动作。

（2）横焊时，一般厚板采用左焊法，薄板采用右焊法，焊枪角度如图 4-46 所示。

（3）横焊操作要领。

①控制电弧及焊点。在起焊点引弧后，第一个焊点形成 0.5～1 s 的时间，然后熄弧，在焊缝方向小幅移动，焊接第二个点，第二个焊点压在第一个焊点边缘，重复引弧后 0.5～1 s

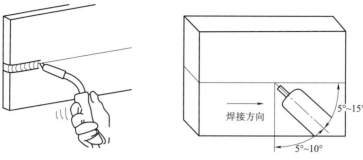

图 4-46　横焊时焊枪的角度

的时间，如此就形成焊缝，焊枪在焊缝方向不做上下方向上的摆动。

②控制熔池大小，保证焊缝两侧的融合，操作要求与平焊相同。

6）仰焊操作方法

（1）仰焊操作姿势。仰焊也叫抬头焊，一般采用蹲姿或站姿，当使用头戴面罩时，可以采用双手握枪的操作动作。

（2）仰焊焊枪角度。仰焊时一般采用从远端到近端的焊法，焊枪角度如图 4-47 所示。

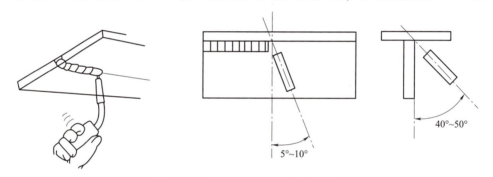

图 4-47　仰焊时焊钳的角度和位置

（3）仰焊操作要领。

①在焊缝远端焊缝起始处引燃电弧，第一个焊点形成 0.5~1 s 的时间，然后熄弧，在焊缝方向小幅移动，焊接第二个点，第二个焊点压在第一个焊点边缘，重复引弧后 0.5~1 s 的时间，如此就形成焊缝，焊枪在焊缝方向不做左右方向上的摆动。

②控制熔池大小，保证焊缝两侧的融合，操作要求与平焊相同。

7）塞焊操作方法

塞焊是点焊的一种形式。在需要连接的外层母材上钻（或冲）一个孔来进行焊接，如图 4-48 所示。

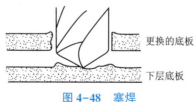

图 4-48　塞焊

焊接时应将两金属板夹紧，焊炬与焊接表面保持一定角度，将焊丝放入孔内，触发电弧后断开，使熔化的焊丝进入孔内并凝固。金属下表面呈半球形凸起即表示焊接良好。

在车身修理时，塞焊可以代替电阻点焊。塞焊时，绝不允许用水对焊点强制冷却，以免造成严重变形。

操作要领：塞焊孔径一般为 5~10 mm，孔径较小时，焊枪对准中心孔固定不动，引弧后 1~2 s 的时间形成焊点，松开开关熄弧。当塞焊孔较大时，焊枪应沿孔边缘缓慢的做圆周移动，呈空心圆形式进行填充。焊枪离焊接表面最好不超过 10 mm，这样焊接质量较好。

4. 任务评价

任务评价见表 4-10。

表 4-10 任务评价

序号	作业项目	考核内容	评分细则	分值	得分
1	认识 CO_2 焊接设备	说出 CO_2 焊接设备的组成	表述正确	10	
2	焊接设备的连接、调试	设备接地	操作正确	5	
		气路连接调整	操作正确	5	
		送丝机构调整	操作正确	5	
		开关正确开启	操作正确	5	
3	试焊	能够正确防护	操作正确	10	
		调整焊接参数	操作正确	10	
		试焊正确	操作正确	10	
4	焊接操作	平焊操作	操作正确	10	
		横焊操作	操作正确	10	
		立焊操作	操作正确	10	
		塞焊操作	操作正确	10	

 **复习思考题**

一、填空题

1. 电阻点焊的三个主要参数为_____、_____和_____。

2. 电阻点焊机由_____、_____和_____构成。

3. 电阻点焊简称_____，属于_____，它利用_____两极之间低压电流流过两块金属产生的_____和焊接电极的_____来实现金属板材的焊接。

4. 电阻点焊机适用于焊接整体式车身上要求焊接_____、_____的薄型零部件，如_____、窗洞和门洞、_____以及许多外部壁板等部件。

5. 边缘距离是指电阻点焊_____离_____边缘的距离。边缘距离太小，容易引起_____，也无法保证_____。

二、选择题

1. 两个焊接表面之间的较小间隙不会影响_____的通过。 （　）

  A. 电压   B. 电流   C. 电极

2. 大多数电阻点焊机都带有一个_____，可以产生很大的电极压力来稳定焊接质量。

                                                                   （　）

  A. 电极头   B. 电极臂   C. 加力机构

3. 焊接时不需要去除板件上的镀锌层，焊接后不需要对_____进行打磨。 （　）

  A. 焊点   B. 接缝   C. 穿透缝

4. 电极臂选择的原则是当多个_____都可以焊接某一个部位时，尽量选择最长的电极臂，以获得最大的焊接压力。 （　）

  A. 电极头   B. 电极臂   C. 加力机构

三、简答题

1. 电阻点焊焊接有哪些优点？

2. 焊点间距和边缘距离如何选择？

3. 电阻点焊机如何调整？

5

项目五

车身损坏分析

知识目标	1. 了解车身损伤类型； 2. 掌握碰撞修复程序； 3. 能进行碰撞损伤及变形分析
能力目标	1. 影响汽车碰撞变形的因素； 2. 车架式车身的碰撞变形； 3. 整体式车身的碰撞变形； 4. 车身碰撞损伤的检查
重点、难点	1. 汽车的碰撞变形； 2. 汽车碰撞修复的一般程序

任务一　钣金损伤诊断分析

【任务引入】

小王是某 4S 店的维修人员，现有一辆发生碰撞的事故车辆交给他维修，维修前他应该进行哪些工作呢?

【相关知识】

一、影响汽车碰撞变形的因素

1. 影响碰撞变形的因素

车身维修人员在深入掌握事故信息以后，通常能够分析确定碰撞引起损伤的真实原因。由于碰撞发生前驾驶人会有预先反应，某些类型的撞伤多数会以一定的形式和次序发生，如果驾驶人的第一反应是绕离危险区，汽车的侧面会被碰撞蹭伤，如图 5-1 所示，严重时会引起汽车前部、中部或后部的弯曲变形。

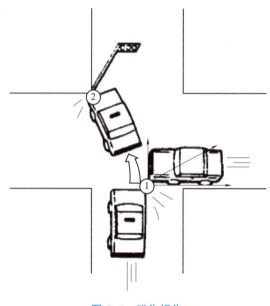

图 5-1　蹭伤损伤

2. 碰撞的位置高低对碰撞损伤的影响

当发生碰撞时，驾驶人猛踩制动踏板，则损伤的是汽车的前部，当碰撞点在汽车前端较高部位时，就会引起车壳和车顶后移及后部下沉；当碰撞点在汽车前端下方时，因车身惯性使汽车后部向上变形、车顶被迫上移，故会在车门的前上方与车顶板之间形成一个极大的裂口。

3. 碰撞物不同对变形的影响

两辆相同的车，以相同的速度碰撞，当撞击对象不同时，撞伤结果差异就很大。汽车撞上电线杆和撞上一堵墙壁，结果就不大一样，如果撞上墙，其碰撞面较大，损伤程度就较轻；相反，撞上电线杆，因碰撞面积较小，其撞伤的程度就较严重，汽车保险杠、发动机罩、水箱框架、水箱等部件会发生严重变形，发动机也会被后推，碰撞的影响还会扩展到后部的悬架等部位。

4. 行驶方向对碰撞损伤的影响

当横向行驶的汽车撞击纵向行驶汽车的侧面时，纵向行驶汽车的中部会产生弯曲变形，而横向行驶汽车除产生压缩变形外还会被纵向行驶的汽车向前牵引，导致弯曲变形。由此可知，横向行驶的汽车虽然只有一次碰撞，但损伤却发生在两个方向。另一方面，也可能有两次碰撞，而损伤却发生在一个方向上，在十字路口汽车碰撞中这种情况常常见到。

5. 车辆的不同对碰撞损伤的影响

不同类型的车辆碰撞时，产生的变形也不一样。碰撞车辆质量越大，被碰撞车辆的变形越大。

一辆汽车与另一辆汽车相撞后，还可能再次发生碰撞损伤，因此就会产生不同损伤类型的组合。在评估之前，应尽可能多地了解事实真相，确定事故实际发生的过程，结合实际的测量才能制定出修复的具体步骤，这样虽然会花费一些时间，但却可在整个修复过程中节省更多的时间，而且也会减少一些艰苦的工作。

二、车架式车身的碰撞变形

车架式车身由车架及围接在其周围的可分解的部件组成，车身碰撞变形主要有以下几种：左右弯曲变形、上下弯曲变形、断裂变形、菱形变形、扭转变形。

车身的前部和后部具有上弯的结构，碰撞时会发生变形，但可保持车架中部结构的完整，如图5-2中圈出的部位为车驾式车身上较弱的部位，主要用来缓冲冲击。车身与车架之间有橡胶垫间隔，橡胶垫能减缓从车架传至车身上的振动效应。

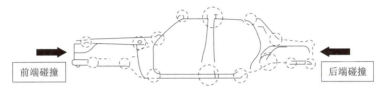

前端碰撞　　　　　　　　　　　　　　　　　后端碰撞

图 5-2　车架式车身的较弱部位

1. 左右弯曲变形

当汽车一侧被撞时应观察：被撞一侧钢梁的内侧及另外一侧钢梁的外侧是否有皱曲，车门长边上有无裂缝及短边是否有皱折，或汽车被撞一侧是否有明显的碰撞损伤，车身和车顶盖是否有错位等情况，以此确定是否有左右弯曲变形。

2. 上下弯曲变形

当汽车被撞后，车身外壳表面会比正常位置低，结构上也有后倾现象，这就发生了上下弯曲变形。直接撞到汽车的前部或后部，会引起汽车上一侧或两侧发生上下弯曲，通常可以从翼子板与车门之间的缝隙是否在顶部变窄、在下部变宽，车门在撞击后是否下垂，判别出是否有上下弯曲变形，大多数车辆的碰撞损伤中都会有上下弯曲变形，即使在车架上看不出皱折和扭曲。严重的上下弯曲变形也会破坏车架上车身钢板的准直。

3. 断裂变形

当汽车发生碰撞后，可观察到：发电机罩前移或后车窗后移；车身上的某个部件或车架元件的尺寸小于标准尺寸；车门可能吻合得很好，但挡板、车壳或车架的拐角处皱折或有其他严重变形；车架在车轮挡板圆顶处向上提升，引起弹性外壳损坏和保险杠有一个非常微小的垂直位移，这些都表明车身上发生了断裂变形。

4. 菱形变形

当前部（或后部）的任一侧角或偏心点受到撞击时，车架的一侧向后（或向前）移动，车架或车身歪斜近似平行四边形的形状，这种变形称作菱形四边形。菱形变形是整个车架的变形，可以明显看到发送机罩及行李舱盖发生错位；在接近后轮罩的相互垂直的钢板上或在垂直钢板接头的顶部可能出现皱折；在乘客室及行李舱地板上也可能出现皱折和弯曲。此外，菱形变形还会附加有许多断裂及弯曲的组合损伤，但菱形变形很少会发生在整体式车身上。

5. 扭转变形

当汽车撞击到路缘石、路中隔离栏或车身后侧角端发生碰撞时，就可能发生扭转变形。

发生扭转变形后，汽车的一角会比正常情况高，而相反的一角则会比正常情况低；汽车的一角会前移，而临近的一角很可能被扭转向下。若汽车的一角下垂接近地面，则应对汽车进行扭转损伤检查。特别需要注意的是，扭转变形往往隐藏在底层，也有可能在钢板表面检查看不出任何明显的损伤。

车架式车身上各类损伤发生的次序为左右弯曲、上下弯曲、断裂变形、菱形变形和扭转变形。

车身或车架修复最重要的准则是颠倒方向和次序。这就是说，校正汽车的碰撞损伤时对损伤部位的拉或推操作必须按照与碰撞相反的方向进行。事实上，大多数的碰撞及事故结果是以上所述损伤类型的混合。左右弯曲和上下弯曲变形几乎同时发生，此外，碰撞力的分力还会作用在车架的横梁上，比如，在汽车侧翻事故中，由于发动机质量会使其支撑横梁受到推或拉而变形，造成上下弯曲，由于横梁车辆影响整个修复工作的效果，因此不管横梁的损伤程度怎样，都必须对其校正。

三、整体式车身的碰撞变形

1. 整体式车身碰撞损伤的类型

整体式车身结构的碰撞损伤是按弯曲变形、断裂损伤、增宽变形和扭转变形的顺序进行的。

1）弯曲变形

在碰撞的瞬间，由于汽车结构具有弹性，使碰撞振动传递到较远距离的大部分区域，从而引起中央结构向横向及垂直方向的变形。左右弯曲通常通过测量宽度或对角线来判断，上下弯曲通常通过测量车身部件的高度是否超出配合公差来判断。与车架式车身结构的弯曲变形相似，这一变形可能只发生在汽车的一侧。

2）断裂变形

在碰撞过程中，碰撞点会产生显著的挤压，碰撞的能量被结构的折曲变形吸收，以保护乘坐室，而较远距离的部位则可能会皱折、断裂或松动。通常通过测量车身部件长度是否超出配合公差来判别是否为断裂变形。

3）增宽变形

增宽变形与车架式车身上的左右变形相似，可以通过测量车身高度和宽度是否超出配合公差来判别。对于性能良好的整体式车身来说，碰撞力会使侧面结构偏向外侧弯曲，偏离乘客，同时纵梁和车门缝隙也将变形。

4）扭转变形

整体式车身的扭转变形与车架式车身相似，可以通过测量其高度和宽度是否超出配合公差来进行判断。由于扭转变形是碰撞的最后结果，使最初的碰撞直接作用在中心点上，但在此的冲击还是能够产生扭转力而引起汽车结构的扭转变形。

除菱形变形外，整体式车身和车架式车身的变形类型是极为相似的，但是整体式车身的损伤要复杂得多。整体式车身的修理与车架式车身的修理步骤一样，即采用"先进后出"的方法，首先校正最后发生的损伤，这是修复整体式车身的最佳方法。

2. 汽车前部碰撞变形

前端碰撞的冲击力取决于汽车的质量、速度、碰撞范围及碰撞物。碰撞程度比较轻时保险杠会被向后推，前纵梁、保险杠支架、前翼子板、散热器上支承和机罩锁紧支承等也会折曲。

如果碰撞的程度剧烈，那么前翼子板就会弯曲而触到前车门，发动机罩铰链会向上弯曲至前围上盖板，前纵梁也会折弯到前悬架横梁上并使其弯曲。如果碰撞力量足够大，前挡泥板及前车身立柱（特别是前门铰链上部装置）将会弯曲，并使车门松垮掉下。另外，前纵梁会发生折皱，前悬架构件、前围板和前车门平面也会发生弯曲。

如果从某一角度进行正面碰撞，前纵梁的连接点就会成为旋转中心。由于左面和右面的前侧构件是通过前横向构件连接在一起的，故碰撞引起的振动会从碰撞点的一侧传递至另一侧的前部构件并引起变形。

3. 汽车后部碰撞变形

汽车后部碰撞时，其受损程度取决于碰撞面的面积、碰撞时的车速、碰撞物及汽车的质量等因素。如果碰撞力小，后保险杠、后地板、行李舱盖及行李舱地板可能会发生变形；如果碰撞力大，相互垂直的钢板会弯曲，后顶盖顶板会塌陷至顶板底面。而对于四门汽车，车身中立柱也可能会发生弯曲。

在汽车的后部由于有吸能区，故碰撞时一般只在车身后部发生变形，以保护中部乘客室的完整和安全。

4. 汽车中部碰撞变形

当发生侧面碰撞时，车门、前部构件、车身中立柱以及地板都会变形。如果中部侧面碰撞比较严重，车门、中柱、车门槛板、顶盖纵梁都会发生严重弯曲，甚至相反一侧的中柱和顶盖纵梁也会朝碰撞的相反方向变形。随着碰撞力的增大，车辆前部和后部会产生与碰撞力相反方向的变形，整个车辆会变成弯曲的香蕉状。

当前翼子板或后顶盖侧板受到垂直方向较大的碰撞时，振动波会传递到汽车相反一侧。当前翼子板的中心位置受到碰撞时，前轮会被推进去，振动波也会从前悬架横梁传至前纵梁。这样，悬架元件就会严重损伤，前轮的中心线和基线也都会发生改变。当发生侧向碰撞时，转向装置的连杆及齿轮齿条的配合也将被损坏。

5. 汽车顶部碰撞变形

当坠落物体碰到汽车顶部时，除车顶钢板受损外，车顶纵梁、后顶盖侧板和车窗也可能同时受损。在汽车发生翻滚时，车的顶部顶盖、立柱，车下部的悬架会发生严重损伤，悬架固定点的部件也会受到损伤，如图5-3所示。

如果车身立柱和车顶钢板弯曲，那么相反一端的立柱同样也会损坏。由于汽车倾翻的形式不同，故车身的前部及后部部件的损伤也不同。就这些情况而言，汽车损伤程度可通过车窗及车门的变形状况来确定。

图5-3　车身顶部碰撞

6. 整体式车身的吸能设计

整体式车身通常设计得能够很好地吸收碰撞时产生的能量。这是因为，汽车受到冲击时，车身的某些部位折合吸收了碰撞能量，碰撞力就被逐渐扩散到车身更深的部位，直至完全被吸收。

由薄钢板连接成的车身壳体，在碰撞中能吸收大部分振动，其中一部分碰撞能量被碰撞区域的部件通过变形吸收掉，另一部分能量会通过车身的刚性结构传递到远离碰撞区的区域，这些被传递的碰撞波引起的影响称为二次损伤。二次损伤会影响整体式车身的内部结构或与被撞击相反一侧的车身。

为了控制二次损伤变形，汽车在前部和后部设计了吸能区（抗挤压区域），如图 5-4 所示。前保险杠支承、前纵梁、挡泥板、发动机罩，后保险杠支承、后纵梁、挡泥板、行李舱盖等部位，都设计了波纹或结构强度上的局部弱化，在受到撞击时，它们就会按照预定的形式折曲，这样碰撞振动波在传送过程中就被大大减小直至消散。中部的车身有很高的刚性，能够把前部（或后部）吸能区不能完全吸收而传过来的能量传递到车身的后部（或前部），引起远离碰撞点部件的变形，从而保证中部乘客室的结构安全。这是现代汽车安全性设计的一个重要特点。

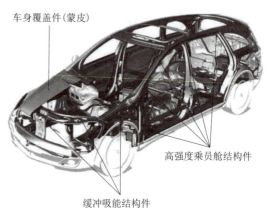

图 5-4 车身吸能区

在所有碰撞中，超过 70% 的碰撞发生在汽车的前部，如图 5-5 所示。在碰撞力比较小时，由前部的保险杠、保险杠支承等变形来吸收能量；碰撞剧烈时，前面的纵梁等能很好地吸收能量，在车身前部主要吸收能量的部件是前纵梁，如图 5-6 所示。前纵梁作为前部最坚固的部件，不仅有承载前部其他部件和载荷的能力，在碰撞中它还作为主要吸能元件通过变形来吸收碰撞能量。

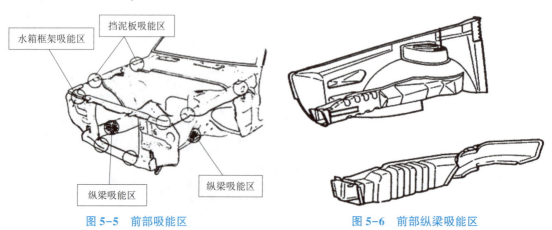

图 5-5 前部吸能区　　　　　　　　　　图 5-6 前部纵梁吸能区

经过波纹加工的新型保险杠加强件用螺栓连接在纵梁上，在碰撞时可以充分吸收碰撞能量，并且在维修时可以迅速更换。

当碰撞发生在车身中部时，碰撞能量通过车门、门槛板、中柱等部件的变形来吸收。为了保证乘客室的完整及乘客的安全，通常在中部的区域如中柱、门槛板采用一些高强度钢板甚至超高强度钢板，在车门内部采用超高强度钢板制造加强防撞杆（板）来保护乘客安全，如图5-7所示。

图 5-7　车门内高强度防撞杆

四、车身碰撞检查

1. 车身上容易识别的损伤变形的部位

在碰撞中碰撞力穿过车身刚性部件，如车身前立柱（A柱）、车顶纵梁、地板纵梁等箱形截面梁，最终传递至车身部件内并损坏薄弱部件。因此，要找出汽车损伤，必须沿着碰撞力扩散的路径，按顺序一处一处地进行检查，确认出变形情况。

（1）开裂部位。检查中要特别仔细地观察板件连接点有没有错位断裂，加固材料（如加固件、盖板、加强筋、连接板）上有没有裂缝，各板件的连接焊点有没有变形，油漆层、内涂层及保护层有没有裂缝和剥落，以及零件的棱角和边缘有没有异样等。这样，损伤的部位就容易被识别出来，如图5-8所示。

（2）板件的连接部位。加固材料（如加固件、盖板、加强筋、连接板）上的缝隙及各板件的连接点等部位在碰撞中容易发生变形。

（3）零件的菱角和边缘。车架部件（如侧边构件）的损伤程度可以从其凹面上严重的凹痕或扭结形式来判断，而不是以部件凹面的另一面出现翘曲变形来确定。

此外，同样的碰撞力，若碰撞点部件刚性不同，则碰撞后的损伤情况不一样。当碰撞点部件的刚性较小时，其损伤迹象很小；反之，有时碰撞点上的损伤迹象虽然很小，但能量却穿过碰撞点而传递到车身内部很深的部位即产生"内伤"。

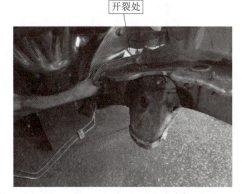

开裂处

图 5-8　纵梁开裂

2. 检查车身部件的间隙和配合

如图5-9所示，在车身上的车门、翼子板、发动机罩、行李舱盖与车灯之间的配合间隙都有一定的尺寸要求，通过观察和测量它们之间间隙的变化可以判定发生了哪些变形。对比左右翼子板与发动机罩的间隙情况，翼子板是安装在翼子板骨架上的，这就可以通过简单地观察翼子板与车门的间隙来确定车身是否受到损伤，如图 5-10 和图 5-11 所示。通过对比车门与翼子板间隙即可确定车身的损伤变形情况，说明左侧变形的严重程度。

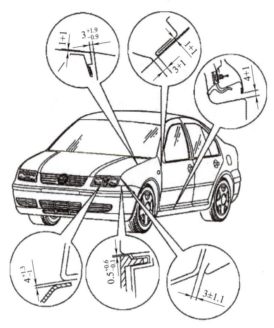

图 5-9　车身前部配合间隙

图 5-10　右翼子板与车门的配合间隙

图 5-11　左翼子板与车门的间隙

当汽车受到碰撞时，一些质量大的部件（如发动机）的惯性会转化成巨大的作用力，使其向相反的方向移动而发生冲击，产生损伤，这就需对固定件、周围部件及钢板进行检查。对于车架式车身，车身安装在橡胶隔垫上，以减小其惯性，但是剧烈的碰撞也会引起车身和车架的错位，破坏车身上的隔离件。

此外乘客在碰撞中由于惯性的原因，仪表盘、转向盘、转向支柱和座位靠背将受到损伤。行李舱中的行李也可能成为引起行李舱地板、行李舱盖和后顶侧板变形的另一项原因。

任务二　结构件损伤诊断分析

一、车身的类型与构成

1. 车身的类型

按汽车车身的承载情况，车身结构主要有两种类型：有车架的非承载式结构和无车架的承载式结构。除此之外，还有一种介于两者之间的半承载式车身结构。

1）非承载式车身

非承载式车身又称为车架式车身，其典型特征是在车身下面有一个车架结构，车身壳体通过螺栓安装在车架上，发动机、变速器、悬架等大总成也安装在这个车架上。这些大总成的重量和地面碰撞力主要由高强度的车架承载，而不是直接作用在车身上。在发生碰撞事故时，碰撞力可能会先作用在车架上，然后再向车身传递。为了降低路面噪声，缓冲振动，提高舒适性，往往在车架与车身之间、车架与发动机和变速器之间安装一些橡胶衬垫。当前，非承载式车身在轿车上已很少应用，而主要用在一些 SUV、大客车和载货车上。

2）承载式车身

承载式车身的典型特征是没有车架，发动机、变速器、悬架等大总成直接安装在车身结构上，它们的重量和路面载荷主要由车身结构承载，在发生碰撞事故时，碰撞力也直接作用在车身构件上，并沿着车身传播。

在承载式车身结构中，车身板件、横梁和纵梁通过点焊或激光焊焊接在一起或粘接在一起，形成一个整体的车身箱体结构，这种结构既轻便又结实。乘员舱的刚度比非承载式车身更大，在碰撞中，汽车的前部和后部可以按照受控的方式溃缩，而乘客舱则可得到最大程度的保护。

承载式车身结构需要更复杂的装配工艺，采用了一些新材料和新技术，如厚重的冷轧钢被更轻、更薄的高强度钢或铝合金所替代。因此，在维修事故车时也应当采取完全不同的修理方法，需要采用新的处理、矫直和焊接工艺。

目前，承载式车身因轻便安全、节能环保、技术成熟而在轿车上得到了广泛的应用。

3）半承载式车身

半承载式车身又称为平台式车架结构，其特征是在车身的前后部有几根厚重的短纵梁，它们用螺栓连接，便于拆卸。这些纵梁不但是底盘机械件的安装基础，而且增强了碰撞时的车身强度。这种结构同时具备承载式结构和非承载式结构的一些优点，但应用不是很广泛，主要用在一些轻型卡车上。

2. 车身部件

通常将一部汽车的车身分成三部分，即前部、中部和后部，如图5-12所示。

1）前部

前部即车身的车头部分，又称为前段或鼻部，包括前保险杠到前隔板之间的所有部件，通常发动机也属于车身前部的一部分。前部的主要部件有车架纵梁、前罩板、前围板、减震

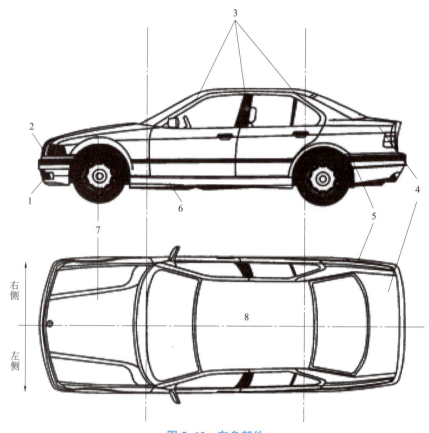

图 5-12   车身部件

1—围裙；2—格挡；3—支柱；4—行李舱盖；5—后侧围板；6—车门槛板；7—发动机罩；8—车顶板

器塔、散热器支架、发动机罩、前隔板、翼子板和保险杠总成等。

车架纵梁是在车身前部底下延伸的箱形截面梁，通常是承载车身上最坚固的部件；前罩板是车身前段后部的车身部件，在风窗玻璃的正前方，包括顶罩板和侧罩板；前围板是围绕着车轮和轮胎的内板，以防止路面的瓦砾进入乘座舱，它们经常拴接或焊接在车架纵梁和前罩板上；减震器塔是被加强的车身部分，用以支承悬架系统的上部分，螺旋弹簧、减震器安装在塔内，它们构成了前围板内部的一部分。

散热器支架是在车身结构前部周围的框架结构，用以支承冷却系统的散热器以及相关部分，它通常紧固在车架纵梁和内前围板上。

发动机罩是一块铰接的板，这样可以打开发动机舱（发动机前置的汽车）或行李舱（发动机后置的汽车）。发动机罩的铰链用螺栓连接在机罩和前罩板上，使机罩可以打开。为了防止变形和振动，机罩通常由两块或两块以上的板焊接或粘接在一起。

前隔板是发动机罩和风窗玻璃之间的过渡段车身，有时也叫作"火墙"或"前脑门"，是隔在车身前部与中部乘座舱之间的板，它通常是焊接在一起的。

翼子板从前门一直延伸至前保险杠，它盖住了前悬架部分和内围板，通常是由圆周的一圈螺栓固定在上面的。

保险杠总成用螺栓接到车架前角或纵梁上，以吸收小的撞击。

2）中部

中部即车身的中间部分，又称为中段。中部主要包括构成乘座舱的车身部分，这部分包括车底板、车顶板、前罩板、车门、车门支柱、风窗玻璃以及相关部分。

地板是乘座舱底部的主要构成部分，通常是一块大的钢板冲压件。对于前轮驱动的汽车，地板相对平坦一些；对于后轮驱动的汽车，地板必须为变速器和传动轴留出一条隧道，因为传动轴需要空间通向后面的后桥总成。

支柱是汽车车身上用以支承车顶板的梁，它还可以在发生碾压事故时保护乘客安全。前支柱也叫 A 支柱，向上延伸到风窗末端，必须足够坚固以保护乘客，是从车顶向下延伸到车身主干上的箱形钢梁。中间支柱也叫 B 支柱，是车顶的支承件，在四门汽车上位于前门和后门之间，它增强了车顶的强度，并且为后门铰链提供了安装位置。后支柱也叫 C 支柱，它从后侧围板向上延伸，用以支承车顶的后部和后窗玻璃，它的形状随车身的形式而变化。

3）后部

后部又称为尾部、后箱、后尾或后段，通常由后侧围板、行李舱或后地板、后车架纵梁、行李舱盖、后保险杠以及相关部件组成。

行李舱地板是构成后储存舱底的钢板冲压件，备胎通常放在这块冲压板的下面，行李舱地板通常焊接在后部纵梁上、轮罩里侧和后板下面。

舱板盖或行李舱盖是一块铰接在后储存舱上面的板，举升架是一个与玻璃铰接到一起的大板，以便能够打开汽车后部行李舱。

后侧围板是一个大的侧面车身部分，它从侧门向后一直延伸到后保险杠，被焊接在上面，并形成后部车身结构的重要部分。

后底板安装在后保险杠之后，在两块后侧围板之间。

后减震器塔支承着后悬架的顶部。

轮罩的内部包围着后舱。

二、碰撞力的传递原理

现代汽车车身上有许多焊接缝，这些焊接缝可以作为汽车结构的刚性连接点。这些刚性连接点将碰撞力传递至整个汽车上与之连接的钣金件和汽车零部件，因此大大降低了汽车的结构变形。

1. 正面碰撞力的传递

如图 5-13 所示，假设汽车前角受到一个力 F_0 作用，B 区域将会发生变形，减小了 F_1 的冲击作用，剩下的碰撞力传递到 C 点，金属将发生变形，能量继续减小到 F_2，F_2 将分解

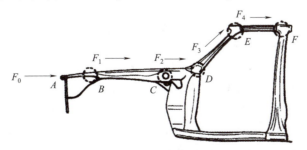

图 5-13　碰撞力传递原理

成两个方向传递到 D 点，碰撞力继续减弱至 F_3，所受到的力继续改变方向并冲击着车身的支柱和车顶盖，E 点的碰撞力继续减小到 F_4，汽车车顶盖金属轻微变形，在 F 点几乎不再有碰撞力，也不再发生变形，碰撞能量大部分都被汽车零部件所吸收。刚性连接点、结构件、钣金件都可以吸收能量。不仅这些部分可以直接吸收碰撞能量，而且其他与该点相连的零件也会发生变形，甚至在该点对面的零部件也能够发生变形或偏离原来的位置。

要想完全掌握现代汽车特别是承载式车身的碰撞损坏情况，了解汽车的碰撞力传递原理是非常重要的。否则，就不能理解轻微损坏引起汽车在操纵控制和运行性能上发生严重故障的原因。

通常，乘员舱用于向后传递纵向力的主要路径有两条，如图 5-14 所示。一条是通过乘员舱底部纵梁和门槛梁向后传递，这条路径承受纵向力的能力最大。因此，通常在其前端布置主要的吸能部件，如前纵梁。在碰撞中，纵向力经前纵梁、门槛梁和乘员舱底部纵梁向后传递，当前部结构的压缩变形较大时，前轮参与碰撞，纵向力经前轮、铰链柱下部结构和门槛梁向后传递，这样可以防止前部结构继续变形而使动力传动总成撞向乘员舱。另一条路径是纵向力经前纵梁和铰链柱、A 柱、车门及其抗

图 5-14　正面碰撞载荷在车身结构中的传递路径

侧撞梁和门槛梁而向后传递。此路径上较大的载荷会导致前门框发生较大变形，使碰撞后的车门开启困难，因此该路径前部结构的吸能能力通常较小。

2. 侧面碰撞碰撞力的传递原理

当汽车侧面受到撞击时，车门在侧向撞击力的作用下产生向车内运动的趋势，这种趋势受到车门框的阻挠，同时，车门框受到车门传递来的侧向力的作用。如果车门内布置了抗侧撞梁，前门受到的侧向撞击力将主要被传递到铰链柱和 B 柱，后门受到的侧向撞击力将主要被传递到 B 柱和 C 柱，如图 5-15 所示。

铰链柱在侧向力的作用下也有向车内运动的趋势，对于这种运动趋势的抵抗，在铰链柱上端主要由前风窗下横梁和仪表板安装横梁的轴向刚度提供；在铰链柱下端主要由该处车身底部横向结构的刚度提供。当 C 柱受到侧向力时，情况与此类似。

当车门受到侧向撞击后，其向车内运动的趋势使 B 柱受到向车内弯曲的弯矩的作用。对 B 柱向车内变形的抵抗，主要来自其弯曲刚度

图 5-15　侧向碰撞载荷在车身结构中的传递

和 B 柱上、下接头的刚度。通过 B 柱上接头，作用在 B 柱上的部分力通过车顶边梁、车顶横梁和相关的接头结构向非撞击侧传递。B 柱上接头对 B 柱向车内运动的抵抗由车顶结构提供，主要是车顶横梁的轴向刚度、车顶边梁的弯曲刚度、A 柱和 C 柱的弯曲刚度，还有在以上情况下各接头结构相应的刚度；通过 B 柱下接头，作用在 B 柱上的部分力被传递给门

槛梁。

作用在门槛梁上的侧向力，一方面来自外部的直接撞击；另一方面来自 B 柱的作用。当 B 柱受到弯矩作用后，通过 B 柱下接头，使门槛梁受到向车身内侧的推力、弯矩和绕门槛梁中心线扭矩的作用。在这些载荷的作用下，门槛梁将产生向车内侧的弯曲变形。对这种变形的抵抗来自两方面：一方面是门槛梁的弯曲刚度及其与铰链柱和 C 柱接头结构的弯曲刚度；另一方面是车身底部横向结构对门槛梁向车内运动的抵抗。最终，门槛梁受到的侧向力通过车身底部的横向结构被传递到非撞击侧。

3. 后面碰撞力的传递原理

后面碰撞中，撞击力向车前方传递的路径通常有两条，如图 5-16 所示。第一条由后保险杠，经后纵梁传递给门槛梁；第二条由后车轮后部结构，经后车轮传递给门槛梁。对于第二条载荷路径，由于当轮胎参与碰撞后，它与其前面轴向刚度较大的门槛梁接触，导致对撞击的抵抗明显增加，所以碰撞吸能区通常被布置在后车轮后部，而将后轮作为变形限制器加以利用。通常后纵梁是后部结构的主要吸能部件。在以上情况中还要考虑备胎的影响。

图 5-17 所示为汽车前、后部分受碰撞时碰撞力的波延途径，用圆圈圈注的部位是在传递路径上，大量吸收冲击力的车身部位。

图 5-16 后面碰撞载荷在车身结构中的传递

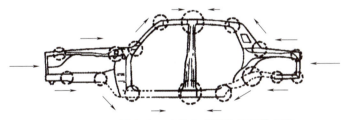

图 5-17 碰撞力波延路线和碰撞能量吸收部位

三、车身结构损伤分析

1. 承载式车身的损伤分析

1）锥体理论

碰撞对承载式车身造成的损伤可以用"锥体理论"来解释。承载式车身在发生碰撞时主要由车身吸收碰撞能量。

碰撞时，碰撞处的结构件发生一定的折皱、弯曲等多种变形，以吸收一部分碰撞能量。当碰撞力可能穿过车身的结构件时，车身结构件上的变形吸能区发生溃缩变形，进一步吸收碰撞能量，直到碰撞力全部消失为止。碰撞力的这种扩散模式看上去像一个"锥体"：碰撞点就相当于锥体的顶点，而锥体的中心线就是碰撞力方向，锥体的高度和张开的幅度表明了碰撞力穿过承载式车身的方向和范围，如图 5-18 所示。锥体的顶点和碰撞点称为初次损伤区。

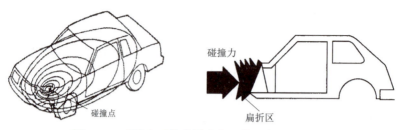

图 5-18 碰撞力以锥体模式在承载式车身上的传播

由于承载式车身是由薄金属板连接在一起的，故碰撞被大部分车身板壳体吸收。碰撞波沿车身传播的作用称为二次损伤。通常，这种损伤是向车身内部结构或与车身碰撞相对的部位发展。为了控制二次损伤的分布区域，保护车内乘员的安全，在承载式汽车上设计了一些折扁区。折扁区在碰撞力作用下按预先设定的方式变形，保持乘员舱的形状，并吸收两次损伤的能量。

具体地说，正面碰撞将由车身的前部和折扁区共同吸收，后部碰撞由车身后部吸收，侧面碰撞将由撞击区的车身板、车顶边梁、侧面立柱和车门共同吸收。

2）损伤分析

（1）车身前部损伤分析。前部损坏是由于车头撞上另一辆车或其他物体引起的损坏，碰撞力的大小取决于车重、车速、撞击物及撞击面积。

如果碰撞不严重，则将造成保险杠后移，使前侧梁、保险杠座、前翼子板、散热器支架和发动机罩锁支柱等发生弯曲变形。

如果碰撞进一步增强，前翼子板将被撞到前门上，发动机罩铰链将上弯，触到发动机罩；前侧梁折皱，与悬架所在横梁接触。如果碰撞再增强，前翼子板围裙和前车身支柱（特别是前门铰链上部区域）将发生弯曲变形，前门可能被撞掉。此外，前侧梁折皱加大，使悬梁横梁弯曲，发动机与驾驶室之间的隔板和地板也会变弯以吸收碰撞。如果前部碰撞与整车轴线有一个夹角，还会发生侧向弯曲变形，而且两侧的纵梁由横梁连在一起，受碰撞一侧纵梁上的力将通过横梁传给另一侧纵梁。

（2）车身后部损伤分析。后部损伤是由于倒车时撞上其他物体，或被另一辆车从后面撞上引起的损伤。如果碰撞较轻，后保险杠、后车身板、行李舱和地板等会发生变形，车轮上方的后侧围板也可能鼓出；如果碰撞较严重，后侧围板会上折撞到车顶，四门汽车的车身中支柱会变弯，碰撞能使上部部件和后部纵梁发生变形。

需要特别注意的是，现代乘用车的燃油箱大多位于后排座椅下面，在发生较严重的追尾事故时，可能会使燃油箱产生裂纹而造成汽油泄漏，汽油极易燃烧，碰撞产生的火星或静电火花都有可能造成严重的火灾，因此，在勘察汽油泄漏事故时一定要十分小心。

（3）车身侧面损伤分析。承载式车身侧面在抵抗碰撞方面相对比较薄弱，一旦侧面被撞，可能会导致车门、门槛板、中柱、前翼子板以及后侧围板变形，严重时甚至会导致地板变形。如果是前翼子板部位遭到侧面碰撞，前轮往往会向内挤压，从而影响到前悬架横梁和前纵梁。如果碰撞比较严重，悬架系统的零部件可能会受到损坏，前轮定位参数遭到破坏，轴距发生变化，甚至会使转向机被撞坏。如果汽车的前翼子板或后侧围板部位遭到较大的垂直碰撞，冲击波会传递到汽车的另一侧，从而造成对面板件的变形。如果是汽车中间部位遭到侧面碰撞，那么主要是车门总成、门槛板、门柱、车身底板受损，严重时冲击波可能会使对面车门部位产生变形。

（4）车身顶部损伤分析。车身顶部损伤是由于落物砸伤汽车或汽车滚翻而引起的损伤。车身顶部在事故中受损的概率比其他部位相对低一些。在汽车前部、后部或侧面碰撞中，只有当事故比较严重时，碰撞力才可能会传递到车身顶部，造成顶部梁和面板受损。汽车滚翻时，车身支柱和车顶板会发生弯曲，相应的支柱也会被损伤。根据滚翻方式的不同，还可能造成车身前部或后部损伤，其辨认特征是车门及车窗附近发生变形，易于被发现。

3）承载式车身碰撞变形顺序

承载式车身在发生前部或后部碰撞时，碰撞力将从碰撞点开始，沿着车身构件向外传递，从而造成更大面积的损坏。一般来说，车身发生变形的顺序如下：

（1）弯曲变形。在碰撞发生后的一瞬间，碰撞力达到最大，它首先会对构件产生挤压作用，使构件中部产生弯曲变形。但由于金属构件具有弹性，所以在碰撞力消失后可能会部分或全部恢复原状。在事故勘察时，如果发现测量的高度值超出允许范围，则通常表示产生了弯曲变形。

（2）折皱变形。随着碰撞的进一步延续，碰撞点处会出现明显的折皱，从而进一步吸收碰撞能量，以保护乘客舱的安全。由于碰撞力沿着车身传递，导致走离碰撞点的部位也可能发生折皱、撕裂或拉松。在事故勘察时，如果发现测量的长度值超出允许范围，通常表示发生了折皱变形。

（3）扩宽变形。对于设计良好的承载式车身结构，乘客舱在事故中的变形量会很小，即使产生变形，也是使乘客舱的构件向外鼓，而不是侵入舱内，以保护乘员安全，这就是所谓的扩宽变形。在事故勘察时，如果发现测量的宽度值超出允许范围，通常表示发生了扩宽变形。

（4）扭曲变形。如前面所述，碰撞点通常不是在汽车正中，碰撞力产生的力矩会使车身产生扭曲变形。即使碰撞发生在汽车正中，二次碰撞也可能会使车身产生扭曲变形。扭曲变形通常是最后发生的一种变形形式。在事故勘察时，如果发现测量的高度和宽度值都不在允许范围内，通常表示发生了扭曲变形。

虽然承载式车身与非承载式车身在碰撞事故中的损坏形式很相似，但是承载式车身的损坏往往更复杂。另外，承载式轿车在严重碰撞中通常不会产生错位损伤。

2. 非承载式车身的结构与损伤分析

1）非承载式车身的结构

非承载式车身是传统的汽车车身结构。在非承载式车身中，车架是整个汽车的结构基础，车身壳体通过螺栓安装在车架上，发动机、变速器、悬架等大总成也安装在车架上。车架必须有足够的强度才能承载各大总成的重量，并保证在碰撞中汽车主要部件的固定位置不会产生较大的变动。车架通常是由高强度槽钢或箱形构件制成的，上面固定了一些横梁、支架和拉杆，用于安装汽车底盘部件，横梁、支架和拉杆通常是焊接、铆接或用螺栓连接到车架纵梁上的。

（1）非承载式车身的结构特点。

与承载式车身相比，非承载式车身具有以下结构特点：

①非承载式车身结构的承载能力通常比承载式车身高，因此非承载式车身主要应用在SUV、皮卡、大客车和大货车上。

②采用非承载式车身的汽车离地间隙相对较大一些，而且车身底板下面被厚重的车架保护着，因此适用于越野车。

③车架有吸收路面振动的作用，而且车身与车架之间通常安装了一些橡胶衬垫，因此乘坐起来更加平稳、安静和舒适。

④在发生碰撞事故时，大部分碰撞能量将由车架吸收，因此可有效保护乘员安全，车身损伤相对较小一些。

但是，非承载式车身因为采用了厚重的车架，故汽车总重一般比承载式汽车重很多，影响了汽车的动力性和燃油经济性。

（2）非承载式车身的车架。

非承载式车身的车架有梯形车架、周边式车架和X形车架三种。

①梯形车架。由两根纵梁与几根横梁组成，两根纵梁可能是平行的，也可能是不平行的，整个车架看上去像一个梯子。梯形车架现在应用较少。

②周边式车架。在结构上与梯形车架类似，其特点是两根纵梁在车身底部基本上沿着周边布置，并在前轮后部和后轮前部分别设计了阶跃变形部位，以形成抗扭箱形结构。这种车架结构可以在侧面碰撞中更好地保护乘员安全。在受到正面碰撞时，车架的前部可以吸收大部分能量。在后端受到碰撞时，纵梁的后部通常会向上拱起，从而吸收大量冲击能量。为了防止汽车在碰撞中发生扭曲，在关键部位常用横梁进行强化。

③X形车架。其特点是中间窄、前后宽，具有较高的抗扭性，但现在已经基本不在使用。

（3）非承载式车身的板件。

①前段车身。非承载式车身的前段结构如图5-19所示，主要零部件与承载式车身相似，但连接方式却有很大不同，如散热器支架、前翼子板、前挡泥板通常都是用螺栓固定的，维修时比较容易拆装。

散热器支架一般是由上、下、左、右四根支架焊接起来的一个整体结构，而翼子板的上端和后端与内板通过点焊连接，这样不仅增大了翼子板的强度和刚度，还有利于降低振动和噪声，以便在侧面碰撞时保护悬架和发动机不受损坏。

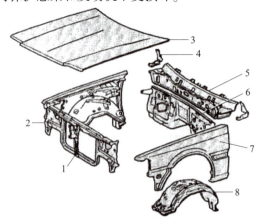

图5-19 非承载式车身前段的主要构件

1—发动机舱盖锁闩支架；2—散热器支架；3—发动机舱盖；
4—发动机舱盖铰链；5—车颈板；6—防火板；7—前翼子板；8—挡泥板

②车身本体。非承载式车身本体可分为乘客舱和行李舱两部分，它主要由前围板、仪表板、底板、车顶板、立柱、车门、后翼子板、行李舱盖等部件组成，各个部件的结构与承载式车身中的相应结构类似。但车身本体是以车架为安装基础的，不是主要的承载部分，所以各个构件的连接方式可能与承载式车身不同。

2. 非承载式车身的损伤分析

当非承载式汽车发生碰撞时，其车身板件的损坏形式与承载式汽车基本类似，所不同的是，其车架作为承载件，可能会在严重的碰撞或倾翻事故中发生比较明显的变形，从而影响整车的操纵性能。车架最常见的损伤有歪曲、凹陷、折褶、错位和扭曲等，这几种损伤往往会在事故车上同时存在，在进行损伤鉴定时应仔细检查，逐一确认。

1）歪曲变形

歪曲变形是指车架的前部或后部向一侧弯曲（见图5-20），通常在侧面碰撞中出现。一般通过查看车架纵梁的一侧是否向内或向外弯曲即可确定车架是否产生了歪曲变形。在事故勘察中，如果发现车门的长边缝隙变大而短边出现折褶，或者发动机罩或行李舱盖的边缝变大或变小，就应当注意进一步查看车架是否产生了歪曲变形。

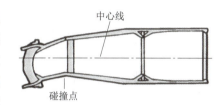

图5-20 车架的歪曲变形

2）凹陷变形

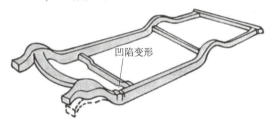

图5-21 车架的凹陷变形

凹陷变形是指车架某一处的离地高度低于正常值，即向下凹陷（见图5-21），通常在前部或后部正碰中出现。车架的凹陷变形常见于车架的前部和后部，有时是一侧凹陷，有时是两侧凹陷。在事故勘察中，如果发现翼子板和车门之间的缝隙是顶部变小、底部变大，或者车门下垂，就应当注意进一步查看车架是否发生了凹陷变形。

3）挤压变形

挤压变形是指车架纵梁或横梁长度比正常值缩短，一般伴随折皱变形，如图5-22所示。车颈板前部和后风挡后部区域在前、后正碰中比较容易出现挤压变形。在事故勘察中，如果发现发动机舱盖、翼子板或车架纵梁有折皱变形，轮罩上部的车架被抬高，就应当注意进一步查看车架是否发生了挤压变形。

图5-22 车架的挤压变形

4）错位变形

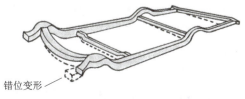

图5-23 车架的错位变形

错位变形是指汽车的左右两侧发生前后错位，使车架和车身从矩形形状变成平行四边形形状（见图5-23），通常在汽车的一角发生剧烈碰撞时出现。错位损伤使整个车架都发生了移位变形，对汽车的操纵性能影响很大。在事故勘察中，如果发现发动机舱盖或行李舱盖的边缝不齐，乘员舱或行李舱地板出现皱折，就应当注意进一步查看车架是否发生了错位损伤。

5）扭曲变形

扭曲变形是指汽车在对角线方向上产生变形，即对角线上的一个角高出正常值，另一个角低于正常值，如图 5-24 所示。扭曲变形通常在后部边角碰撞或翻滚事故中出现，如果汽车经常高速通过减速带或马路牙，也可能会导致车架产生扭曲变形。在事故勘察时，如果发现汽车的一角下垂，就应当注意进一步查看车架是否产生了扭曲变形。

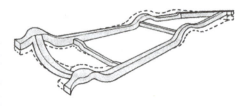

图 5-24　车架的扭曲变形

与承载式车身一样，很多事故中车架会出现多种变形，除了直接碰撞导致的变形外，车架还可能会因惯性力作用而产生二次变形。例如，在剧烈的碰撞中，发动机可能会因惯性作用前后移动，这样会导致发动机支座（支撑发动机的横梁）产生变形损坏。在损伤鉴定中，通过比较车身门槛板与前后车架之间的间隙情况，或者比较前翼子板与轮毂前后部的间隙情况，可以初步判断车架是否有变形。

车架损伤形式和损伤程度因碰撞力的大小、方向以及碰撞位置的不同而不同。因此，在事故勘察中应当收集尽可能多的信息，由此推断出事故发生的过程，这对于判断车架损伤情况十分重要。当然，最精确的损伤鉴定方法是通过科学的测量，例如，根据汽车制造厂的车身修复手册测量关键定位孔之间的距离，以判断车架的变形情况。

任务三　附件的损伤分析

汽车发生碰撞、倾翻等交通事故，车身因直接承受撞击力而造成不同程度的损伤，同时由于波及、诱发和惯性的作用，发动机和底盘各总成也存在着受损伤的可能。但由于结构的原因，发动机和底盘各总成的损伤往往不直观，因此，在汽车定损勘查过程中，应根据撞击力的传播趋势认真检查发动机和底盘各总成的损伤。

一、发动机的损伤分析

在一般的轻度碰撞事故中，发动机本体基本上不会受到损伤，最可能的是汽车前端的散热器及其支架受到影响。但在比较严重的碰撞事故中，如车身前部变形较严重时，发动机的一些辅助装置及覆盖件会受到波及和诱发的影响而损坏，如空气滤清器总成、冷却风扇、发动机正时盖罩、油底壳等，发动机支座也可能产生变形或移位。对于现代新型轿车，发动机舱内部都布置得十分紧凑，在碰撞事故中产生的关联损伤可能更大，例如，蓄电池、发电机和起动机、空调压缩机、转向助力泵、皮带轮及皮带、风窗清洗装置等总成、管路和支架可能受到损伤。更严重的碰撞事故会波及发动机的气缸盖、进排气歧管、凸轮轴、曲轴等零部件，致使发动机缸体的薄弱部位破裂，甚至使发动机报废。

在对发动机损伤进行检查时，应注意详细检查有关支架以及发动机缸体部位有无损伤，因为这些部位的损伤不易被发现。发动机的辅助装置和覆盖件损坏可以直接被观察到,当怀疑发动机内部零件有损伤或缸体有破裂损伤时,需要对发动机进行解体检验和维修,必要时应进行零件隐伤探查,但应正确区分零件形成隐伤的原因。

1. 冷却系统的损伤分析

当前汽车上最常用的汽油发动机或柴油发动机绝大多数都采用水冷方式进行冷却,即通过冷却液在缸体和缸盖内循环使发动机保持正常的工作温度。发动机冷却系统主要由水泵、水套、散热器、风扇、软管、节温器、温度指示器、风扇护罩等零部件组成,如图5-25所示。

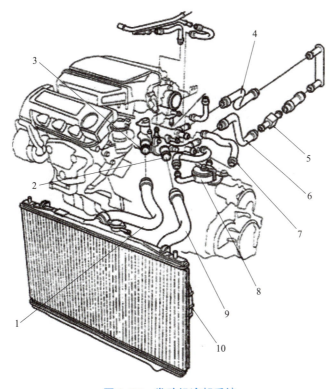

图5-25 发动机冷却系统

1—散热器上部软管;2—节温器盖;3—水管接头;4,6—加热器软管;5—加热器阀;
7—水冷却旁通软管;8—自动变速器油加温器;9—散热器下部软管;10—散热器风扇

散热器处在进气格栅和发动机之间,因此它是冷却系统中最容易被撞坏的部件。散热器在碰撞中的损伤形式多种多样,最常见的一种是散热器芯损坏。依据碰撞的严重程度,风扇可能只会造成散热器芯的外观损伤(此类损伤很容易修理),也可能毁坏散热器芯。变形的翅片可以用专用工具拉直,没有严重损坏的管路可以重新焊接。但是如果大块的冷却翅片松脱,或是管路被压扁或撕裂,则需更换一个新的散热器芯。

有时碰撞后的散热器看上去没有任何明显的损伤,但是撞击力可能会在软管周围沿着散热器芯盖或管路接缝处造成极细的裂纹。如果怀疑存在隐蔽的损伤(散热器中冷却液不足,且无明显损伤),则应通过压力测试检测散热器有无泄漏。

对于散热器风扇,如果叶片弯曲或损坏,就不能再修理了,只能换新的。损坏或弯曲的风扇离合器也必须更换，这也是不可修理的项目。如果水泵的毂或轴已经损坏，则应进行更换。散热器护罩通常是塑料制品，如果损坏不严重，则可以通过塑料焊接工艺进行修理。皮带和软管由于具有柔性，故通常在碰撞中不会损坏。但是，有时为了松开一个受损部件，必须将好的皮带切开。此外，若皮带上出现裂纹、切口、划痕或磨损严重，就应当更换。此外如果软管出现裂缝、刺孔、撕裂、老化开裂、烧灼、鳞片、变软，也应当进行更换。特别要注意散热器下软管，下软管内部有钢丝支撑，用以避免水泵高速转动产生的局部真空使其塌陷。如果下部软管已经被撞扁，则其内部的强化弹簧也已被撞扁。如果不进行更换，则汽车可能会在高速时出现过热问题。聚丙烯风扇护罩上的裂缝可以通过塑料焊接进行修理。

正面碰撞往往会导致冷却液泄漏。冷却液不足会降低冷却能力，并导致发动机过热。外部泄漏往往由软管裂开、散热器损坏、水泵压碎及类似的故障引起。内部冷却系统泄漏可能由气缸盖衬垫烧毁、进气歧管衬垫泄漏或缸盖翘曲所致。内部泄漏很少由碰撞损伤所引起。

还有一种内部泄漏是由自动变速器油（ATF）经冷却器油箱向散热器泄漏造成的。产生这种泄漏的一个明显迹象是：在散热器中出现一种较浓的粉红色液体，这种液体是由冷却液和变速器油混合所形成的。由于碰撞时散热器会受到冲击，故在修理后的检查时必须优先检查这个部位。

冷却液补偿罐通常由塑料制成，所以容易受到损坏。检查罐子上有无裂纹或擦伤，并确保通向散热器的软管连接完好、形状正确。这些塑料罐通常不能修理，如果开裂或变形就必须更换。水泵的壳体一般比较坚固，因汽车碰撞造成损坏的可能性比较小。

2. 发动机机体部件的损伤分析

现代轿车大多采用发动机前置前轮驱动的布置型式，常用的发动机一般有横置的直列四缸、V6、或V8三种型式。碰撞可能会对发动机部件造成损坏。如果横置发动机汽车受到来自保险杠上方的严重碰撞，缸盖和顶置凸轮轴就可能损坏。在碰撞中容易受损的发动机外部零件包括皮带轮、皮带、发动机支座、正时罩、机油盘和空气滤清器等。

曲轴皮带轮用于带动皮带转动，驱动各种动力附件，诸如空调压缩机、动力转向泵以及水泵等。发动机支座用于固定发动机并缓冲发动机的振动。支座通常位于发动机的左、右和前侧，有些发动机还有一个后支座，如图5-26所示。正时罩保护着正时齿轮和正时皮带。机油盘是存储发动机机油的金属壳体。空气滤清器用于过滤发动机的进气。

汽车发生碰撞、倾翻等交通事故，车身因直接承受撞击力而造成不同程度的损伤，同时由于波及、诱发和惯性的作用，发动机也存在着受损的可能。但由于结构的原因，发动机的损伤往往不直观。因此，在汽车勘

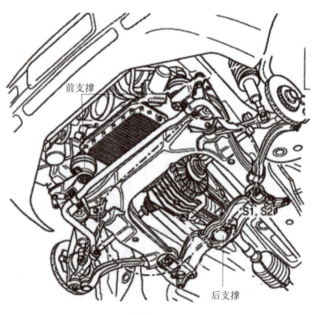

图5-26　发动机三点式支撑

查定损过程中，应根据撞击力的传播趋势认真检查发动机的损伤。

汽车的发动机，尤其是小型轿车的发动机，一般布置于汽车前部发动机舱内，当汽车发生迎面碰撞事故时，不可避免地会造成发动机及其辅助装置的损伤。对于后置发动机的大型客车，当发生追尾事故时，有可能造成发动机及其辅助装置的损伤。

在侧面碰撞中，下车架横梁会发生大幅移动，将皮带轮弯曲然后反弹回来。在检查损伤时，应意识到即使在横梁和皮带轮之间还有间隙，皮带轮可能也已经损坏，最好是起动发动机并观察皮带轮有无摇摆。受损的皮带轮无法修理，必须进行更换。同样，如果皮带轮损坏，则装皮带轮的泵或压缩机也可能受损。通常应检查零件是否工作正常、有无泄漏，驱动皮带应该检查有无裂缝。

在严重的正面和侧面碰撞中，发动机支座可能受损。由于下横梁或散热器支架在碰撞中会移动，所以装在上面的部件也会移动，发动机支座通常就是这样弯曲的。观察支座、发动机和车架横梁的位置，通常支座与发动机和横梁成直角，如果不是直角，则表明发动机或横梁发生了位移。通常通过修理横梁可以恢复支座的正确角度。如果支座弯曲，则应进行更换。支座在严重的碰撞中可能发生断裂，要检查支座是否断裂，应将发动机支起，如果发动机向上移动，则支座可能断裂。要检查自动变速器汽车上的发动机支座是否断裂，则应起动发动机，踩下制动踏板，挂入行驶挡位，不松开制动的情况下轻踩加速踏板，如果发动机弹起，则支座可能断裂，需要进行更换。

如果正时罩或机油盘是由冲压金属材料制成，在发生了轻型凹陷时应拆下并进行加工。如果受损的正时罩和机油盘是由铸铁或铝合金板件制成，则在损坏严重时应进行更换。空气滤清器通常装在散热器支撑后方，在正面碰撞或侧面碰撞中很容易损坏，故对其要仔细检查，因为损坏处可能很难发现。塑料的空气滤清器壳体或固定凸起可以通过塑料焊接黏接剂进行修复。

当怀疑发动机内部零件有损伤或缸体有破裂损伤时，需要对发动机进行解体检验和维修，必要时应进行零件隐伤探查，但需正确区分零件形成隐伤的原因。因此，在对发动机进行定损鉴定时，还应考虑到修复方法和修复工艺的选用。

3. 排气系统的损伤分析

排气系统的部件包括排气歧管和衬垫、排气管、密封垫和连接管、中间连管、催化转换器、消声器、辅助消声器、尾管、隔热罩、卡子、衬垫和悬架，如图5-27所示。

对于所有的发动机，废气都是从排气歧管流到排气管，排气管再与催化转换器、消声器和中间连管组成完整的排气管路。有些大排量发动机的排气系统中还配有一个副消声器来进一步消除排气噪声。简单地说，消声器就是连着入口管和出口管的一个罐状零件，内部是一系列改变排气流向的阻隔物，排气流向的改变能够使排气在排出尾管时消除燃烧的声音。

催化转换器是汽车发动机上普遍采用的一种机外废气净化装置，用来将有害的一氧化碳气体转化成二氧化碳，并将在发动机燃烧过程中未烧尽的碳氢化合物进行燃烧。它安装在排气歧管和消声器之间。

在判断排气系统有无损伤时，可以听听发动机的噪声有无明显增大，看看排气系统的零件有无裂纹或弯曲。只要损伤的程度超过了轻微的刮伤或非常轻微的弯曲，就需要对受损件进行更换。如果只是尾管末端的一小段受损，则可将这一小段拆下，换上尾管延长管。如果催化转换器损坏，则必须进行更换。

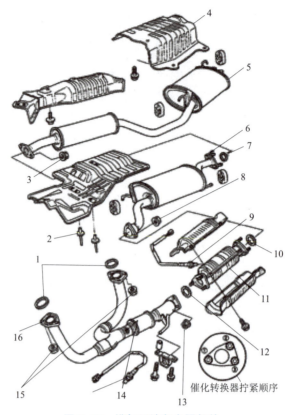

图 5-27 排气系统各个零部件

1，7，10，12—垫圈；2—铆钉；3，8，13，15—自锁螺母；4—隔热板；5—排气尾管；
6—消声器；9—副加热型氧传感器；11—三元催化转换器；14—主加热型氧传感器；16—排气管

检查排气系统状况时，可用手抓住排气尾管（在不热时），试着将它上下、左右移动，每个方向都只应有轻微的移动。如果需要进一步检查，则可起动发动机（千万不能在封闭的车间内），然后将一块布塞入排气尾管，再检查各连接处有无泄漏。如果发现泄漏，可将夹紧装置拧紧。如果泄漏依然存在，则必须予以更换。如果能听到很大的滴答声、咔嗒声或吹嘘声，则表明系统可能有较大的排气泄漏。首先确保管接头没有松动和泄漏，如果是部件损坏，则松开夹紧装置或管接头，单独更换各部件。

二、传动系统的损伤分析

1. 变速驱动桥

对于前轮驱动汽车，变速器与主减速器和差速器直接相连，称为变速驱动桥。变速驱动桥的位置应使其在正面碰撞中容易受到损坏。

1）手动变速驱动桥

大多数手动变速驱动桥为五速，也就是说有五个前进挡（其中一个是超速挡）和一个倒挡。变速器的齿轮装在一个铸铝壳体内。变速器的内部有齿轮、离合器总成和换挡叉。变速驱动桥的外部有变速操纵机构、换挡杆、离合器主缸和离合器副缸。变速驱动桥和液压离合器的正常工作需要工作液，变速操纵机构必须调整对正。碰撞会使变速器壳体开裂、液压系统泄露或是变速操纵机构错位。用举升机将汽车升起，检查变速驱动桥四周有无液体泄漏，查看连杆是否弯曲。所有受损的部件都必须更换。

2）自动变速驱动桥

自动变速驱动桥中包含一组或多组行星齿轮组、制动带、伺服机构、离合器、侧齿轮和油泵，这些零件封装在一个变速器壳体和罩盖中。如果壳体折断或开裂，则应进行更换。自动变速器的机油盘为冲压钢板，装在变速器壳体的底部，用来存储机油。如果其密封部分发生损坏，则应将其拆下、矫直，并换用新的垫圈将其装回。当损坏的机油盘拆下后，应对内部零件进行检查。

如果外部件受到损坏或怀疑内部受损，则变速器需要进行拆解检查。由于正常使用中的磨损也可能会造成变速器故障，故应加以注意。

如果汽车碰撞时变速器位于驻车位置，则制动棘爪可能折断，该零件在设计时就是要使其在其他零件受损坏前就先折断。

3）前轮驱动半轴

前轮驱动发动机所产生的动能通过驱动桥和两个半轴传到驱动轮，如图5-28所示。为实现驱动轮的转向功能，每个半轴两端都各有一个等速万向节，每个等速万向节都包括一个球笼、轴承、驱动器和支架、壳体和防尘套。防尘套的作用是保护润滑脂，对万向节的正常工作很重要。驱动轮处严重的撞击会将半轴从变速驱动桥中推出，甚至折断等速万向节。只要发现驱动轮受损，就应该对半轴进行检查。查看防尘套有无破裂，拉动半轴检查其是否松动。受损的防尘套和等速万向节可以进行更换，有时甚至需要更换整个半轴。

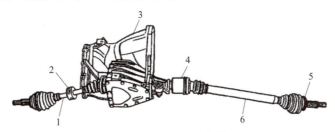

图5-28　前轮驱动半轴

1—左半轴；2—平衡块；3—变速驱动桥；4—万向节；5—外侧等速万向节；6—右半轴

2. 万向传动轴

对于后轮驱动型汽车，由传动轴将发动机和变速器的动力传递给后桥的差速器。传动轴是一个中空管，两端各带一个万向节。有些汽车上采用的是两段式传动轴，其有三个万向节。在后桥受到严重撞击时，传动轴可能会在碰撞力的作用下从变速器中脱出。受损的传动轴一般需要更换整个总成。

3. 后驱动桥总成

后轮驱动型汽车是由后桥驱动的。后桥总成包括车桥壳体、主减速器、差速器和两根半轴。主减速器可进一步降速增扭。差速器能够让两个后轮分别以不同的转速转动。后轮受到撞击会使车桥弯曲，甚至折断车桥壳体。要检查车桥是否弯曲，首先应用千斤顶将车桥后端顶起并支承住车桥壳体。如果车轮弯曲，则应安装一个好的车轮。转动车轮，站在后面查看车轮是否摆动，如果车轮摆动，则说明车桥弯曲。要检查弯曲的壳体，则应从一个参考点在两侧测量。弯曲的车桥或壳体应当进行更换。

三、悬架系统的损伤分析

悬架系统的结构比较复杂，它必须能够保持车轮的正确定位，而且还能够左右转向。此外，由于制动时的重心移动，故悬架系要吸收绝大多数的制动扭矩。要达到这一点，悬架必须具有良好的操纵性和稳定性。

目前轿车上常用的独立悬架有以下三种形式：螺旋弹簧式、扭杆弹簧式、单控制臂式（支柱式）。螺旋弹簧式和扭力弹簧式是传统的悬架形式，现在最常用的是支柱式悬架，即麦弗逊支柱悬架。

1. 螺旋弹簧式悬架

螺旋弹簧式悬架中最常见的是不等长双横臂式独立悬架，如图5-29所示。每个车轮都是通过转向节、球节总成和上下控制臂独立连接到车架上。由于臂长不等，故可以保证在行驶过程中车轮和主销的角度以及轮距变化都不大，获得了较好的舒适性和平顺性，轮胎寿命也有保障。在这种横臂式独立悬架系统中，主要的工作元件有弹簧、减震器、横臂（控制臂）、球节和轮轴组件。转向节和车轮心轴是一个锻造的整体式零件。车轮心轴通过车轮轴承连接到车轮上，转向节通过球节连接到上下控制臂上。在事故勘查中，可以借助直角尺或刻度盘指示器来判断该总成是否弯曲，一般公差为0.007~0.012 mm，如果超出这个范围，则必须更换。

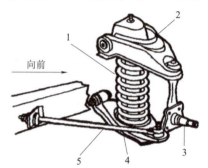

向前

图5-29 不等长双横臂悬架
1—弹簧和减震器；2—上控制臂；
3—心轴；4—下控制臂；5—撑杆

球节将转向节和控制臂连接起来，在汽车转向时，允许转向节在控制臂间转动。它还能保证转向节总成的上下移动。球节由球和球窝构成，能够直接用肉眼查看是否扭曲、磨损或卡滞，如果发生损坏，则必须进行更换。球和球窝可以分别进行维护，如果有了磨损的迹象，则应进行修理。

上、下控制臂的作用主要是定位，用来固定悬架及与其相关的部件，它是由带凹槽的厚钢板制成的，凹槽有利于增加其强度和刚度。如果控制臂仅仅是错位，没有折皱或弯曲，则只需做前端定位，但是如果控制臂发生了严重的弯折，就必须更换。横轴用于将控制臂固定在车架或车身上，位于控制臂的内端。横轴如果没有明显的损伤，则可以通过前端定位进行修理，但是如果发生弯曲，则必须更换。

减震器用于控制螺旋弹簧的偏转和回弹率，并且有助于防止汽车的摇摆。对于传统的车架，减震器的底部是连接下控制臂的，顶部则与车架相连。另一种设计则是将减震器放置于上控制臂与车架之间。在承载式车身上，减震器顶部与裙板相连，而底部则与上、下控制臂相连。减震器通常位于螺旋弹簧里面。减震器有无弯曲或泄漏用肉眼即可发现。由于前轮崩起的路面碎石造成减震器的轻微凹坑不会影响其正常使用。减震器应当成对更换。

弹簧主要是螺旋弹簧。螺旋弹簧控制着汽车的行驶高度，还提供驾乘的支撑和平顺性。通常可以通过肉眼检查弹簧是否有裂纹或永久性弯曲。若要进一步检查弹簧有无永久性弯曲，则可以在一个平面上滚动弹簧，如果弹簧损坏，则必须成对更换。

在某些悬架系统中通常采用支柱来约束下控制臂的前后运动，它装在下控制臂和车架之间。通常情况下，支柱两端都有螺纹，这样就可以在车轮定位时调整主销后倾角。如果支柱未受到严重的损坏，则可以通过校直或调整进行修理。

稳定杆（摆杆）是一个细长 U 形的弹簧钢杆，连接着两个下控制臂，其用途是降低汽车在颠簸路面上行驶时的摆动。一个控制臂向上的运动所带来的扭力会作用在平衡杆上，扭力传递到对侧的控制臂上，使其向上移动，以保持汽车的水平，降低摆动。如果稳定杆弯曲，则应进行更换。

稳定杆通过稳定连杆与左右下控制臂相连。如果这些连杆损坏，就必须进行更换。稳定杆同时还通过固定支架在左右车架处进行支撑，如果支架受损，则可以进行修理（大多数情况下则是更换）。对于那些没有独立支架的车型，可能需要进行进一步的修理。

橡胶缓冲块装在上下控制臂上，当汽车"下沉"，也就是弹簧完全被压缩时，例如汽车通过沟坎时的情况，这些橡胶块能够避免金属件相互接触造成的悬架零件损坏。它们通常是锥形或楔形，在汽车"下沉"时，它们会与固定在车架上的撞击板相接触，其是否裂开或断裂可以直接通过目视检查到。如果橡胶块受损，则可以分别进行更换。通过这些橡胶缓冲块，可以对所有的悬架进行快速的直观检查，即通过观察这些橡胶块是否能正常撞击来判断悬架是否错位。

2. 扭杆弹簧悬架

在扭杆独立前悬架系统中没有螺旋弹簧，如图 5-30 所示。在这种系统中，一根能纵向扭转的钢杆取代了螺旋弹簧，起到了弹簧的作用，通常称为扭杆弹簧。当扭杆弹簧扭转时，它会抵抗上下运动。扭杆弹簧的一端固定在车架上，另一端固定在下控制臂上。

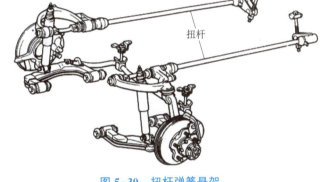

图 5-30　扭杆弹簧悬架

如果扭杆弹簧发生弯曲，则应该进行更换。扭杆弹簧通过稳定连杆与左右下控制臂相连，如果这些连杆损坏，就必须进行更换。扭杆弹簧同时还通过固定支架在左右车架处进行支撑，如果支架受损，则可以进行修理（大多数情况下则是更换）。对于那些没有独立支架的车型，可能需要进行进一步的修理。

3. 麦弗逊支柱悬架

麦弗逊支柱悬架系统通常应用于整体结构的汽车上。麦弗逊支柱悬架在外观上与传统的独立前悬架截然不同（见图 5-31），但是部件的工作方式是类似的，它最特别之处是将主要的部件合成一个单一的总成。麦弗逊支柱总成通常由弹簧、上悬架定位器和减震器组成，垂直安装在转向节的上臂和内翼子板之间。这一悬架系统中没有上控制臂或上球节。采用麦弗逊支柱悬架的汽车发生正面碰撞时，要进行正确的前轮定位是非常困难的，因为这种悬架缺少进行正确前轮定位所必需的所有调整件，仅仅通过对角测量、校直车

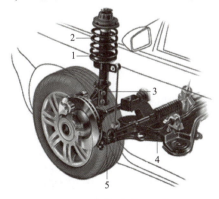

图 5-31　麦弗逊独立悬架

1—减震器；2—螺旋弹簧；3—转向节；
4—横向稳定器；5—横摆臂

架、悬起钣金件,将汽车送到定位车间很难达到令人满意的修理效果。由于悬架固定在车身上,所以要获得正确的车轮定位,车身和车架及承载式车身必须按照原厂规范进行定位。

悬架直接连接着车架(或承载式车身)与车桥(或车轮),其受力情况十分复杂,而且其安装位置也决定了它在碰撞事故中很容易受损。在碰撞时,悬架系统由于受车身或车架传导的撞击力,悬架弹簧、减震器、悬架上支臂、悬架下支臂、横向稳定器、纵向稳定杆以及球头等零部件会受到不同程度的变形和损伤。对于承载式车身,翼子板裙板作为悬架的上支座也可能产生变形,影响悬架的定位参数。悬架系统部件的变形和损伤往往不易直接观察到,在对其进行损伤鉴定时,应借助必要的测量仪器及检验设备。这些元件的损伤一般不宜采用修复方法修理,应换新件,在汽车定损时应引起注意。

四、转向系统的损伤分析

1. 损伤情况

转向系统通过转向机和连杆机构将转向盘的转动力传递给转向车轮(一般是前轮),使转向车轮产生转动。转向系统的核心部件是转向机,其他重要部件有转向盘、转向柱、转向摇臂、转向拉杆、转向节等,如图5-32所示。转向系统的技术状况直接影响着行车安全,而且由于转向系统的部件都布置在车身前部,故在前部碰撞中可能会受到损伤。在较轻的碰撞事故中,撞击力一般不会波及转向系统的零部件,但当发生较严重的碰撞事故时,碰撞力可能会传递到转向系统零部件上,造成转向传动机构和转向机的损伤。值得一提的是,现在的汽车上转向管柱都是可溃缩式的,在严重碰撞事故中,转向管柱可能发生溃缩而需要更换。

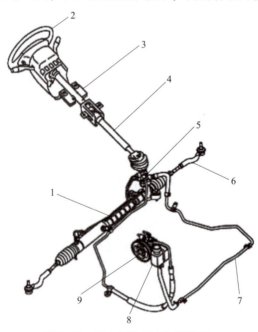

图5-32 转向系统的主要零部件

1—机械转向器;2—转向盘;3—转向轴;4—转向万向传动装置;
5—转向控制阀;6—转向横拉杆;7—油管;8—转向油罐;9—转向液压泵

转向系统容易受损伤的部件有转向横拉杆、转向梯形机构、转向助力储油罐、转向助力油管、转向管柱、转向机和转向节等。

转向系统部件的损伤不太容易被直接查看到，在汽车定损鉴定时，应配合拆检进行，必要时做探伤检验。

对齿轮齿条转向系统进行检查时，必须将汽车升高，使前悬架不承重。用肉眼检查转向系统有无任何机械损坏，检查防尘套是否泄漏，检查转向横拉杆，并检查各安装位置有无变形，此外还应检查横拉杆球头。

在靠近轮胎处抓住转向横拉杆，并试着将它上下推动，如果出现纵向松动，则表明已经磨损或损坏。

检查转向横拉杆球节时，可以挤压波纹管，直到可以感觉到球节。用另一只手推拉轮胎，如果球节松动，表明已经磨损和损坏。再用两只手各抓住一个前轮胎，看它们能否沿着相反的方向移动。如果轮胎的移动量过大，就有可能产生了磨损或损坏。在做上述检查的同时，还要检查齿轮齿条系统，如果出现松旷，就可能有故障。

如果认为转向系统损坏，则应检查转向盘转动余隙并测量转向力。

转向余隙检查是测量转向盘的自由转动量，即不引起前轮或轮胎移动的转动量。

起动发动机，来回转动转向盘，不要使前轮转动。在不会导致轮胎转向的情况下，比较转向盘转动量。转向盘余隙一般应不超过 12 mm，但一定要参考制造厂的技术规范。

转向力检查涉及使用弹簧秤测量转动转向盘需要的力。

如果转动转向盘需要的力高于制造厂的规范，则某些部件可能在碰撞中损坏了，最常发生的是转向齿条总成弯曲，造成转向力增加，此时必须更换或整修转向齿条。

齿轮齿条未校正好会导致颠簸/跳跃行驶中转向几何结构改变，这种故障是不能通过改变横拉杆的长度来进行修复的。

2. 快速检查法

（1）转向盘中心检查包括确定转向轮未离开中心造成的部件损坏，按下述方法操作：

①将转向盘从一端打到另一端，转向全行程。

②记下从一个锁住位置到另一个锁住位置的转向圈数。

③用 2 除以这个圈数，并将转向盘移到这个位置。现在，转向盘应该是对中的，用一条胶带记录在转向盘的中心上方。

④检查转向盘的位置。

⑤检查前轮位置，并分析转向盘位置（见图 5-33）。

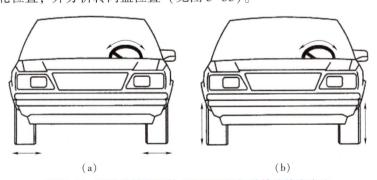

（a） （b）

图 5-33 两种能够发现转向和悬架损坏的快速检查方法

a. 如果转向盘在中心位置而前轮不指向正前方，则转向转动装置、转向柱和转向臂都有损坏。

b. 如果转向盘稍有一点偏离中心而前轮指向正前方，则转向传动机构有可能损坏。

c. 如果转向盘是正的，而前轮却没有指向正前方，则转向臂可能损坏。

如图 5-33（a）所示，将转向盘放在极左和极右位置的中点，然后检查轮胎是否指向正前方，如果有一个没指向正前方，则说明一定有损坏。

如图 5-33（b）所示，当从一个方向向另一个方向转动转向盘时，从车身前部观察，如果车身有轻微抬起和落下，则表明一定有机械损坏。

（2）转向系统的振动/回跳检查如图 5-34 所示。

图 5-34 转向系统的振动/回跳检查

五、制动系统的损伤分析

制动系统的主要零部件有制动主缸、制动助力器、制动管路和软管、轮缸、制动钳或制动蹄、制动盘或制动鼓等，如图 5-35 所示。现在的很多汽车上都装有制动防抱死装置（ABS 系统），ABS 电脑根据轮速传感器信号判断车轮是否即将达到抱死状态，通过液压调节器控制制动液压，从而使车轮在制动中不至于抱死，提高了制动稳定性和制动效能。制动性能的降低会导致交通事故，造成汽车损失，而汽车发生碰撞事故时也可能会造成制动系统部件的损坏。

对于普通制动系统，在碰撞事故中经常会造成车轮制动器的元器件及制动管路损坏，这些元器件的损伤程度需要进一步的拆解检验。如制动踏板受压后贴近地板，表明制动管路断裂。对于装用 ABS 系统的制动系统，在进行汽车损失鉴定时，除了查看制动元器件、ABS 轮速传感器、ABS 液压调节器、ABS 电脑及相关电路是否有外观损坏之外，还要借助解码器等诊断设备对 ABS 系统进行电子诊断，查看是否存在故障码。若仪表板上 ABS 灯亮起，则表示系统已损坏。

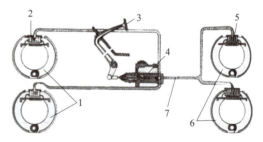

图 5-35 制动系统的主要零部件

1—前轮制动器；2、5—制动轮缸；3—制动踏板；
4—制动主缸；6—后轮制动器；7—油管

1. 区位检查法

区位检查法是由美国汽车厂和汽车碰撞维修国际工业委员会（I-CAR）共同创立的，在北美已经应用多年，其科学性和有效性已得到充分验证。区位检查法是将事故汽车分成多个区域，逐一对各区域进行损伤鉴定，不同的区域应采用不同的鉴定方法。通常将碰撞事故汽车分成以下 5 个区域：

一区：直接碰撞损伤区，又称为一次损伤区［见图 5-36（a）］。

二区：间接碰撞损伤区，又称为二次损伤区［见图 5-36（b）］。

三区：机械损伤区，即汽车机械零件、动力传动系统零件、附件等损伤区［见图 5-36（c）］。

四区：乘员舱区，即车厢的各种损坏，包括内饰件、灯、附件、控制装置和操纵装置的损伤区［见图 5-36（d）］。

五区：外饰和漆面区，即车身外饰件及外部各种零部件的损伤区［见图 5-36（e）］。

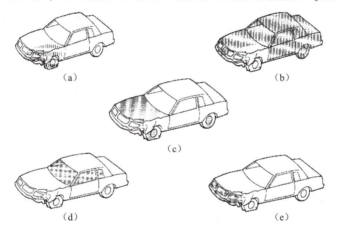

图 5-36　汽车损伤分区
（a）一区（一次损伤区）；（b）二区（二次损伤区）；（c）三区（机械损伤区）；
（d）四区（乘员舱区）；（e）五区（外饰和漆面区）

在对事故车进行损伤鉴定时，应当从一个区位到另一个区位逐个地仔细检查，同时按顺序记录汽车的损伤情况。无论是用区位检查法还是其他方法，在检查事故车时都应遵循以下顺序：

（1）从前到后：从事故车的前面往后面依次检查，但对于后端碰撞，应当从后向前检查。

（2）从外到内：先查看外部零部件的损坏情况，如装饰件，然后再检查内部结构件和连接件的损坏情况。

（3）从主到次：先查看主要分总成的损坏情况，然后再查看小器件和其他的损坏情况。

2. 一区损伤鉴定

一区又称为一次损伤区，或直接损伤区。一区系统性检验的第一步是检视，然后列出汽车碰撞直接接触点的车身一次损坏。由于汽车结构、碰撞力和角度以及其他因素的差异，一次损坏区域是多种多样的。大致上，一次损坏会造成翼子板变形、开裂以及零件破碎，如

图 5-37 所示。一次损坏是可见的，不需要
测量。

对于前部碰撞事故，一区应检看的项目通
常包括但不限于前保险杠总成、格栅、发动机
罩、翼子板、前车灯、玻璃、前车门、前车轮
及油液泄漏等。

对于后部碰撞，一区应检看的项目通常包
括后保险杠总成、后侧围板、行李舱盖、后车
灯、玻璃、后车轮及油液泄漏等。

对于侧面碰撞，一区应检看的项目通常包
括车门、车顶、玻璃、立柱、前车身底板、支
承件及油液泄漏等。

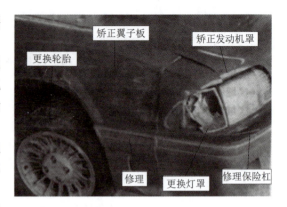

图 5-37　一次损坏

在列出受损的外部板件和部件后，有时要将事故车举升起来，检查以下部位的损伤情
况：车身底部板件、发动机支架等支承件、结构性支承、横梁和纵梁。

为了检查哪些部位受到损伤，应当查找以下线索或痕迹：缝隙、卷边损坏、裂开的焊
点、扭曲的金属板。

一定要密切关注结构横梁，因为汽车的强度取决于所有结构件的状况。在修复事故车
时，必须对所有的小裂缝、划伤或裂开的焊点进行适当的修理，这样才能保证汽车性能恢复
到设计要求。

3. 二区损伤鉴定

二区又称为二次损伤区，或间接损伤区。

1）二次损伤机理

二次损坏是指发生在一区之外，并离碰撞点有一段距离的损坏。二次损坏是在碰撞力向
汽车移动的过程中形成的，也就是碰撞力从冲击区域延伸到车身毗连区，并且碰撞能在向毗
邻钣金移动的过程中被吸收。碰撞力会传递到较大范围的区域，使汽车的任何零件均可能受
到影响。撞击力在汽车上的传递距离与二次损坏程度取决于碰撞力的大小和作用方向以及吸
收碰撞能的各个结构件的强度。许多承载式汽车车身被设计成能压溃并吸收碰撞能的结构，
以便于保护车内乘员。这些区域是二次损坏的多发区。

二次损坏也可由动力传动系统和后桥的惯性力造成。由于汽车因碰撞突然停止，惯性质
量和向前运动，机械零部件的惯性力全部作用到固定点和支承构件上，毗邻金属可能发生皱
折、撕裂或开焊。因此，必须注意检查悬架、车桥、发动机和变速器固定点。二次损坏有时
不容易发觉，但它仍有一些可见迹象，二次损坏的分析一般依赖于测量。

2）二次损伤的变形痕迹

通常，以下变形痕迹预示着事故车可能存在一些二次损伤或隐蔽损伤（见图 5-38）：

（1）板件产生皱折或变形；

（2）油漆产生皱折或裂纹；

（3）板件之间的间隙变得不均匀；

（4）接缝密封开裂；

（5）焊点断开。

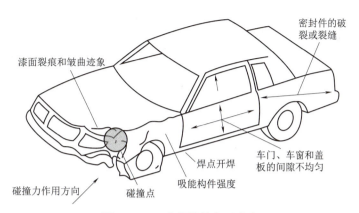

图 5-38　二次损伤的变形痕迹

在勘查前部被撞的事故车时，可以查看翼子板、发动机罩和车门等板件之间的间隙是否不规则，如图 5-39 所示。汽车后部也可能受到二次损伤，以至于行李舱盖或背门无法打开和关闭。对于严重的前部碰撞，应当查看前风窗立柱上部与车门窗框前上角之间的缝隙是否增大，比较左、右两边的缝隙。如果缝隙变大，则说明前围板向上推动了立柱，并且可能已使车顶受损。

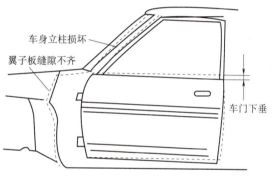

图 5-39　板件之间的缝隙不齐表明内部结构件有二次损伤

查看外部板件是否产生皱折。在严重碰撞事故中，中柱正上方的车顶板常常会产生皱折。对于装有天窗的汽车，还要检查天窗窗框的各个边角是否有变形。外部板件的变形通常预示着内部结构件受到了二次损伤。

查看后轮罩上方、后门后部的后立柱下段是否开裂和变形，以及后角窗立柱正下方的后侧围板是否产生皱折，这些痕迹都预示着后部车身纵梁可能弯曲。打开发动机罩和行李舱盖，查看漆面是否产生皱折、焊点密封剂是否开裂，以及焊点是否断开。碰撞力可能会使金属板在焊点处撕裂，并且使油漆松脱。

3）二次损伤的测量

（1）测量工具。

测量二次操作部位可使用钢卷尺和轨道式量规（见图 5-40）进行。

轨道式量规一次测量一个尺寸，测量值必须记录并通过另外两个控制点进行互相校核，其中至少一个为对角线测量值。轨道式量规的最好测量区是悬架上的附件和机械零部件的装配点，因为它们对校准至关重要。

（2）车身前部的测量。

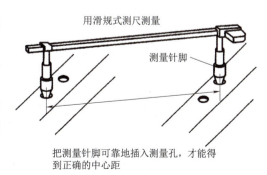

图 5-40　轨道式量规

如果前部车身在事故中受到损伤，在确定其损伤程度时要对前部金属板进行测量。即使只有一侧车身受到碰撞，另一侧也可能受到损伤，因此也要检查另一侧车身的变形情况。图 5-41 给出了一些典型的前部车身控制点，可以对照原厂车身尺寸图进行检查。

注意检查那些对称的尺寸。对称是指测量点相对中线是相等的。在某些情况下，被测量两点是不对称的。当汽车有对称的测量点时，不用逐一检查每一个尺寸，在这种情况下，只需测量说明书中规定的几个测量点即可。

当用轨道式量规检查汽车前部尺寸时，测量点的最好区域应选在悬挂系统装配点和机械构件上，因为这些点对正确定位调整至关重要。每个尺寸应用两个参考点进行校验，其中至少一个参考点由对角线测量获得，尺寸越大，测量就越准确。例如，从发动机下前围区到发动机托架前支座的测量比从一个下前围区到另外一个前围区测量得到的结果更准确，这是因为比较长的尺寸是在汽车比较大的区域中得到的。每个控制点测量两次或多次可以保证数据比较准确，并有助于识别嵌板损坏的范围和方位。

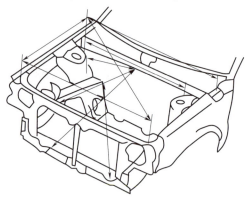

图 5-41　车身前部常用的测量点

（3）车身侧面的测量。

在鉴定车身侧面构件的损伤情况时，可以对车门进行打开和关闭操作，因为车身侧面构件的变形可能会影响车门的正常开闭。另外还要注意，有些部位变形可能会导致车身漏水，因此，损伤鉴定时必须进行精确测量。用轨道式量规测量车身侧面的主要尺寸如图 5-42 所示。

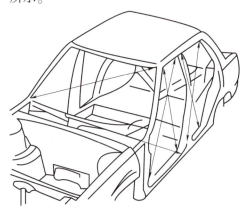

图 5-42　车身侧面常用的测量点

如果车身（零件安装孔或参考孔）左、右对称，则通过测量对角线可发现是否存在变形，如果缺少发动机舱和车身下部的数据，或者没有车身尺寸图或汽车在翻车中严重损坏，则可以使用这种测量方法。当汽车的两侧都受到损坏或发生挠曲时，对角线测量法就不适用了，因为左、右对角线尺寸的差别不能测量。如果左边和右边的损坏一样，则左、右对角线尺寸差也不会明显。

测量并比较左侧和右侧的长度，可以更好地说明损坏情况（此方法应与对角线测量法同时使用）。这个方法可以应用于左侧和右侧对称的零部件的情况。

（4）车身后部测量。

在检查后部车身的变形情况时，可以通过打开和关闭行李舱，查看行李舱的开闭操作是否顺畅自如。为了查看变形的具体部位，检查是否有可能漏水，最好进行精确测量，如图 5-43 所示。另外，后地板的折皱通常是由于后纵梁的变形引起的，所以在测量后部车身时应同时测量底部车身，这样也有利于更有效地对车身进行校正维修。

注意：在使用轨道式量规时，一定要牢记以下几点：

①测量点一定要选择汽车上的固定点，如螺栓、螺塞或孔。

②量规测量的不是点到点的实际距离。

③量规杆应与车身平行，为了达到这个要求，有时需要将量规的指针设为不同的长度。

④为了绕过障碍物，可以使用较长一点的指针。

⑤有些车身尺寸手册给出的是量规尺寸，有些手册则给出的是点到点的长度尺寸，还有些两者都有。在查看尺寸手册时，一定要注意手册中给出的是哪种尺寸，应采用与之相同的测量方法，否则容易出错。

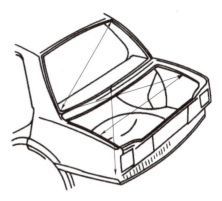

图 5-43　车身后部常用的测量点

⑥在对事故车进行测量时，一定要参照车身尺寸手册对指定的点进行测量。将规范值减去实测值就可以得到汽车的受损程度。不过，对于估损来说，板件的偏移量是多少并不重要，重要的是这些偏移量意味着车身已经发生损伤，估损单中必须考虑其维修工时和费用。

4. 三区损伤鉴定

三区损伤区又称为机械损伤区。

在检查完车身的直接损伤和间接损伤之后，鉴定人员的下一个检查重点应当是三区，即汽车的机械部件。对于前部碰撞的事故车，应当检查发动机罩下的散热器、风扇、动力转向泵、空调器件、发电机、蓄电池、燃油蒸发炭罐、前风窗清洗器储液罐以及其他机械和电子元件是否损坏，查看油液是否泄漏、皮带轮是否与皮带不对正、软管和电线是否错位以及是否有凹坑和裂纹等。

如果碰撞比较严重，则发动机和变速器也可能受损。如果条件允许，应当起动发动机，怠速到正常工作温度。举升汽车，使车轮离开地面，在各个挡位运转发动机，听一听有没有异常的噪声。对于手动挡的汽车，检查换挡是否平顺、离合器的工作是否正常，查看节气门拉索、离合器操作机构和换挡拉索是否犯卡。

打开空调，确保空调正常运转。查看充电、机油压力等仪表板灯和仪表，如果检查发动机（CHECK ENGINE）灯或类似的灯点亮，则说明发动机存在机械或电控故障。

现在很多汽车都装备了车载诊断系统（OBD），具有自诊断能力，在电控系统出现某些故障时，控制电脑将存储故障码。这些故障码可以通过解码器或其他诊断设备读出，其所表示的具体故障和维修步骤可以在维修手册中查到。故障码表示汽车某个系统或部位存在故障，它对于快速诊断和故障维修很有帮助。但是，鉴定人员应当知道，有些故障码可能在事故之前就已经存储在控制电脑中了，这些故障码并不是事故引起的。对于这些故障码，其维修费用不应当包含在保险估损单中，因为保险公司只负责将汽车修复到碰撞前的状况，而没有责任修复以前本已存在的故障。对于这些事故前已经存在的故障，在修复之前应当告知车主，征得其同意，并应当由车主自己付费。

机械损坏有时是间接损伤而不是直接碰撞的结果。发动机和变速器的质量很大，在碰撞中会因惯性向前移动多达 15 cm，从而造成其附件和相关元器件的损坏。因为发动机和变速器在事故后能够回到其原来的位置，所以它们造成的间接损伤通常不太容易被注意到。应当仔细检查发动机座是否损坏、皮带轮和皮带是否不对正，以及软管和拉索是否松动。

　　在完成发动机舱的检查后，用千斤顶举起事故车，在汽车下面检查转向和悬架元件是否弯曲，制动软管是否扭绞，制动管路和燃油管路及其接头是否泄漏；检查发动机、变速器、差速器、转向机和减震器是否泄漏。将转向盘向左和向右打到头，检查是否犯卡，是否有异常噪声。转动车轮，检查车轮是否跳动，轮胎是否有裂口、刮痕和擦伤。降下汽车，使轮胎着地，转动转向盘，使车轮处于正直向前的位置，测量前轮毂到后轮毂的距离，左、右两侧的测量值应当相同，否则转向或悬架元件有损伤。

　　进行轮胎弹跳试验，快速检查车轮的定位情况。

　　（1）车轮上跳，即当车轮滚过一个鼓包时，向上压缩悬架弹簧的动作，如图 5-44 所示。也就是说，车轮上跳时向车身靠近。在修理车间，坐在翼子板上向下压汽车即可模拟车轮上跳的动作。汽车两侧的上跳量应当相等。

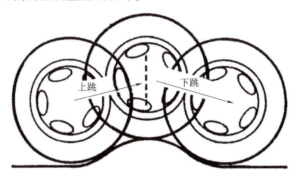

图 5-44　轮胎的弹跳运动

　　（2）车轮下跳，即当车轮滚过一个凹坑或在上跳后回位时，向下拉伸悬架弹簧的动作。也就是说，车轮在下跳时远离车身。在修理车间，向上抬起翼子板即可模拟车轮下跳的动作。汽车两侧的下跳量应当相等。

　　通过车轮的弹跳试验可以检查出齿条齿轮式转向机是否对正。在快速检查时，解开转向盘锁，查看转向盘在车轮跳动试验中是否晃动。如果要做更仔细的检查，可以用粉笔在胎面上做一个标记，将一个指针平齐地指向这个标记，然后由一个人做轮胎弹跳试验，由另一个人观察粉笔标记和指针，如果在多次弹跳试验后粉笔标记向左或向右的移动量超过了一个胎面花纹的宽度，说明转向臂或转向机没有正确定位。做完一侧轮胎后再用同样的方法测试另一侧轮胎。

　　另外一种定位试验是测量转向角。对转向角的检查可用来评估两个前轮在转向时是否保持合适的位置关系。为了测量转向角，将两个前轮放在相同的转动盘或量角器上，将左侧车轮转动一个角度，查看右侧车轮的转动量。然后再转动右侧车轮，查看左侧车轮的转动量。比较左、右测量结果，确定两个前轮的转动角度是否相同。

　　在检查转向角时，左前轮应该向外转动20°，测量右前轮的转动，右前轮应该向内转动相同的度数或少2°，这个转角差会引起转弯时内、外侧车轮转弯半径的不同。然后再对右侧车轮重复以上步骤，右侧车轮向外转动20°，用量角器或转动盘测量左侧车轮的转动量，左侧车轮向内转动的角度应当相同或少2°。

　　有的汽车向左和向右的转弯半径本来就是不同的（就是这样设计的），在检测时如有疑问，可参考原厂规范值。如果多次测量的转向角度不相同（相差超过 2°），则说明转向臂或转向机已经损坏。通过测量转向角，还可以帮助判断前束不正是由车轮定位不当引起的，还是由悬架零件损坏引起的。

通过检查外倾角可以确定悬架是否损坏。为了诊断悬架滑柱的状况，可以进行外倾角检查，检查时也可以使用外倾角测试仪或四轮定位仪。外倾角测量的一种方法称为弹跳测量，就是给悬架加压（与上面测量前束的弹跳试验相似），测量一个车轮的外倾角，然后松开悬架上的压力（与上面测量前束的弹跳试验相似），第二次读取同一个车轮的外倾角，比较这两个读数。对于麦弗逊式悬架，两者之差应不超过 3°。如果超过 3°，则说明悬架滑柱在横向受到损伤。

悬架的纵向弯曲可以通过外倾角的摆动测量进行检查，方法是：将前轮向右转到底，读取外倾角值；然后再将前轮向左转到底，再次读取外倾角值。如果两次读数之差超过 6°，则说明悬架滑柱可能前后弯曲。为了检查悬架而进行外倾角测量时，汽车并非必须置于水平地面上，也不是要测量实际的外倾角值，而是要查看外倾角的两次读数之差。因此，每次外倾角值必须从车轮的同一点读取。

5. 四区损伤区

四区损伤区又称为成员损伤区。

乘员舱的损坏可能是由碰撞力直接引起的，如在侧碰时；而内饰和车内附件的损坏也可能是由乘员舱内的乘客和物品的碰撞能量引起的。

（1）应检查仪表板。如果碰撞导致前围板或车门立柱受损，那么仪表板、暖风机芯卷和管道、音响、电子控制模块和安全气囊等就有可能受损，则所有在三区检查中没有被查看的元器件都要进行检查。

（2）检查转向盘是否损坏。查看其安装紧固件、倾斜和伸缩性能、喇叭、前照灯和转向信号灯开关、点火钥匙以及转向盘锁。转动转向盘，将车轮打到正直向前的位置，查看此时转向盘是否对中。对于吸能型转向盘，应查看它是否已经发生溃缩。

（3）检查门把手、操纵杆、仪表板玻璃和内饰是否受损。打开、关闭并锁住杂物箱，查看杂物箱是否在碰撞中变形或损坏；检查制动踏板是否变形、犯卡或松脱等；掀开地毯，查看地板和踢脚板，看铆钉是否松脱、焊缝是否裂开。

（4）检查座椅是否受损。汽车在前端受到碰撞时，乘客的身体质量会产生较大的惯性力，由于乘客被安全带捆绑在座椅上，所以这个惯性力可能会对座椅框架调节器和支承件产生损害。汽车在后端受到碰撞时，座椅靠背的铰链点可能受到损害。将座椅从最前位置移动到最后位置，查看其调节装置是否完好。

（5）检查车门的状况。乘客的惯性力可能损坏肘靠、内饰板件和车门内板。如果发生侧碰，门锁和车窗调节器也可能受损。即使是前端碰撞，车窗玻璃产生的惯性力也可能使车窗轨道和调节器受损。将车窗玻璃降到底后再完全升起，检查玻璃是否犯卡或受到干扰；将车窗下降 4 cm，查看车窗玻璃是否与车门框平齐。查看电动门锁、防盗系统、车窗和门锁控制装置以及后视镜的电控装置等所有附件是否正常。

（6）检查乘员约束系统。现在的汽车大多装备了被动式约束系统，应当检查安全带是否能够正常扣紧和松开、安全带插舌和锁扣是否完好。对于主动式安全带系统，检查其两点式和三点式安全带是否都能轻松地扣紧和解开。查看卷收器、D 形环和固定板是否损坏。有些安全带有张力感知标签。如果安全带在碰撞中磨损，或者安全带的张力超过设计极限，张力感知标签被撕裂，就必须予以更换。将安全带从卷收器中完全拉出，就可以看到这个张力感知标签。

此外，还应当列出车内的非原装附件，如 GPS 导航、DVD、磁带播放机、立体声扬声器等。

6. 五区损伤区

在车身、机械件、内饰和附件都检查完毕之后，再围绕汽车检查一圈，查看并列出受损的外饰件、嵌条、聚乙烯车顶板、轮罩、示宽灯以及其他车身附件。

打开灯光开关，检查前照灯、尾灯、转向信号指示灯和危险指示灯。车灯的灯丝通常在碰撞力的作用下断裂，如果碰撞时车灯处于点亮状态，则灯丝就更容易断裂。

如果在一区和二区检查中没有查看保险杠，那么现在就应该对保险杠进行检查。查看杠皮和防尘罩是否开裂、吸能装置是否受损或泄漏、橡胶隔振垫是否开裂。

仔细检查油漆的状况，记录下哪块油漆必须重新喷涂，并要列出那些需要特别注意的事项，如清漆涂层、柔性塑料件和表面锈迹。板件的轻度损坏可能只需进行局部喷涂，而有些维修项目则需要喷涂整块板件甚至多块板件。无论是哪种情况，都需要考虑新油漆与原有油漆的配色和融合工时。如果事故车的损坏非常严重，或者原有漆面已经严重老化，则可能需要进行整车喷漆。

【任务实施】

一、实训任务

（1）碰撞诊断基本步骤如图 5-45 所示。

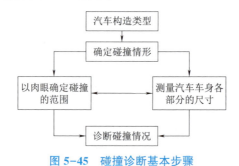

图 5-45　碰撞诊断基本步骤

（2）碰撞的修复过程如图 5-46 所示。

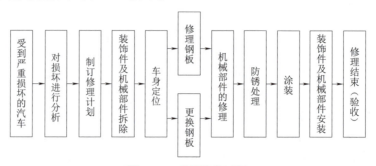

图 5-46　碰撞修复过程

（3）根据老师要求，修复故障实训车辆或零部件。

复习思考题

一、填空题

1. 引按汽车碰撞行为分，汽车碰撞损伤可分为_____（或一次损伤）和_____（或二次损伤）。

2. 碰撞力造成大面积的损坏取决于_____与_____相对应的方向。

3. 按汽车车身的承载情况，车身结构主要有两种类型：有车架的_____结构和无车架的_____结构。

4. 车架最常见的损伤有_____、_____、_____、_____和_____等，这几种损伤往往会在事故车上同时存在，在进行损伤鉴定时应仔细检查，逐一确认。

二、简答题

1. 分析汽车正面、侧面、后面碰撞时碰撞力的传递原理。

2. 何谓二次损伤？如何对二次损伤进行测量？

3. 当汽车发生前面碰撞时，发动机机体、排气系统、驱动桥、悬架中哪些部件会受到损伤？

4. 汽车碰撞中一般损伤与严重损伤有何区别？判断碰撞事故中汽车报废的原则是什么？

6

项目六

车身测量

【本章知识导读】

知识目标	1. 掌握汽车车身的各项基本尺寸； 2. 掌握车身尺寸三维测量的基本原理； 3. 能够正确地进行车身数据图的识读； 4. 掌握车身测量的方法
能力目标	1. 认识三维测量的各种方法； 2. 知道车身各部分尺寸的测量要求
重点、难点	1. 车身数据图的识读； 2. 车身测量方法

汽车发生碰撞时，车身发生了变形，安装各个总成的构件或支架不仅受到破坏，而且可能改变了位置，超出了偏差，进而改变转向机构或悬架部件的几何形状和尺寸，或造成机械部件的移位，使转向和操纵不畅，传动系统出现振动和噪声，各个活动的零部件产生过度磨损，制动不灵。为保证汽车使用性能良好，总成的安装位置必须正确，因此在修理后要求车身尺寸配合公差不能超过 3 mm。

任务一　测量基础知识

【任务引入】

将车身的尺寸恢复到标准值，对原车的尺寸掌握是最基本的要求。在进行车身测量和调整之前，掌握车身数据的知识是十分必要的，那么汽车车身的数据有哪些呢？

📖【相关知识】

一、汽车的外廓尺寸

1. 汽车为廓尺寸

1）车长 L（见图 6-1）

汽车长是垂直于车辆纵向对称平面并分别抵靠在汽车前、后最外端位的两平面之间的距离。简单地说，就是沿着汽车前进的方向，最前端到最后端的距离。

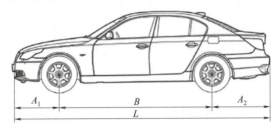

图 6-1　车长、轴距、前悬和后悬尺寸

车身长意味着纵向可利用空间大，前后排腿部活动空间都比较宽敞，乘客不会有压抑感。但车身太长会给转弯、掉头和停车造成不便；相反，如果车身较短，如微型车，乘坐在前排的乘客经常是腿没有办法伸直，而坐在后排的乘客的膝盖常常顶到前排座椅背部，无论是坐在前排还是坐在后排都很容易产生疲劳感。

2）车宽 S（见图 6-2）

汽车宽度是平行于车辆纵向对称平面并分别抵靠车辆两侧固定凸出部位的两平面之间的距离。简单地说，就是汽车最左端到最右端的距离。

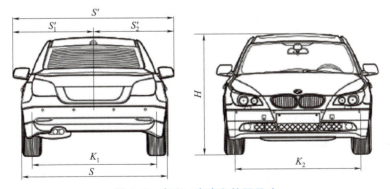

图 6-2　车宽、车高和轮距尺寸

两侧固定凸出部位不包括后视镜、侧面标志灯、示位灯、转向指示灯、挠性挡泥板、防滑链以及轮胎与地面接触部分的变形。宽度主要影响乘坐的空间和灵活性。对于乘用轿车，如果要求横向布置的三个座位都有宽阔的乘坐感（主要是有足够的肩宽），那么车宽一般都要达到 1.8 m。近年来由于对安全性的要求，车门壁的厚度有所增加，因此车宽也普遍增加。车身过宽的好处是乘坐在后排的乘客不会感到拥挤，提高了乘坐舒适性，但会降低车在市区行走、停泊的方便性，因此对于轿车来说车宽 2 m 是一个公认的上限。接近 2 m 或超过 2 m 的车都会很难驾驶。但汽车的宽度也不能过窄，过窄会使前、后排的乘客感到拥挤，长时间行驶也容易使人产生疲劳感。

3）车高 H（见图 6-2）

汽车的车高是指车辆支承平面与车辆最高凸出部位相抵靠的水平面之间的距离，简单地说就是从地面到汽车最高点的距离。

车高通常是指汽车在空载，但可运行（加满燃料和冷却液）的情况下的高度，车身高度直接影响到车的重心和空间。大部分轿车高度在 1.5 m 以下，与人体的自然坐姿高度相比低很多，牺牲了不少乘客的头部空间，主要是出于降低全车重心的考虑。若车身高度在 1.6 m 以上，则随之会使整车重心升高，高速转弯时很容易翻车，这就是高车身车型的一个重大特性缺陷。此外，大部分的室内停车场都有高度限制，一般为 1.6 m，这也为车身高的车型带来了某种限制。

4）轴距 B（见图 6-1）

轴距指汽车呈直线行驶位置时，同侧相邻两轴的车轮落在中心点到车辆纵向对称平面的两条垂直线之间的距离。

5）轮距 K（见图 6-2）

轮距指在支承平面上，同轴左、右车轮两轨迹中心间的距离，分前轮距和后轮距（轴两端为双轮时，为左、右两条轨迹中线间的距离）。轮距越宽，汽车的稳定性越好。

6）前悬 A_1（见图 6-1）

前悬指汽车呈直线行驶位置时，前端刚性固定件的最前点到通过两前轮轴线的垂面间的距离。

7）后悬 A_2（见图 6-1）

后悬指汽车呈直线行驶位置时，后端刚性固定件的最后点到通过最后车轮轴线的垂面间的距离。

8）最小离地间隙 C（见图 6-3）

最小离地间隙指满载时，车辆支承平面与车辆最低点之间的距离。

9）接近角 α（见图 6-3）

接近角 α 指汽车空载时，前端凸出点向前轮引出的切线与地面的夹角。

10）离去角 β（见图 6-3）

离去角 β 指汽车空载时，后端凸出点向后轮引出的切线与地面间的夹角。

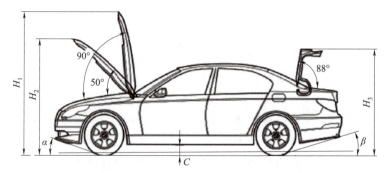

图 6-3　接近角、离去角、最小离地间隙尺寸

2. 车身尺寸规定

国家标准 GB 1589—2004 中规定承用车车身的外廓尺寸最大极限为（单位为 mm）：车长 12 000；车宽 2 500；车高 4 000。

3. 车辆外廓尺寸的其他要求

（1）当汽车处于满载状态、外后视镜底边离地高度小于 1 800 mm 时，其单侧外伸量不得超出汽车最大宽度处 200 mm。当外后视镜底边离地高度大于或等于 1 800 mm 时，其单侧外伸量不得超出汽车最大宽度处 250 mm。

（2）汽车的顶窗、换气装置等处于开启状态时不得超出车高 300 mm。

（3）汽车的后轴与挂车的前轴之间的距离不得小于 3 m（牵引中置轴挂车除外）。

（4）汽车必须能在同一个车辆通道圆内通过，车辆通道圆的外圆直径 D 为 25 m，车辆通道圆的内圆直径 D 为 10.60 m。汽车由直线行驶过渡到上述圆周运动时，任何部分超出直线行驶时的车辆外侧面垂直面的值 r（车辆外摆值）不得大于 0.80 m，单铰接客车的车辆外摆值 r 不得大于 1.20 m。

4. 车辆通道圆与外摆值的测量（见图 6-4）

（1）汽车以直线行驶状态停于平整地面上。

（2）汽车起步，由直线行驶过渡到直径 D（按照车辆最外侧部位计算）为 25 m 的圆周内行驶，至少在圆周内行驶 1/2 圈（半个圆周），在此过程中车速控制在 5~10 km/h。

（3）在此圆周内运动的车辆，最外侧部位在地面上的投影所形成的圆周轨迹即为车辆通道圆的外圆。

（4）在此圆周内运动的车辆，最内侧部位地面上的投影所形成的圆周轨迹即为车辆通道圆的内圆。

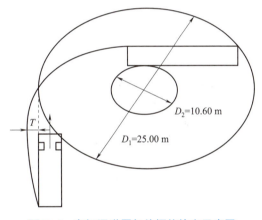

图 6-4　车辆通道圆与外摆值检查示意图

上述过程中车辆外侧任何部位在地面上的投影形成外摆轨迹，该轨迹与车辆静止时车辆最外侧部位形成的投影线的最大距离即为车辆外摆值 r。

（5）上述过程左、右各进行一次，记录相关数据。

二、车身三维测量的原理

1. 车身测量的意义

车身测量工作对于成功地修复损伤是非常重要的。在车身修理中，测量工作虽然非常频繁，但由于测量系统不断地改进、发展，各种新型的测量系统都在汽车修理中得到应用，现在的测量操作不再是一项烦琐、低效的工作，它能够既快速又精确地测量出车身的所有数据，保证车身修理工作的高质量和高效率。

现代车身的测量系统可以分为机械式车身测量系统和电子测量系统。修理中常见的机械式车身测量系统大致可以分为三种基本类型：量规测量系统、专用测量系统和通用测量系统。随着现代电子技术的发展、各类传感器和计算机的广泛应用，在各种机械测量系统的基础上，发展出了多种电子测量系统，使得车身测量工作变得更准确、更高效。

2. 车身测量基准的选择

车身修理中对变形的测量，实际上就是对车身及其构件的形状与位置偏差的检测。选择测量基准是形状与位置偏差检测中十分重要的内容。首先像使用直尺测量数据一样，要有一个零点作为尺寸的起点。同样，车身三维测量也必须先找到长度、宽度和高度方向的测量基准，只有找到基准，测量才能顺利进行。

正确的车身检测是车身修理的基础。掌握车身测量的点、线、面三个基本要素，是高质量完成车身测量任务的关键。

1）控制点

车身测量的控制点，用于检测车身损伤及变形的程度。车身设计与制造中设有多个控制点，检测时可以测量车身上各个控制点之间的尺寸，如果测量值超出规定的极限尺寸，就应对其进行矫正，使之达到技术标准的规定范围。承载式车身的控制点如图6-5所示。第1个控制点①通常是在前保险杠或前车身散热器支承部位；第2个控制点②在发动机室的中部，相当于前横梁或前悬架支承点；第3个控制点

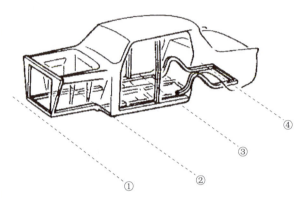

图6-5 车身控制点的基本位置

③在车身中部，相对于后车门框部位；第4个控制点④在车身后梁或后悬架支承点。

对车身进行整体矫正时，可根据上述控制点的分布，将车身分为前、中、后三部分，如图6-6所示。这种划分方法主要基于车身壳体的刚度等级来区别损伤程度的，故需分析并利用好各控制点在车身测量基准中的作用和意义。

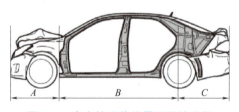

图6-6 车身按吸收能量强弱的分段

由于车身设计和制造是以这些控制点作为组焊和加工的定位基准，故这些控制点是生产工艺上留下来的基准，同样可作为车身测量时的定位基准。此外，汽车各主要总成在车身上的装配连接部位，也必须作为控制点来对待。因为这些装配孔的位置都有严格的尺寸要求，这对汽车各项技术性能的发挥有着十分重要的影响。例如，汽车前悬架支承点的位置正确与否，会直接影响前轮定位角和汽车的轴距尺寸；发动机支承点与车身控制点的相对位置则会影响到发动机和传动系统的正确装配，如有偏差，会造成异响甚至使零件损坏。

实际上，对控制点的测量就是对车身关键参数的检查与控制，并且这些参数又是有据可查的。一些车身测量设备就是根据控制点原则制成的，是目前车身修理中比较实用和流行的测量原则。

2）基准面

基准面是一个假想的面，与车身底板平行并与之有固定的距离，如图6-7所示。基准面被用来作为车身所有垂直轮廓测量的参照面，汽车高度尺寸数据就是从基准面得到的测量结果。

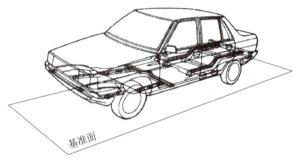

由于基准面是一个假想平面，故基准高度可增加或减小，以使测量读数更方便。因此在实际测量过程中，只要找到一个与基准面平行的平面作为测量基准，而读取高度数值时只考虑所有的测量值与标准值的差距变化即可。

使用某些测量系统寻找高度基准时，要在车身中部找到两对对称且没有变形的测量点，通过测量一对测量点的高度

图6-7　三维测量的高度基准面

来调整另一对测量点的高度，使两对测量点的实际测量值和标准数值的差相等。比如其中一对测量点的实际测量值与标准数值的差是50 mm，然后调整另一对测量点的高度，使它的实际测量值和标准数值的差也是50 mm，那么整个车身的测量基准面与标准基准面的差值就是50 mm。在测量时只需考虑测量点的实际测量数据与标准测量数据的差值是否在（50±3）mm内就可以了，而不用关心基准面在哪里。

由于测量基准面和车辆的基准面不一定相同，为了方便找到测量基准面，一般的做法是用4个高度相同的夹具，将车身的夹持部位完全落入主夹钳口内，并且把夹具高度位置锁紧，以此时的车辆高度作为测量高度基准，而不用找到真正的车辆高度基准。例如，奔腾米桥式通用测量系统，在测量时把4个测量基准点的高度都调整到距某一平面76 mm，那么这个平面就是测量的基准面和车辆的基准面。在测量高度的数值时，不用再换算，直接将读数与标准值比较，误差在3 mm内即可。

3）中心面

中心面是三维测量的宽度基准，它将汽车分成左右对等的两部分，如图6-8所示。对称的汽车的所有宽度尺寸都是以中心面为基准测得的。大部分汽车都是对称的，对称意味着汽车右侧尺寸与左侧尺寸是完全相同的，即车身结构的一侧是另一侧完全对称的镜像。

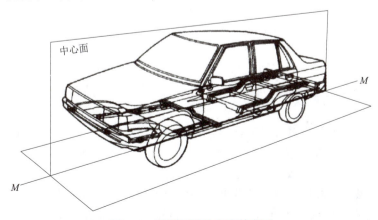

图6-8　三维测量的宽度基准面

如果汽车不对称，这些尺寸就不同了。因此，校正不对称的汽车车身部件时，要使用车身数据图来判断、测量和校正。

使用通用测量系统找中心面时，要在车身中部没有变形的部位找到两个没有变形的测量孔，将底部测量头对准要测量的孔，通过尺寸上的宽度读数可以知道两个孔到中心线的宽度，调整米桥尺，直到两个宽度读数相同并与标准数据一致。再找另外两个测量孔，重复以上操作，通过两对左右对称的测量点就能把中心面找到。

有些测量系统在找中心面时需要调整车辆或测量尺，把测量系统的中心面与车辆的中心面重合，以后测量得到的读数就是实际数值。有时要求测量系统的中心面与车辆的中心面平行即可，但要知道两个中心面的距离，测量点的宽度数值也要考虑这两个中心面距离的因素，否则可能导致读数错误。

4）零平面

为了正确分析汽车损伤，一般将汽车看作一个矩形结构并将其分成前、中、后 3 部分，3 部分的基准面称作零平面，如图 6-9 所示，这 3 部分在汽车的设计中已形成。不论是车架式车身还是整体式车身结构，中部区域均是一个具有相当大强度的刚性平面区域，在碰撞时汽车中部受到的影响最小。这一刚性中部区域可用来作为观测车身结构对中情况的基础，所有的测量及对中观测结果都与中心零平面有关。在实际测量中，零平面也叫零点，是长度的基准。

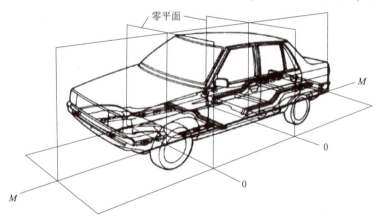

图 6-9　三维测量的长度基准面

5）车身测量基准的选择

在实际测量工作中，高度基准面一般使用测试矫正仪的平台平面；宽度中心面是车辆的中心面，其与测量系统的中心重合或平行；长度的基准不在平台或测量尺上，而是在车身上，可以找到前或后的零平面作为长度基准来测量其他测量点的长度数据。

三、车身数据图的识读

车身尺寸手册是车身维修必备的资料，但大多数车身尺寸手册中的尺寸数据都是设计尺寸，而不是按车身实测尺寸给出的，经过生产制造的各个环节后，也不可避免地会存在误差，这给车身维修查验相关数据带来了一定的障碍。

各个测量设备公司和厂家提供的数据格式可能不同，但要表达的基本内容是一致的，如都要提供车身主要结构件、板件（车门、发动机罩、行李舱盖、翼子板等）的安装位置，机械部件（发动机、悬架、转向系统等）的安装尺寸，但测量基准不一定是相同的，测量时务必要注意这一点。

1. 识读车身底部三维尺寸数据图

对照车身底部三维尺寸数据图，找出车身底部测量点的三维尺寸。

（1）选择一个车身底部三维尺寸数据图后，首先浏览全图，如图 6-10 所示。

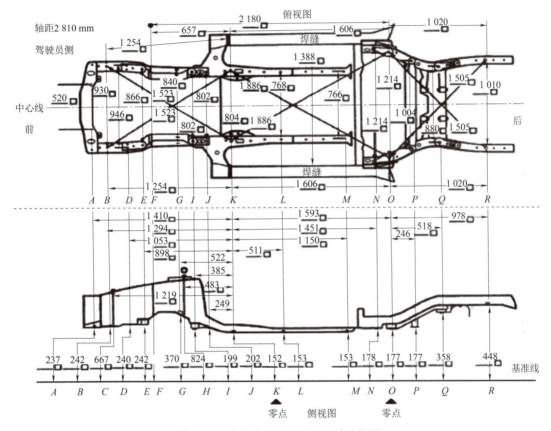

图 6-10　车身底部测量三维尺寸数据图

如图 6-10 所示的上半部分是俯视图，下半部分是侧视图，用一条虚线隔开，图 6-10 所示的左边代表车身的前部，右边代表车身的后部。

（2）读取宽度数据。

①找到宽度基准。在俯视图的中间位置有一条贯穿左右的点画线（中心线），这条线就代表中心面，是宽度数据的基准。

②读取宽度数据。俯视图上的黑点表示车身上的测量点，一般测量点是沿中心面对称的。两个黑点之间的距离有数据显示，单位是毫米（有些图还会在括号内标出英制数据，单位是英寸），每个测量点到中心面的宽度数据是图上标出的数据值的二分之一。

（3）读取高度数据。

①找到高度基准。在侧视图的下方有一条较粗的黑线（基准线），这条线就是车身高度测量的基准线。

②读取高度数据。在基准线的下方有从 A 至 R 的字母，表示车身测量点，一般每个字

母表示的测量点分别对应俯视图上沿中心面对称的两个测量点。侧视图上每个点到高度基准线的距离都由数据表示，这些数据就是测量点的高度值。

（4）读取长度数据。

①找到长度基准。在高度基准线的字母 K 和 O 的下方各有一个小黑三角，表示 K 和 O 是长度方向的零点。K 点是车身前部测量点的长度基准，O 点是车身后部测量点的长度基准。

②读取长度数据。从 K 点向上有一条线延伸至俯视图，在虚线的下方位置可以看出汽车前部每个测量点到 K 点的长度数据；从 O 点向上有一条线延伸至俯视图，在虚线的下方位置可以看到汽车后部每个测量点到 O 点的长度数据。

（5）读图举例，确定 A 点的长、宽、高尺寸。

①首先要在图 6-10 中找出 A 点在俯视图和侧视图上表示的位置。

②从俯视图中可以找出对称 A 点之间的距离是 520 mm，A 点至中心线的宽度值是前述距离的一半 260 mm。

③从侧视图的高度基准线可以找出 A 点的高度值为 237 mm。

④从 A 点和 K 点的向上延伸线可以找出 A 点的长度值为 1 410 mm。

2. 读车身上部三维尺寸数据图

根据车身上部三维尺寸数据图正确找出车身上部的三维尺寸。

（1）选择车身上某部位的三维尺寸数据图后，首先浏览全图，如图 6-11 所示。如图 6-11 所示的左侧表示汽车前方，显示了包括发动机铰链位置、前后风窗、前后门、背门、窗角以及前、中、后立柱的尺寸数据。

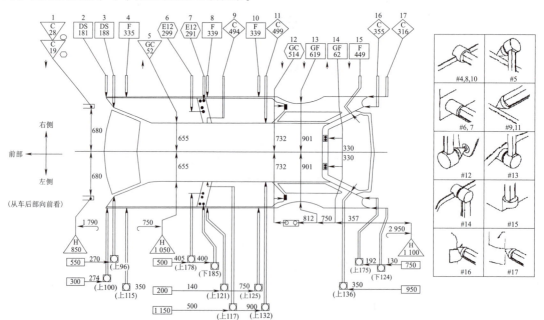

图 6-11　车身上部三线尺寸测量数据图

（2）读取宽度数据。

①在俯视图的中心部位有一条线把车身一分为二，这条线就是中心线。

②车身上的测量点用 1~17 的数字表示，每个数字代表车身上左右两个测量点，通过每个测量点到中心面显示的数据可以直接读出宽度数据。

（3）读取高度数据。

①在数据图的上方有一排图标，有六边形、正方形、三角形和菱形等，内部有 C、E、F、DS、GF、GC 等字母和数字。六边形表示测量点是一个螺栓；正方形表示测量部件的表面；数据图下部的三角形表示测量基准位置的变化情况，H 表示基准升高；菱形表示非重要测量点。

②C、E、F、D、S 等字母表示测量时所用测量头的型号，G 表示要用 G 型测量头与其他测量头配合使用。数字表示高度数值。

（4）读取长度数据。

①找到长度基准。上部测量点长度的基准与车身底部测量点的长度基准一致，一般有前、后两个长度基准。

②读取长度数据。数据图下部箭头上的数值为测量点的长度尺寸，读取数值时要分清是从哪个基准点开始的。

（5）读图举例，确定 1 点的长、宽、高数据。

①首先找到 1 点在车身上的位置，可以读出 1 点到中心面（线）的宽度数据为 680 mm。

②在数字 1 的上方有两个倒三角以及圆圈和六边形标志，内有字母 C 及数字 28 和 19，表示用 C 型测量头测量 1 号圆孔时，高度数据值是 28 mm；用 C 型测量头测量 1 号螺栓时，高度数据值是 19 mm。

③在 1 点的延伸线的下部有标有数字 1790 的弯箭头，表示 1 点位于车身后部基准点前方 1 790 mm 处。

④同时要注意，在 1 点延伸线的下部还有一个内部有字母 H 和数字 850 的三角形标志，850 表示 1 点的高度尺寸是以此高度基准向上 850 mm 为新的高度基准测得的。

任务二　车身尺寸的机械测量法

车身变形的机械测量方法

检测车身整体变形的常用方法有测距法、定中法和坐标法等几种。

1. 测距法

测距法可以直接获得定向位置上点与点的距离，是最简单、实用的一种测量方法。它主要通过测距体现车身构件之间的位置状态。

测距法使用的量具主要是钢卷尺和杆规（又称为轨道式量规）。钢卷尺的使用方法简单易行，但测量精度低、误差大，仅适用于要求不高的场合。对钢卷尺头部进行如图 6-12 所示处理后，可以提高测量精度。当量点之间不在同一平面或其间有障碍时，就很难用钢卷尺测量两点间的直线距离。使用如图 6-13 所示的轨道式杆规，可以根据不同位置将量脚探入测量点，应用起来非常方便、灵活。

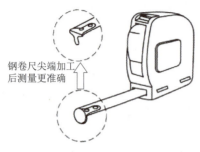

图 6-12　钢卷尺头部加工处理后
可以提高测量精度

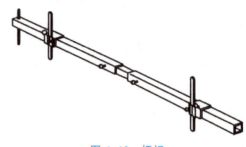

图 6-13　杆规

　　用钢卷尺测量孔的中心距时，可以从孔的边缘起测量，以便于读数，如图 6-14 （a） 所示。但应注意：当两孔的直径相等并且孔本身没有变形时，才能以孔的边缘间距代替中心距 ［图 6-14 （b） ］；当两孔的直径不同时 ［图 6-14 （c） ］，中心距应按下式计算，即

$$A = B + (R - r)\ \text{或}\ A = C - (R - r)$$

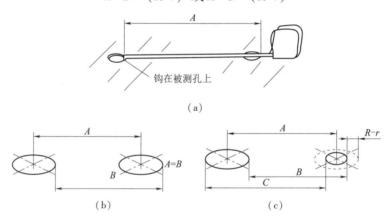

图 6-14　用钢卷尺测距
（a） 在孔的边缘上测量；（b） 孔径相等时；（c） 孔径不等时

　　杆规的量脚为锥形结构，按图 6-15 （a） 所示的方法使用。锥形量脚可自行定位在孔的中心线上，所以测得的数值就是两孔中心距，即使两个被测孔的直径不相等也不受影响。当孔径较大，量脚不能在孔中自行定位时 ［见图 6-15 （b） ］，也可以按照前述方法从孔的边缘处测量。

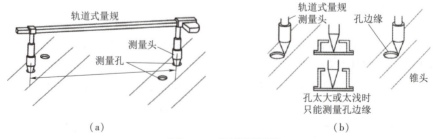

图 6-15　用杆规测距
（a） 量脚自行定位在孔的中心线上；（b） 量脚触及孔底或孔径较大

如果需要测量的孔径不是同一尺寸，有时甚至不是同一类型的孔（圆孔、方孔、椭圆孔等），则要测出孔中心点间的距离就要先测得两孔内缘间距，后测得两孔外缘间距，然后将两次测量结构相加再除以 2 即可。也就是说，孔径不同时，内边缘和外边缘的平均值与孔中心距离相同。例如，有两个圆孔，一个圆孔直径为 10 mm，另一个直径为 26 mm，测得其内缘间距为 300 mm，外缘间距为 336 mm，则孔中心距为（300+336）÷2＝318（mm），即轨道式量规测得的两个测量孔的尺寸为 318 mm。

在使用轨道式量规进行测量时，要根据车身的标准尺寸来精确测量轿车损伤，使车身结构恢复至原来的尺寸。如果没有标准尺寸，则可用一辆没有损伤且是同一厂家、同一年份、同一型号的轿车作为校正受损轿车的参照。如果仅仅车身一侧受到损伤而且不严重，那么即可测得未损伤一侧的尺寸并以此作为损伤一侧的对照尺寸。

在使用轨道式量规测量时应注意以下事项：

（1）轿车上固定点如螺栓孔的测量位置是中心。

（2）点至点测量为两点间直线的距离测量。

（3）量规臂应与轿车车身平行，这就要求量规臂上的指针在测量某些尺寸时要设置成不同长度，如图 6-16 所示。

（4）某些标准车身数据要求平行测量，有些则只要求对点至点之间的长度进行测量，而有的则两者都用。修理人员必须使用与车身表述的数据一致的测量方法，否则就很容易发生错误的测量。

（5）按车身标准数据测量损伤车辆上的所有点，损伤的程度通常用标准数据减去实际测量数据来表示。

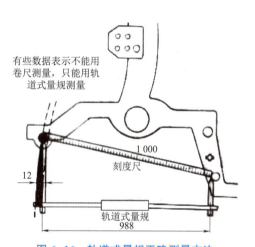

有些数据表示不能用卷尺测量，只能用轨道式量规测量

1 000 刻度尺

12

轨道式量规 988

图 6-16 轨道式量规正确测量方法

2. 定中规法

车身的许多变形，尤其是综合性变形，用测距法测量往往体现得不够直观。当车身或车架在轿车纵向轴线上的对称度发生变化时，就很难用测距法对变形做出准确判断。如果使用定中规法，则可以很好地解决这类测量问题。

定中规法使用的主要测量工具是中心量规，它可分为杆式和链式两种。

1）杆式中心量规

在使用如图 6-17 所示的杆式中心量规时，应将量规（通常为三个或四个）悬挂在车架的基准孔上，其方法如图 6-18 所示。

图 6-17 杆式中心量规

1—量规；2—挂钩；3—中心销

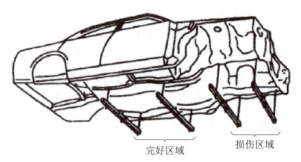

完好区域　　损伤区域

图 6-18　杆式中心量规的悬挂方法

　　通过检查中心销是否处于同一轴线上和量规杆是否互相平行，就可以很容易地判断出车身是否有弯曲、翘曲或扭曲变形。例如：若量规没有任何偏斜的迹象 [见图 6-19（a）]，则可判定车身没有变形损伤；若量规杆不平行 [见图 6-19（b）]，则说明车身产生扭曲变形；若中心销发生左右方向的偏离 [见图 6-19（c）]，则可以判断为左右方向上有弯曲；若中心销发生上下方向的偏离 [见图 6-19（d）]，则说明车身上下方向有弯曲。另外，挤压和菱形变形可以通过对基准点距离和对角线长度的测量来进行判定。

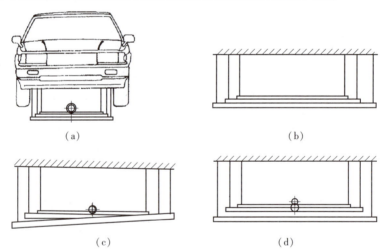

（a）　　　　　　　　　　　　　　　　（b）

（c）　　　　　　　　　　　　　　　　（d）

图 6-19　利用杆式中心量规检查车身变形
（a）量规没有偏斜；（b）量规杆不平行；（c）中心销发生左右偏离；（d）中心销发生上下偏离

　　应当指出，当想对垂直方向上的弯曲做精确诊断时，应保证中心量规的挂钩长度符合要求。如图 6-20 所示，当其中一个中心量规的调试确定后，应以参数表中的数据为依据，对其他中心量规挂钩的长度，按高低差做增减调整，使吊挂高度符合标准要求。

　　2）链式中心量规

　　如图 6-21 所示，链式中心量规一般悬

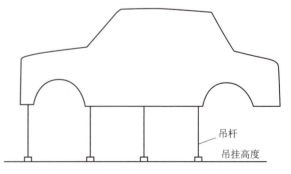

吊杆
吊挂高度

图 6-20　吊挂高度应按车身参数调定

挂在车身壳体的基准孔上，通过检查中心销、垂链及平行尺寸是否平行以及中心销是否对中，就可以十分容易地判断出车身壳体是否有变形。

定中规法检查变形从理论上讲是精确的，但如果操作不当却很容易造成判断失误。特别是中心量规挂点的选择，一般以基准孔为挂点的优选对象，并注意检查基准孔有无变形等，如图 6-22 所示。

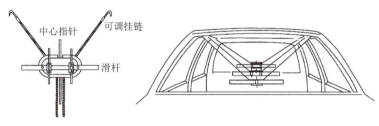

图 6-21　链式中心量规及车身壳体的检查

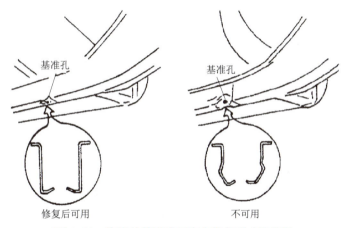

图 6-22　变形的基准孔只有在修复后才能使用

如图 6-23 所示，当左右基准孔的高度不一致或为非对称结构时，一定要通过调整中心销的位置或挂钩（挂链）的长度来加以补偿，其调整值应以车身尺寸图中提供的数据为准。

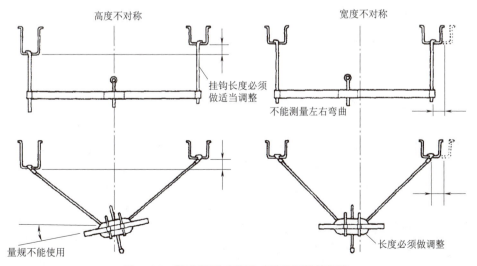

图 6-23　基准孔不对称时对量规悬挂的调整

3）麦弗逊撑杆式中心量规

使用麦弗逊撑杆式中心量规（见图6-24）可以测量出减震器拱形座或车身上部部件相对于中心线平面和基准面的不对中情况，它一般安装在减震器的拱形座上，利用减震器拱形座量规就能观察到上部车身的对中情况。

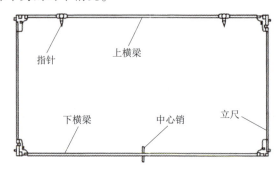

图6-24   麦弗逊标杆式中心量规

麦弗逊撑杆式中心量规有一根上横梁和一根下横梁。下横梁有一个中心销，上横梁上有两个测量指针，指针的作用是将量规安装到减震器拱形座或上部车身上。上横梁一般是从中心向外标定的。

测量指针有两种类型：锥形和倒锥形。倒锥形量针带有槽门，以方便在车身上安装（如在未拆卸螺栓头上安装）。指针一般用蝶形螺钉固定在套管上。指针的长度有很多种，以适应不同高度的测量。在使用不同高度的指针安装量规时，标尺的读数是不一样的。

在上、下横梁之间钉两根垂直立尺连接，上、下横梁的垂直立尺将下横梁设在基准面内，以便将减震器拱形座量规调整到正确的尺寸。在下横梁定位好后，上部定位杆应当处于减震器拱形座的基准点处，否则表明减震器拱形座已经受到损坏或者定位失准，维修人员就需要进行校正，以便使前悬架和车轮能正确定位。

麦弗逊撑杆式中心量规一般用来检测减震器拱形座的不对中情况。另外，它还可以用来检测散热器支架、中立柱、车颈部和后侧围板等的不对中情况。

3. 坐标法

坐标法适用于对车身壳体表面的测量，尤其是像轿车那样的多曲面外形，如果用如图6-25所示的通用桥式测量架，则可以比较容易地实现这方面的测量。

桥式测量架由导轨、移动式测量柱、测量杆和测量针等组成。测量过程中，可以根据需要调整其与车身的相对位置。当测量针接触到车身表面时，就能够直接从导轨、立柱、测杆及测量针上读出所对应的测量值。

通用测量系统如门式通用测量系统（见图6-26）、米桥式通用测量系统等在现代车身修理中被广泛应用。通用测量系统不仅能够同时测量所有基准点，而且能使测量更容易、更精确。

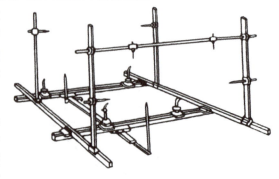

图6-25   桥式三维坐标测量架

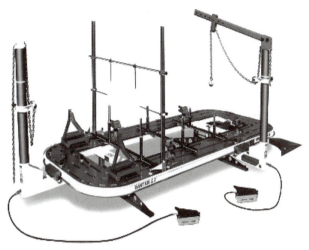

图 6-26　门式通用测量系统

在测量时，只要将通用测量系统沿车辆移动，不仅能检查车辆的所有基准点，而且能够快速地确定车辆上每个基准点的位置。

正确地安装测量系统的各个部件，用测量头测量基准点，如果车辆上的基准点与标准数据图上的位置不同，则车辆上的基准点可能发生了变形。如果测量头不在正确的基准点位置，则车辆尺寸是不正确的。不在正确位置的基准点必须恢复到事故前的标准值，然后才能对其他点进行测量。在开始任何测量工作前，要做好以下准备工作。

（1）拆下可拆卸的损坏件，包括机械部件和车身覆盖件。

（2）如果损坏非常严重，则对车辆的中部或基础部分先进行粗略矫正，然后将中部基准点的尺寸恢复至标准数值。

（3）如果某些机械部件不需要拆除，则对这些部件要进行必要的支撑。

米桥式通用测量系统主要由底部的米桥尺、横尺、测量头、门形立尺、上横尺，以及许多辅助测量头和安装各种用途量尺的固定器组成，如图 6-27 所示。对于机械式测量系统，它的测量精度达到 1~1.5 mm 才能算作一个合格的车身测量工具。

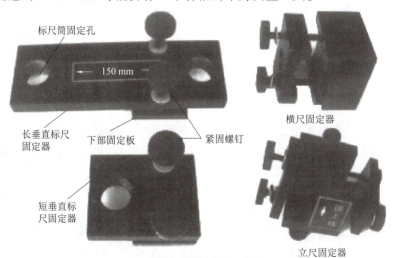

图 6-27　各种测量固定器

在测量时，首先建立起车辆和测量系统的基准，在测量桥或测量架上安装好横尺，将测量头安装在横尺上，就可以同时测量受损车辆上的多个基准点。基准点找好以后，就可以利用安装在测量架上的测量头来测量车身上的各个测量点。根据每个车辆的标准数据，通过测量、对比数据的变化来判定车身部件是否变形、校正工作是否准确，或者新更换部件的定位是否正确。

该测量系统的各个部件一般都是由铝合金制造的，在使用过程中操作必须小心，轻拿轻放，以确保测量系统部件不被损坏。这种测量系统的精确度取决于测量头的位置和精确性，与轨道式量规相比，通用测量系统具有即时读取测量数据的优点。

在实际测量操作过程中，修理人员首先要用测量头来测量基准点，通过各基准点实际测量数据与标准数据相比较，就能很快地确定各个基准点所处的位置是否变形，如果车身上基准点的数据超过 3 mm 的公差，就必须先对基准点进行校正。

下面以龙门式通用测量系统为例，说明测量的过程。

（1）调整车辆基准与测量系统基准。

①事故车被安置在车身校正仪上时，应尽量把车辆放置在平台的中部。调整四个主夹具的位置和钳口开合程度，车身底部裙边要完全落入主夹具的钳口中。高度的基准按照要求调整到测量系统所要求的高度，如图 6-28 所示。

②把测量横尺放到车身底部，在长梯上安装固定座和量头（按照图纸选择合适的量锥头），选择车身中部四个测量基准点（见图 6-29）来进行定位测量。

图 6-28　调整基准高度

图 6-29　安装基准点测量标尺
1—横尺；2—标尺筒；3—标尺；
4—A 锥；5—基准孔

③测量车身中部前后基准点的宽度尺寸，调整车身横向位置，使得前后两边基准点的宽度尺寸相等，此时说明测量系统的中心线和车辆的中心线是重合的，如图 6-30 所示。

④根据车辆的损坏情况，选择长度方向的基准点。如果汽车前部碰撞，则应选择后面的基准点作为长度基准点；如果汽车后部碰撞，则应选择前面的基准点作为

基准点

图 6-30　通过左右基准找到宽度中心

长度基准点；如果汽车中部发生碰撞，就需要对车辆中部进行整修，直到中部四个基准点有三个尺寸是准确的，然后按照前后损坏的情形选择前面或后面的基准点作为长度基准点。

⑤将底部测量横尺安装到校正台上，在底部横尺的两端安装测量高度的立尺，然后在立尺上安装测量车身上部尺寸的量规以及测量车身侧面尺寸的刚性量规。门式车身测量系统组装完成后就可以进行车身尺寸的测量了，如图 6-31 所示。

图 6-31　组装完成的门式车身测量系统

（2）测量。

①确定测量点。

根据车辆的损坏情况，确定要测量的点。在车身上找出要测量的点后，在图纸上找出相应的标准数据。根据数据图的提示，在机柜内选择正确的量杆和量头，安装在中心线杆（横尺）上，测量头要与测量的测量点配合。在测量车身底部尺寸时，量头的选择正确与否非常重要，若量头选择错误，那么测量的高度数据尺寸将是错误的，如图 6-32 所示。

②车身底部测量点的测量。

测量点的长度尺寸通过移动标尺固定座上的孔，去读取校正台上的长度尺数据，如图 6-33 所示。宽度数据从测量横尺上读出，从不同高度的量杆上读出高度数据，那么要测量的点的三维数据就出来了，与标准数据对比就可以知道数据的偏差。

图 6-32　测量车身底部尺寸

图 6-33　读出长度数据

③侧面数据的测量。

根据图纸的要求把立尺放置于底部测量横尺上，设置好立尺的长度基准。在立尺上安装刚性量规的安装座，把刚性量规安装好，并把标尺安装在刚性量规上，然后把标尺筒安装在长度尺上，再根据图纸要求选择合适的测量探头，对侧面测量点或测量面进行数据测量和对比测量。

④上部尺寸的测量。

根据图纸的要求把立尺放置于底部测量横尺上，设置好立尺的长度基准。调整上横尺高度的基准，把上横尺安装在两个立尺上，然后把刚性量规安装在上横尺上。在刚性量规上安装标尺座，选择合适的标尺筒、标尺柱和测量头，然后安装在标尺座上就可以对上部发动机室或行李舱的尺寸进行测量了。

⑤拉伸操作中测量。

在拉伸测量时，可以把测量头定在标准的宽度、长度和高度尺寸上拉伸部件，直到要测量点的尺寸达到标准值。测测量头时需要测量几组要拉伸的数据，并监控拉伸中数据的变化情况，以保证修理后数据的准确性。

任务三　电子式测量系统

电子测量系统使用计算机和专门的电子传感器来迅速、便捷地测量车身结构的损坏情况，性能好的电子测量系统能够在车身拉伸校正过程中给出实时的测量数据。

在测量计算机系统的数据库中，存储了大量的不同厂家、不同年代的车身数据，这些标准车身数据可以随时被调出，系统就可以自动地将实际的测量值与标准值进行比较，不用再去人工翻查印刷数据手册或记录测量值，它们都可以在计算机屏幕上显示出来。

一、车身三维尺寸检测原理

典型的车身三维尺寸检测系统结构如图 6-34 所示，包括多个视觉传感器及全局校准、现场控制、测量软件等。每个视觉传感器是一个测量单元，对应车身上的一个被测点，系统组建时，所有的传感器均已统一到基准坐标下（即系统全局校准），传感器由系统中的计算机控制。测量时，每个传感器测量相应点的三维坐标，并转换到基准坐标系中，全部传感器给出车身上所有被测点的测量结果，完成系统测量任务。

传感器包括平面投射器和摄像机两部分，基于三角法测量原理。测量时，光平面投射器投射出光平面，并与被测物表面相交形成光条，光条图

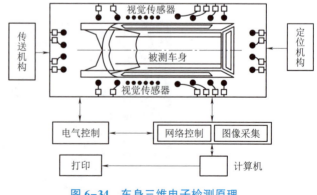

图 6-34　车身三维电子检测原理

像由摄像机经图像采集卡进入计算机，经计算机处理得到的图像，提取被测点对应的图像特征点在像面上的坐标，由摄像机模型及三角法测量原理即可以得到被测点的三维坐标。

通常，车身上的被测点可归纳成棱线点和一般特征点两类。棱线是车身上不同块面之间的交线，它的装配精度对车辆的空气动力学性能有影响，检测棱线是通过检测其上点的位置来完成的；车身上的一般特征点是指控制整车装配精度的重要安装定位孔（如发动机安装孔等）及可以表征车身制造精度的一些标准点。棱线点和一般特征点相对视觉传感器而言是两种不同类型的被测点，需要通过结构光传感器来检测，这种传感器是最早得到应用的视觉传感器，技术发展成熟。

（1）光条结构光传感器和光栅结构光传感器。

光条结构光传感器原理如图 6-35 所示，用于测量棱线点；光栅结构光传感器原理如图 6-36 所示，相当于具有多个光平面的光条传感器，一次测量可以同时得到多个不同空间位置上点的三维坐标（如测量圆孔时，可得到圆周上多个点的坐标），由此计算出被测特征点（如圆孔的孔心）的三维坐标。

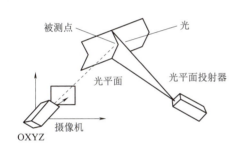
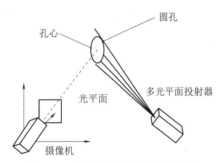

图 6-35　光条结构传感器原理　　　　图 6-36　光栅结构光传感器原理

上述两种传感器已成功地应用于较早的车身三维尺寸视觉检测系统中。随着应用的逐步深入，这两种传感器暴露出了明显的缺陷。

①传感器校准困难、精度低。传感器在使用前，必须标定光平面和摄像机之间的空间关系，目前的方法是使用细丝散射结合经纬仪的方法，这种方法受散射光点无法精确瞄准的影响，校准精度难以提高，同时由于经纬仪的使用，也大大增加了传感器的校准工作量。

②两种传感器的结构及校准方法不一致，造成整个检测系统组建及维护困难。在实际的检测系统中，每种传感器的数量随着车型的不同而变化，传感器结构及校准方法的不同会严重影响系统的组建效率和维护成本。

（2）最新研制的视觉传感器采用了基于立体视觉检测原理的统一结构，克服了以上两种传感器结构及校准方法不统一的缺点，其原理如图 6-37 所示。

传感器采用立体视觉检测原理，由双摄像机和结构光投射器组成，被测点的空间坐标由两个摄像

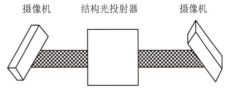

图 6-37　基于立体视觉统一结构摄像机

机得到的图像中该点对应的立体视差决定。结构光投射器的不同形式决定了传感器的不同类型，采用光条结构光投射器，相当于光条结构光传感器；采用光栅结构光投射器，相当于光栅结构传感器。此外，还可以通过设计特殊的投射器，进一步扩展视觉传感器的应用范围。

基于立体视觉统一结构的传感器具有突出的优点：不同类型传感器的结构和校准方法完

全一致，可以采用基于标靶的精确校准技术实现传感器的高精度校准；传感器的适应性优良，对于不同类型的被测点，只需变更传感器中的光投射器即可。

（3）全局校准。

完整的车身三维尺寸视觉检测系统由多达几十个传感器组成，每个传感器均在自身的坐标系（传感器局部坐标系）中进行测量，必须将系统中的全部传感器局部坐标系统一到一个全局坐标系（系统基准坐标系）中，才能实现系统功能，这就是全局校准技术。图6-38所示为全局校准示意图。

最直接的全局校准技术就是所谓的金规校准，即在校准系统时，制作一个与被测对象完全一致的标准金规（如被测车身），标准金规上分布着控制点，它们对应于被测车身上的被测点，控制点在金规基准坐标系中的位置是已知的。校准时，传感器测量控制点，通过控制点的位置坐标可以得到传感器局部坐标系到金规基准坐标系的统一。金规校准方法直观明

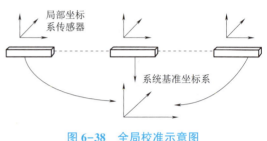

图6-38　全局校准示意图

确，但实际应用时存在重大缺陷，如金规应当和被测对象一致、不同车型的检测系统需要不同的金规等。此外，制作如车身大小的高精度金规，成本高，对于某些大型的车身，实际上是不可能的。

鉴于金规校准的缺点，当前车身视觉检测系统采用的是借助中间坐标测量装置的间接全局校准标准，原理如图6-39所示。该校准技术的核心是由两台经纬仪组成的移动式高精度空间坐标测量装置和一块精磨标准标靶组成的。间接全局校准时，先将标靶置于传感器的测量空间内并固定，用传感器测量标靶（标靶上设计有标准圆孔）得到传感器坐标系和标靶坐标系之间的关系；其次，同时用经纬仪测量装置坐标系观测标靶在空间的位置，得到标靶坐标系和经纬仪测量装置坐标系之间的关系；再次，用经纬仪测量装置坐标系观测视觉检测系统的基准坐标系，得到它们之间的关系；最后由坐标变换链，即传感器坐标系—标靶坐标系—经纬仪测量装置坐标系—基准坐标系，实现传感器坐标系到视觉系统基准坐标系之间的统一，即间接全局校准。

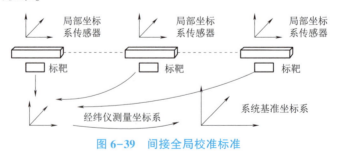

图6-39　间接全局校准标准

与金规校准相比，基于经纬仪测量装置坐标系的间接全局校准有明显的优势，其通用性好、成本低且能够用于不同车型的车身视觉检测系统。特别需要指出的是，如果视觉系统中的传感器采用基于立体视觉的统一结构，则基于经纬仪测量装置坐标系的间接全局校准优点更为突出，不同的视觉检测系统可以采用完全相同的标靶及校准软件，从而给系统的组建和

维护带来极大的方便，这对大范围推广视觉检测技术非常有利。

（4）系统控制。

车身三维尺寸视觉检测系统是基于计算机控制的大型系统，系统中一般包含几十个传感器，传感器的有效控制对系统的性能有重要的影响。早期的传感器控制采用星形专线连接方案，如图6-40所示，每个传感器的控制线和视频线均独立连接到控制柜，计算机通过分配I/O接口分别控制传感器，传感器输出的视频信号经控制柜切换后进入图像采集卡，再由计算机进行处理。

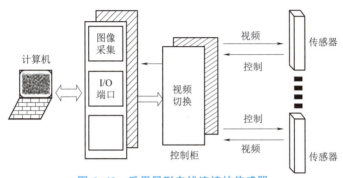

图6-40　采用星形专线连接的传感器

对于大型的车身视觉检测系统而言，上述控制方案存在以下不足。

①布线复杂，线缆需求量大，影响系统工作稳定的隐患多。

②系统不具备良好的伸缩性，扩展能力差，即当将一个有20个传感器的现有系统扩展到30个传感器时，必须重新设计控制柜并布线。

最新的视觉检测系统采用了现场总线控制方案，彻底解决了上述问题，原理如图6-41所示。其方案具有优良的扩展性能，能够在不改变现有系统结构的基础上对系统进行平滑扩充，且布线规范、线缆需求量小、安全隐患少、便于维护。目前，系统在使用RS-485中继器的情况下，可以扩展128个及以上的传感器。

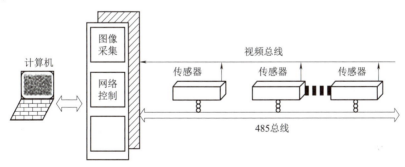

图6-41　传感器总线控制原理

（5）测量软件。

车身三维尺寸视觉检测系统管理的硬件数量多，种类复杂，为保证系统功能的可靠性和达到设计测量精度，必须有强大的测量软件支撑。测量软件的设计必须考虑以下几点。

①选择可靠性高的操作系统。视觉检测以图像处理为基础，涉及大量算法和运算量，需要消耗大量的计算机系统资源。

②设计算法时，应当着重考虑容错性。图像的精确量化处理和一般的变换（几何变化、线形变化、颜色变化等）不同，常常伴随着算法的不稳定，以至于产生很大的测量误差。

③测量软件必须有直观、易用的使用界面。对于普通操作者，应当屏蔽检测系统硬件的复杂性。另外，车身视觉检测系统是在线检测系统，系统在现场工作的实时状态应当在软件界面上有充分的体现，以便操作者能脱离现场，减轻工作强度。

二、车身电子测量系统的种类

车身电子测量系统主要有半机械半电子测量系统、半自动电子测量系统和全自动电子测量系统等几种类型。

1. 半机械半电子测量系统

常见的半机械半电子测量系统（如 CHIEF 公司的 VIRTEX 类型的测量系统），其测量工具是一个类似于轨道式量规的测尺，在量规上安装了位移传感器，在测尺上可以电子显示测量的高度、长度两个方向的数值，一次只能测量两个测量点之间的高度和长度或高度和宽度，然后把数据通过有线或无线装置传输到计算机的软件系统内，软件系统将测量的数据与系统内的标准数据对比，才能得到测量的结果。

这种测量系统在测量中每次只能测量一个控制点或两个控制点之间的位置参数，不能同时测量多个控制点，同时不能随着测量点数据的变化而及时反映出来，需要不断反复测量不同的控制点来确定相关尺寸的正确性，操作比较烦琐，效率较低。

2. 半自动电子测量系统

半自动电子测量系统（如 Car-O-Liner、Car-benc、Spenis 等），也叫作自由臂测量系统，其测量自由臂由一节节可以转动的关节连接，每两个臂之间可以在一个平面内 360° 转动，多个臂的转动可以移动到空间任意一个位置。在连接处有角度位移传感器，任何一个关节转过任何一个角度都会被传输记录到计算机上。自由臂的每个臂长是一定的，计算机会自动计算出自由臂端部到达空间位置的三维数据尺寸。

3. 全自动电子测量系统

（1）红外线测量系统。红外线测量系统包括若干个反射靶、一个红外线发射及接收器和一台计算机。它采用红外线测量技术，由两个准分子红外线发射并投射到标靶上，每个标靶上有不同的反射光栅，红外线接收器通过接收光栅反射的红外线束测量出数据并传输给计算机，由计算机通过计算可以得到测量点的空间三维尺寸。红外线系统提供直接且即时的尺寸读数，在拉伸和校正作业过程中，车辆的损伤区域和未损伤区域中的基准点都可被持续监测。

将车辆装到校正架上之后，将红外线发射接收器放置在车辆的中部下面，然后将红外线发射接收器的电缆插到计算机上，在计算机调出被修复车辆的车身数据尺寸图后，便可以进行测量。

（2）超声波测量系统。全自动电子测量系统中目前运用最广泛的一种是超声波测量系统，它的测量精度可以达到 1 mm 以下，测量稳定、准确，可以瞬时测量，操作简便、高效，可以为车辆预检、修理中的测量和修理后的检验等工作提供有效的帮助，现在也用于一些二手车辆交易的车身检验工作中。

超声波测量系统由超声波发射器、超声波接收器、控制柜（包括计算机，也称主机）及各种测量头组成。

【任务实施】

奔腾 ALLVIS 车身电子测量系统的使用。

一、实训前的准备

（1）了解本次实训课所要求的技能。

（2）穿戴好个人安全防护用品：工作服、工作帽、工作鞋、防护手套、防护眼镜。

（3）准备好学生实训记录单。

二、BANTAM-ALLVIS 组成

BANTAM-ALLVIS 车身电子测量系统的精确度高，最高误差为 0.1 mm；中文界面，操作便捷。车身底部和上部尺寸可轻松测量，如图 6-42 所示；其包含 5 000 余款车身数据。

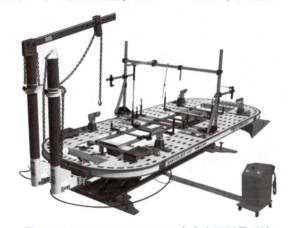

图 6-42 BANTAM-ALLVIS 车身电子测量系统

BANTAM-ALLVIS 是一款蓝牙数据传输的电子测量系统，主要用于车身及底盘尺寸的精确测量，系统主要部件包括伸缩式电子测量臂、成套的测量附件及适配器、车型数据、蓝牙 USB。

1. 伸缩式电子测量臂

伸缩式电子测量臂如图 6-43 所示，起始位置为 900 mm 和 400 mm，长度测量范围为 900~2 653 mm 或 400~2 153 mm，长度测量精度达到 1.5 mm。

图 6-43 伸缩式电子测量臂

2. 电子控制盒

测量臂前端有一个带 LCD 显示的电子控制盒，如图 6-44 所示，盒内嵌入了一个可插入 6 根不同长度的高度测量杆的插孔，可通过内嵌的电子水平仪进行水平基准面的标定及高度测量。

3. 高度测量杆

高度测量杆一共有 6 根，如图 6-45 所示，高度测量范围为 20~900 mm，高度测量精度达到 1.5 mm。

图 6-44 LCD 显示的电子控制盒

图 6-45 高度校准杆

4. 探头附件

探头附件主要包括圆锥体 60、35、25 等，用来测量圆孔及椭圆孔；90°转换器一个，用来转换角度测量侧面的点；套筒 16 个（8~22），用来测量螺钉头；M201 适配器 9 个（6~18）；磁力座 2 个，即 35 和 60，如图 6-46 所示。

图 6-46 探头附件及加长杆

5. 蓝牙

蓝牙用来进行无线传输数据，可传输的距离为 10 m，如图 6-47 所示。

三、设备的测量操作

1. 进入系统

单击桌面快捷方式进入，如图 6-48 所示。

图 6-47 蓝牙传输设备（USB）

图 6-48 桌面快捷方式

2. 进入工单管理界面

进入主界面，单击工单管理中新建工单子程序，如要查询以前工单，则可选择工单查询，如图 6-49 所示。

3. 新建工单窗口

将工单窗口中的内容填写清楚。车型、客户、和维修技师可根据实际情况选择，然后单击"OK"，进入下一界面，如图 6-50 所示。

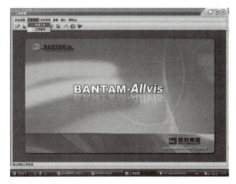
图 6-49　工单管理界面

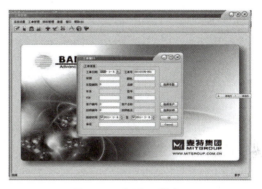
图 6-50　新建工单窗口

4. 水平标定

如图 6-51 所示，进入水平标定有两种方式，单击工具栏的"水平标定"按钮或单击"测量"菜单下的"水平标定"菜单都可以进入。

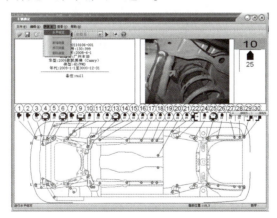
图 6-51　水平标定

（1）标定第一步：选择发动机位置和标定杆。

（2）标定第二步：选择磁铁点，如图 6-52 所示。

磁铁点要选择没有碰撞损坏的孔，且尽量是圆孔，被选择的点会用蓝色标识出来；在底盘图上绘制阴影，阴影内的区域表示超出测量杆的极限。将磁铁装到车身上，单击"下一步"。

（3）标定第三步：选择标定点，如图 6-53 所示。

在阴影区域外的点编号上按下鼠标左键选择标定点，被选择的点会用红色标识出来。

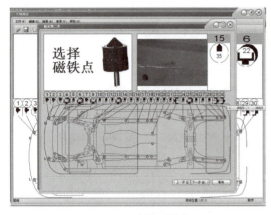

图 6-52　选择磁铁点

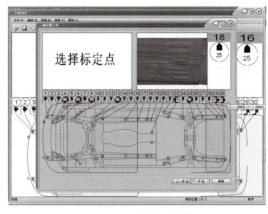

图 6-53　选择标定点

（4）标定第四步：显示标定值，如图 6-54 所示。

系统将两组磁铁点与标定点的长度和高度值，连同高度校准杆（标定杆）类型一起显示在屏幕上，并自动向测量臂发送第 1 组标定数据，也可手动选择相应的数据组后单击发送数据按钮进行发送。单击"完成"按钮弹出提示，确认后完成标定。

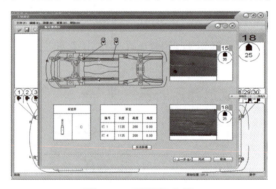

图 6-54　显示标定值

5. 车辆测量

单击"测量"下拉菜单"新建测量"或单击工具栏的"新建测量"按钮进入界面，如图 6-55 所示。

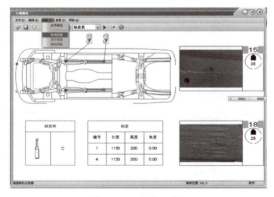

图 6-55　车辆测量

（1）测量第一步：选择起始点，如图6-56所示。

选择要测量的起始点即磁铁点，被选择的点会用蓝色标识出来，单击"下一步"。

（2）测量第二步：选择测量点，如图6-57所示。

在页面中间的点编号移动，所在点相应的实车图和工具类型及编号会显示在右上方。在阴影区域外的点编号上按下鼠标左键选择测量点，被选择的点会用绿色标识出来。

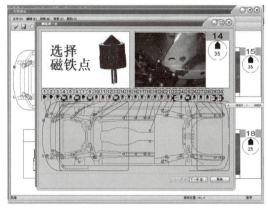

<table>
<tr><td>图6-56　选择起始点</td><td>图6-57　选择测量点</td></tr>
</table>

（3）测量第三步：显示测量值，如图6-58所示。

系统将磁铁点和测量点之间及相关的长度值和高度值显示出来，并自动向测量设备发送1号连线的标准值，也可以选择编号后通过单击"发送数据"按钮发送当前编号的数据，每组数据测量完成后通过蓝牙发送至计算机，同时自动接收下一组标准数据。

6. 保存测量结果

（1）单击工具栏按钮保存测量结果。

（2）保存在"worksheet"目录下，文件名为"工单号"，扩展名为"∗.SDF"。

7. 打印测量报告

单击文件菜单下的"打印预览"菜单，弹出预览窗口，单击"打印"即可，如图6-59所示。

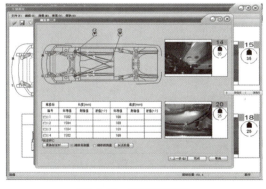

图6-58　显示测量值

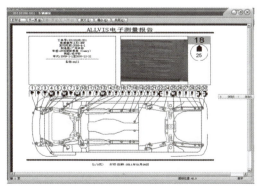

图6-59　打印测量报告

复习思考题

一、选择题

1. _____属于机械测量系统。

A. 自由臂式测量系统   B. 专业量头   C. 超声波测量系统

2. _____测量系统可以测量出实际的尺寸数值。

A. 专用测量头   B. 中心量规   C. 轨道式量规

3. 中心量规可以测量_____。

A. 部件的非准直度   B. 偏移量   C. 中柱的变形

4. 全自动电子测量系统中目前应用最广泛的一种是_____。

A. 红外线测量系统   B. 超声波测量系统   C. 米桥式测量系统

5. 车身测量时，长度基准_____。

A. 选择汽车的中部

B. 车头损坏时选在车尾，车尾损坏时选择在车头

C. 选在底部长测量尺的中间位置。

二、简答题

1. 为什么在车身修复中要进行测量工作？

2. 三维测量的基准面有哪几个？

3. 车身修复允许的测量误差是多少？

4. 测量孔的数据在边缘还是在中心？

项目七

车身校正技术

7

【本章知识导读】

知识目标	1. 了解车身变形校正的原理； 2. 熟悉车身校正设备的种类； 3. 掌握车身校正的基本方法； 4. 掌握车身变形校正工艺
能力目标	1. 掌握车身大梁校正系统的使用方法； 2. 熟练使用液压校正设备
重点、难点	1. 车身校正工艺； 2. 液压校正设备使用方法

车身校正的重点是"精确恢复车身的尺寸与状态"。因为车身（特别是整体式车身）是车辆的基础，汽车的发动机、悬架、转向系统都安装在车身上，如果这些部件安装点的尺寸没有校正到原尺寸，那么就会影响车辆的性能。

对于承载式车身而言，车身尺寸的精度是车身修复过程中的一个关键因素。如果车身结构尺寸没有整形到位，仅仅通过调整或垫上垫片等方法把更换的钣件装好，把修整和其他机械方面的问题留给机修人员的工作方式显然是不妥当的。机械的调整手段仍然是必要的，但是只能做一些微小的调整，车身修理人员有责任把基本结构全部修复。

任务一　车身校正基础知识

车身校正的重要性及基本原理。

一、拉伸校正的重要性

从汽车钣金维修工艺流程中知道车身的拉伸校正是整个工艺流程的核心部分，也是严重损坏的事故车钣金维修的重心。

汽车产生严重碰撞时，整个车身的钣件可能都会发生变形。类似车身覆盖件蒙皮的凹凸变形，可以通过钣金锤、垫铁和车身修复机来维修。但车身的结构件，如纵梁、横梁等，作为汽车的骨架构件，钣件的厚度比较厚，形状结构比较复杂，强度很高，仅仅依靠手工工具和车身修复机是无法维修的。汽车的车架或整体式车身又是一个受力的刚性立体，要对它们进行形状复原的前提就是要进行有效的拉伸校正。

拉伸校正可以高效率、高精度地将车身变形尺寸精度恢复到偏差低于±3 mm。拉伸校正的设备能够轻松施加巨大的拉伸力，能够对车身各种变形进行校正，且有车身校正的各种相关数据和图表。

拉伸校正可以帮助车身维修人员准确判断钣件是维修还是更换。车身钣件维修的习惯是"弯曲就修，扭曲就换"。通过拉伸校正，不仅可以十分容易地维修弯曲的钣件，还可以根据初步拉伸校正的恢复程度准确判断钣件是否应该更换。

二、车身校正的基本原理

拉伸校正的基本原理是：利用力的合成、分解、平移，向与变形相反的方向设计牵拉顺序来拉伸变形的车身，并根据金属材料的弹性适度地"矫枉过正"，即适当过度拉伸。

校正（拉伸）车身时，有一个基本原则，即按与碰撞力相反的方向，在碰撞区施加拉伸力，如图7-1所示。当碰撞力很小、损伤比较简单时，这种方法很有效。

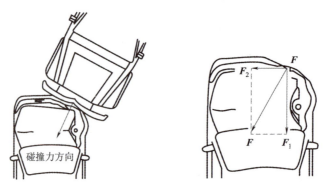

图7-1 施加拉伸力的方向

但是当损伤区域有褶皱或者发生了剧烈碰撞时，构件变形就比较复杂，这时仍采用沿着一个方向拉伸就不能使车身恢复原状。因为变形复杂的构件在拉伸恢复过程中，其强度和变形也随着改变，因此拉伸力的大小和方向就需要适时改变，如图7-2所示，若把力仅仅施加在一个方向，就不能取得好的修复效果。

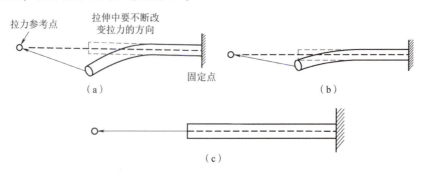

图7-2 拉伸中不断改变拉力的方向

（a）开始拉伸时拉力方向；（b）拉伸过程中；（c）板件基本恢复时拉力方向

从力的分解和合成（见图 7-3）中知道，分力与合力构成平行四边形关系，在正方形 $ABCD$ 中，X、Y 是分力，Z 是合力，即可得到 $X+Y=Z$ 的关系式。同理，在矩形 $AFHD$ 中，$X+Y'=Z'$；在 $EGCD$ 中，$X'+Y=Z''$。也就是说，改变了分力的大小就改变了合力的大小和方向（注：正方形、矩形是平行四边形的特例，Z、Z'、Z'' 等是矢量）。

因此，建议在校正拉伸时，要同时在损坏区域不同的方向上施加拉力。把力加在与变形相反的方向，可以看作是确定有效拉力方向的原则。

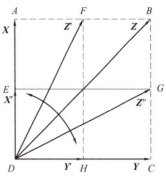

图 7-3 拉伸力的分解

任务二 车身校正设备

一、汽车固定设备

1. 车身修复对校正设备的基本要求

车身修理中为了达到比较好的修复效果，必须使用有能力完成多种基本修复功能的校正设备。车身校正设备虽然种类繁多，但并不是每个称为车身校正仪的设备都能高效、精确、安全地修复好轿车车身。为了能够完成好车身修复工作，车身校正设备必须具备以下条件。

（1）配备高精度、全功能的校正工具。

（2）配备多功能的固定器和夹具。

（3）配备多功能、全方位的拉伸装置。

（4）配备精确的三维测量系统。

对于半架式或车架式车身的轿车，悬架系统和传动系统是直接安装在车架上的，如果车架结构已经过必需的校正，则它们的安装位置也应该校正。但是对于整体式车身的轿车，车身是一个整体结构，一些校正参考点位于车身结构的上部，超过了一般的二维车架校正设备的能力范围。另外，车架式结构可以接受反复的拉拔过程，而整体式车身的薄板结构要求一次就调好位置，反复拉伸会使板件破裂。因此，对于整体式车身的修复，其校正设备必须能同时显示每一个参考点上非准直度（变形量）的大小和非准直度（变形）的方向。这也就是要求校正设备除了具备全方位的拉伸功能之外，还要配备一套精确的三维测量系统，能够监控、指导整个校正的过程。只有用这样的设备，车身修理人员才能够精确地确定拉伸校正次序，监控整个校正过程，并确定每个拉力的作用效果。

2. 地框式校正系统

在建造维修车间地面时就要把地框式校正系统的锚孔或轨道用水泥固定在车间地板上，如图 7-4 所示，车辆可以直接在地框式校正系统或使用支架固定在地框式校正系统上进行修理。车辆在地框式校正系统上校正拉伸时要进行固定，其紧固力必须满足在拉力大小和方向上同时保持平衡的要求。地框式校正系统在拉伸校正操作中配有手动或气动液压泵，并且还应配有一些液压顶杆（液压油缸）。用一根链条把顶杆连在轿车和支架上，通过支架把顶杆和链条支承在槽架上。利用支承夹钳将轿车支承在轿车台架上。

车辆要安全地紧固在支座的夹钳上，如图7-5所示，链条一端连在支承夹钳上，另一端钩住支架或轨道板，用链条拉紧器拉紧（链条拉紧器可以消除支承链的间隙）。一般在车身下部的四个位置都要进行这样的固定，以确保车辆在拉伸校正中保持稳定。

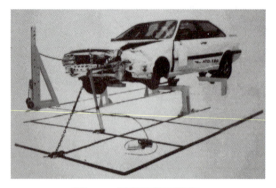

图7-4   地框式校正设备

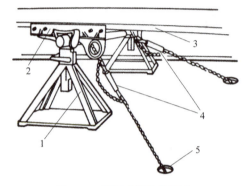

图7-5   地框式设备的固定

1—夹具支座；2—固定夹具；3—车身裙边；
4—链条张紧器拉紧链条；5—固定锚孔

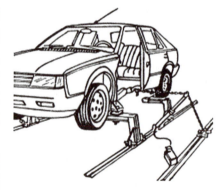

在拉伸时需将液压顶杆装在顶杆座上，以便液压顶杆能够在需要的方向上施力。将液压顶杆升到需要的高度，把链条拉紧并锁紧链条，链条钩在支架上。支架、液压顶杆及轿车上的拉伸点必须与牵拉方向成一条直线。将液压泵与液压顶杆连接，并把空气软管连接到气动液压泵上，启动液压泵，使链条拉紧，接下来就可以进行牵拉校正了，如图7-6所示。

地框式校正系统最适合小型车身维修车间使用，因为当顶杆、主夹具和其他动力辅助设备被清理后，校正作业区就可以用于其他用途，有利于车间面积的充分利用。

图7-6   用地框式校正系统校正车身

地框式校正系统可以用一种称为加力塔架的装置提供额外的拉力，在车身上进行校正操作时，加力塔架可以随时提供拉力。

3. L形简易校正仪

L形简易校正仪（见图7-7）由校正系统主体、牵引小车（拉杆器）和校正架附件组成。它的牵拉装置装配有液压系统，在可移动的立架与支柱之间用链和夹钳牵拉被损坏的车身部分。因为容易搬运，故这种装置很容易被安放在损伤部位的牵引方向。但是这种类型的装置只能在一个方向上拉拔，因此，它只适合一些小的碰撞

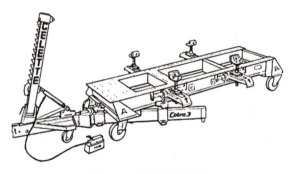

图7-7   L形简易校正仪

修复，对于复杂的碰撞变形不能进行精确的修复。

L形车身校正仪可以进行拉、顶、压、拔操作。当车身某个方向被撞凹进去时，可用工具夹紧再用牵引小车把它拉出来。如果在某个方向凸出来，也可以顶、压进去。可以视车身的损坏程度，对其进行正面拉和侧面拉，还可以进行向上拔、向下拉等操作，如图7-8所示。

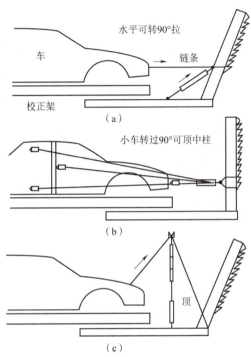

图7-8 L形车身校正仪的使用

(a) 水平拉；(b) 水平顶；(c) 向上拉

4. 平台式车身校正仪

平台式车身校正仪是一款通用型车身校正设备（见图7-9），可以对各种类型、型号的车身进行有效校正。

平台式车身校正仪的形式有多种，但一般配有两个或多个塔柱进行拉伸校正。这种拉伸塔柱为车身修理人员提供了很大的自由度，可绕车身的任何角度、任何高度和任何方向进行拉伸。其中很多平台式车身校正仪有液压倾斜装置或整体液压升降装置，其可利用一个手动或电动拉车器将车身拉或推到校正平台的一定位置上。

平台式本身校正仪同时也配备有很好的通用测量系统，通过测量系统精确地测量，可指导拉伸校正工作准确、高效地进行。

平台式车身校正仪主要由以下几部分组成。

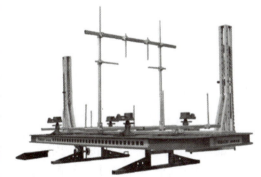

图7-9 平台式车身校正仪

1）平台

平台是车身修复的主要工作台，拉伸校正、测量、板件更换等工作都在平台上完成，如图7-10所示。

2）上车系统及升降系统

通过上车系统和平台升降系统可以把事故车放置在校正平台上。上车系统包括上车板、拖车器、车轮支架、拉车器（牵引器）等，如图7-11所示，通过液压升降机构把平台升起到一定的工作高度，如图7-12所示。平台的工作高度有固定式和可调式，固定式的一般为倾斜式

图7-10　校正仪平台

升降，高度在500~600 mm；可调式的一般为整体式升降，高度一般为300~1 000 mm。

轮毂

车轮
支架

拖车器

图7-11　上车系统

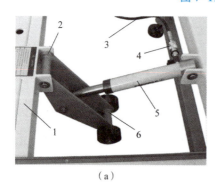

（a）

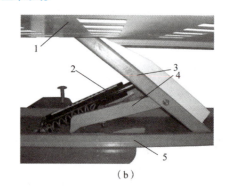

（b）

图7-12　倾斜式和整体式升降机构

（a）倾斜式；

1—校正平台；2—轮腿支座；3—油管；4—油管接头；5—油缸；6—升降轮腿

（b）整体式

1—校正平台；2—液压油缸；3—升降支座；4—锁紧机构；5—平台底座

3）主夹具

如图7-13所示，维修前，固定在平台上的主夹具将车辆紧固在平台上，车辆、平台和主夹具成为一个刚性的整体，车辆在拉伸操作时不能移动。为满足不同车身下部固定位置的需要，主夹具结构有多种，双夹头夹具可以夹持比较宽的裙边部位，以防止在拉伸中损坏夹持部位；单夹头夹具的钳口很宽，能够夹持车架。对于一些特殊车辆的夹持部位有特殊的设计，如有些车没有电焊裙边，像奔驰或宝马车就需要专门的夹具来夹持。

图 7-13　不同形式的主夹具

4）液压系统

车身拉伸校正工作是通过液压力的强大力量来把车身上的变形板件拉伸到位的。校正仪上的气动液压泵（见图 7-14）或电动液压泵通过油管把液压油输送到塔柱内部的油缸中，推动油缸的活塞顶出。气动液压系统一般是分体控制的，而比较先进的电动液压系统一般是集中控制的，由一个或两个电动泵来控制所有的液压装置，这样效率更高、故障率更低、工作更平稳。

图 7-14　气动液压泵

1—气动液压油缸；2—液压油表；
3—油管；4—气管接头

5）塔柱拉伸系统

如图 7-15 所示，损坏板件的拉伸操作是通过塔柱实现的。塔柱内部有油缸，液压油推动油缸活塞，活塞推动塔柱的顶杆，顶杆伸出塔柱的同时拉动链条，在顶杆的后部有链条锁紧销把链条锁住，通过导向环把拉力的方向改变成需要进行拉伸的方向。导向环通过摩擦力卡在塔柱上。

6）钣金工具

钣金工具包括对车身各种部位拉伸的夹持工具，如图 7-16 所示。

图 7-15　塔柱拉伸系统

1—顶杆；2—链条；3—塔柱；
4—导向环；5—锁紧销；6—油管

图 7-16　拉伸用的钣金工具

为了更好地对整体式车身进行拉伸修复，针对车身不同部位的变形修复设计了多种钣金工具，可以对车身进行有效的拉伸修复，如图 7-17 所示。

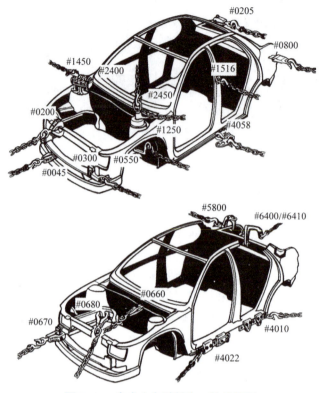

图 7-17 车身上各种钣金工具的使用

在使用钣金工具时必须注意正确的使用方法，否则会损害夹具和车身。在拉伸时必须使拉力方向的延长线通过夹钳的中间，否则夹钳有可能受扭转的力而脱开，还会对钳口夹持的部位造成进一步的损伤。在设计牵拉夹钳进行多点牵拉时，需要充分发挥想象力和创造力。图 7-18 所示为一些钣金工具正确及错误的用法。

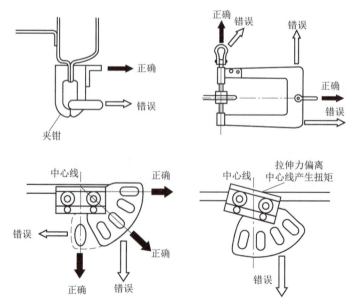

图 7-18 钣金工具拉伸力的方向

在进行牵拉校正准备时，钣金工具不可能正好夹持在变形区域，如果遇到这种情况，则可暂时在需要拉伸的部位焊一小块钢片，修复之后再去掉钢片，如图7-19和图7-20所示。

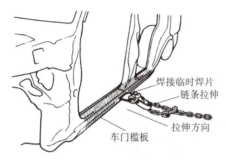
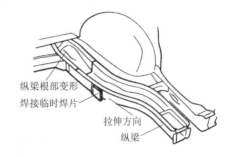

图7-19　门槛板拉伸的临时焊接钢片　　　　图7-20　前纵梁拉伸的临时焊接钢片

7）测量系统

测量系统是整个车身修复过程中不可或缺的。测量系统在车身测量中已介绍过，这里不再赘述。

二、车身校正系统的使用

1. 事故车上平台的操作

碰撞损坏的车辆在上到车身校正平台前需要拆除一些妨碍操作的车身外部覆盖件和机械部件，然后根据校正设备的升降类型，把平台一侧倾斜或整体降到最低高度，用手动或电动拉车器把车辆拉到平台上的合适位置，如图7-21所示。

2. 事故车在平台上的定位

车辆上到平台上后，首先找好车身与测量系统的基准，其次就是在校正平台上定位。因为测量工作要贯穿整个车身的维修过程，特别是使用机械式测量系统时，车辆在固定前必须找好测量的三个基准，如图7-22所示。车辆在拉伸的过程中是不能有位移的，否则测量基准一旦发生变化，只有在重新找到测量基准后才能进行测量。如果使用全自动电子测量系统就不需要进行测量基准的找正，因为计算机能自动找到测量的基准，如超声波测量系统。

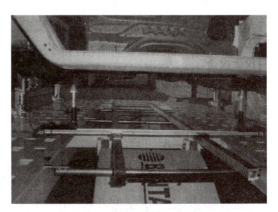

图7-21　上车操作　　　　　　　　图7-22　测量基准的找正

测量的基准找到后，就可以对车辆进行固定，如图7-23所示，整体式车身在固定时至少需要四个以上的固定点。主夹具、车身固定好后，主夹具、车身和校正平台相互之间没有位移。在对车身坚固部件进行拉伸操作时，最好在拉伸方向的相反方向设置一个辅助牵拉装置以抵消拉伸的力量，以防止夹持部位的部件损坏。

图7-23 主夹具对车身和平台进行固定

3. 事故车的测量和拉伸

车辆在平台上定位后，就可以对车辆进行测量和拉伸校正工作了。首先对碰撞部位进行简单的修整，在碰撞中变形严重的部件可能不需要进行校正，而自己更换就行。但这需要通过大致整形后来确定连接部件的损坏情况，并确定哪些部件需要校正恢复形状、哪些部件必须更换。按照测量系统的使用方法来对车身进行整车检查（严重碰撞的车身），对变形部件进行测量，还需要知道受损板件变形的方向和大小。

三、车身校正操作的安全与防护

1. 拉伸操作中的安全事项

（1）根据制造厂家的说明书，了解设备的性能及安全使用措施，正确使用校正设备。

（2）严禁非熟练人员或未经过正式训练的人员操作校正设备。

（3）车辆固定时要确保主夹具夹钳齿咬合得非常紧固，且车辆被牢固地固定在平台上。

（4）拉伸前汽车要装夹紧固，检查主夹具固定螺栓和钳口螺栓是否紧固、牢靠。

（5）一定要用推荐型号与级别的拉伸链条和钣金工具进行操作。

（6）拉伸时钣金工具要在车身上紧固牢靠，链条必须稳固地与汽车和平台连接，以防止在牵扯过程中脱落，避免将链条缠在尖锐器物上。

（7）向一边拉伸力量大时，一定要在相反一侧使用辅助牵拉，以防将汽车拉离校正台，如图7-24所示。如果汽车前端只有一个辅助固定［见图7-25（a）］，会在拉伸过程中对车身产生一个偏转力矩，使车身扭转。而汽车前端使用两个辅助固定［见图7-25（b）］后，拉伸过程就不会对车身产生偏转力矩了。

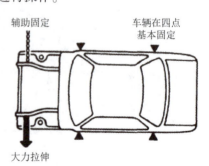

图7-24 辅助牵拉

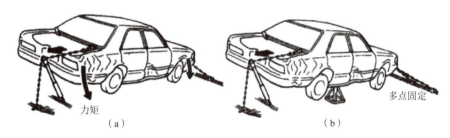

图 7-25 辅助牵拉防止拉伸中汽车偏转
（a）前端一个辅助固定；（b）前端两个辅助固定

（8）操作人员在汽车上面和汽车下面工作时，不要用千斤顶支承汽车。

（9）严禁操作人员与链条或牵拉夹钳在一条直线上。因为当链条断裂、夹钳滑落、钢板撕断时，特别是拉伸方向可能会造成直接的伤害事故。在车外进行拉伸校正时，人员在车内工作是非常危险的。

（10）用厚防护毯包住链条或用钢丝绳把链条、钣金工具固定在车身的牢固部件上，万一链条断裂，可防止工具、链条甩出对人员和其他物品产生损伤，如图 7-26 所示。

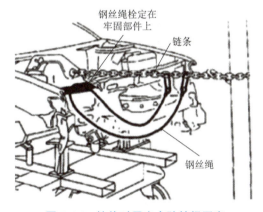

图 7-26 拉伸时用安全防护绳固定

（11）在拉伸时要把塔柱与平台的固定螺栓紧固牢靠，否则拉伸中塔柱滚轮移动装置受力损坏，可能导致塔柱突然脱离平台造成人员和物品的损伤。

（12）塔柱使用链条进行拉伸时，链条在顶杆的锁紧窝锁紧，链条不能有扭曲，所有链节都呈一条直线。导向环的固定手轮是在拉伸前固定导向环高度的，当拉伸开始后要松开手轮，手轮松开后一旦链条断裂，导向环因自重向下滑，防止链条向左右甩出。

2. 拉伸操作中的车身防护

在进行牵拉校正之前应对车身和一些部件进行保护，其事项如下。

（1）拆卸或盖住内部部件（座位、仪表、车垫等）。

（2）焊接时用隔热材料盖住玻璃、座位、仪表和车垫（特别是在进行气体保护焊时，这种保护更为必要）。

（3）拆除车身外面的部件时，用棉布或保护带保护车身，以防止擦伤。

（4）如果油漆表面擦破，则必须进行修复，因为油漆表面的瑕疵可能造成锈蚀。

任务三　车身校正的基本方法

一、车校正前的准备工作

先要根据测量和损坏分析的结果来制定精确的碰撞修理程序（工艺），然后按照已定好的程序完成车身修理操作。

1. 车身损坏分析

特别是对整体式车身应进行详细的测量和车身损伤分析，在损坏分析上多花一点时间，分析得越详细、越彻底，修复计划就做得越完善，整个车身修复工作的质量、效率就越高。

2. 车辆部件的拆除

在拉伸校正开始之前，应该拆去车上妨碍校正的部件。有些外覆盖件需要拆卸，有些机械部件也要拆卸。因为整体式车身的损伤容易扩散到较远处，经常扩散到一些意想不到的地方，有些甚至就藏在这些部件或系统里面，只有拆除这些部件后才能更好地找出损伤。

拆卸轿车零部件要注意以下事项：

（1）只拆卸那些为了接近车身需要修理的部位而必须拆除的部件。如过去将整体式车身轿车放在校正台上之前，要拆去悬架、传动装置、发动机和散热器等总成。不过现在有了定位器和发动机台架等辅助设备，如果损伤不是非常严重，则可以不进行拆卸。

（2）在进行修复前，要仔细研究车身结构、损伤位置和损伤程度，决定应拆去什么、保留什么，以及如何拆卸更为方便。

（3）有时在将轿车放到校正平台上之前拆去某些部件，为的是更容易接近需要校正的部件和区域。

（4）更换结构件比修理这些构件时需要拆掉更多的部件。要花时间认真研究发动机、传动系统和悬架的安装位置，看这些部件本身是有否损伤。在拆卸部件时应以单元的形式来拆卸，这样可以减少拆卸的时间。

3. 对车身进行测量

通过目测可以知道一些车身损坏的情况，但只有通过精确测量才能够确切知道车身损坏的程度和变形的范围。确定了整体式车身结构的损伤程度并完全弄清楚了损伤区域之后，才能够制定出完善、合理的修复计划，才可以进行牵拉和校正。车身主要控制点尺寸在拉伸中始终要不断进行测量和监控，以保证修复的准确性。

4. 制定拉伸程序

制定修理（牵拉）程序时应遵循两条基本规则，以保证通过最少的拉伸校正来修复损坏部件变形，并且不会造成进一步的车身结构损伤。

整个车身在修理时，要按"从里到外"的顺序完成修理过程。因为车身尺寸的基准在车身中部，需要先对车身中部进行整修，使中部车身尺寸恢复，以它们为基准再对前部或后部的尺寸进行测量和校正。而不是车身前部损坏就先修理前部部件，后部损坏就先修理后部部件，而是先要对车身的中部（乘客室）进行校正，使车身的中部和底部尺寸特别是基准点的尺寸恢复到位。

一个部件在受到损伤后，可能存在三个方向的损伤，整修顺序应为：首先校正长度；然后校正宽度；最后校正高度。

整个拉伸校正过程中，具体到每一个变形板件的拉伸校正时，拉伸校正的程度是由损伤部件的尺寸决定的。拉伸前需要知道每个损坏部件变形的方向和变形的大小，这需要通过准确地测量来决定，通过三维测量数据和车身标准数据对比可以知道变形的大小和方向。

对一个受损板件进行拉伸校正操作时，要用拉伸力使金属板件恢复到原先的形状，金属在受到外力时首先发生弹性变形，超过一定力量后才会发生塑性变形。在每一次的拉伸中，即使车身被牵拉至超过预定尺寸，车身部件也会由于弹性变形的存在而只是部分地恢复尺寸。因此，在拉伸时应预先估计其金属回弹（弹性变形）量，并在拉伸过程中留出一定的余量。不要试图以此就把变形拉伸到位（完全回到标准尺寸），变形的金属板内部存在加工硬化（内部应力），如果不把加工硬化消除，拉伸的回弹量会很大，大力的拉伸也会使板件由于加工硬化而破裂。

每个板件的修复一般都需要多次拉伸操作，每一次拉伸时，只使受损板件产生少量的变形，然后卸载、测量，检查板件变形恢复的程度，再重复拉伸、测量、检查的工作过程，直到板件的尺寸恢复到标准尺寸的误差范围内。

二、拉伸校正操作

1. 塔柱拉伸

现代的车身校正仪都使用液压的巨大推力通过塔柱内的液压油缸拉动拉伸链条，通过导向环变换拉力的方向，由配备在塔柱上的顶部拉伸杆和下拉式装置可以对车身进行长、宽、高三个方向的拉伸。使用塔柱的链条对固定在车身上的钣金工具进行拉伸，可以进行多点、多向的拉伸。在拉伸时要注意塔柱必须固定牢靠，不能移动，否则有可能会对校正仪本身产生损害。

2. 液压顶杆拉伸

由于校正设备配备情况不同，有些设备只配有一个或两个塔柱，为了在拉伸校正中实现多点、多向拉伸，还需要补充一些液压顶杆和链条来进行辅助拉伸。

使用液压顶杆进行拉伸时，拉伸链条、液压顶杆、车身的拉伸点和链条固定点形成一个简单的三角形拉伸图。液压顶杆伸长时，三角形的一边增长。因为链条锁紧在液压顶杆上，所以引起顶杆向右方倾斜，当顶杆倾斜到新的位置时，受损坏的部件就会被拉伸。

拉伸中根据拉伸部位的高度来调整链条与液压顶杆的长度和高度，链条一端固定在汽车的钣金工具上，调整液压顶杆的接管长度，以便达到恰当的高度。如果顶杆与链条固定点之间的链条超过了垂直状态，就必须马上停止拉伸，如图 7-27 所示。否则链条端部的固定点和顶杆支承点部位可能出现过载，导致链条断裂。

（a）　　　　　　　（b）　　　　　　　（c）

图 7-27　链条与顶杆的状态

（a）正确；（b）临界状态；（c）不正确

3. 拉伸操作方式

1）单向拉伸

在进行拉伸校正时，首先根据碰撞力的相反方向找到施加拉伸力的方向，然后在撞击点的这个方向上进行拉伸。对于碰撞程度较轻的局部变形，很容易使变形得到校正，但在拉伸过程中还要根据变形恢复的程度调整拉伸力的方向和大小才能进行有效维修，如图 7-28 所示。

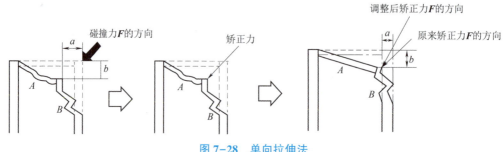

图 7-28　单向拉伸法

2）多向拉伸

当车身发生严重的变形时，碰撞力的作用是非常复杂的，其受力状态多为空间力系，车身变形的情形也是十分多样的，仅仅依靠单向拉伸，维修的效果会很差，特别是整体式的车身，往往容易把钣件拉坏。这时应该采用多向拉伸（也叫多点拉伸）的方法，以提高拉伸效率和拉伸校正质量。

实现多向拉伸，必须找到多向力。方法是把校正的拉伸力分解，分解为两个或者两个以上的力。同样利用力的平行四边形法则进行。实现多向拉伸最直接的方法是多点拉伸，有时只是在分析好的某一点上附加一个小小的其他方向拉力就能达到较好的目的。如图 7-29 所示，纵梁产生弯曲变形，可以把校正拉伸力分解为纵向和横向的两个分力，一个是惯性锤的作用力，另一个是液压系统产生的拉力，即可比较容易地把纵梁的变形恢复。

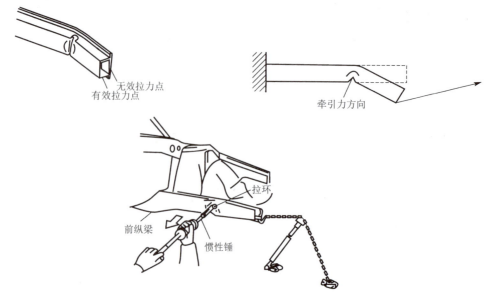

图 7-29　适当增加辅助拉伸力，弯曲便很容易得到恢复

车身侧面碰撞引起的整体弯曲变形，校正时需要三个方向的拉伸力，如图7-30所示。

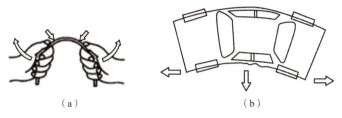

图7-30　车身侧向整体变形的拉伸校正

(a) 原理；(b) 拉伸力方向

4. 拉伸操作的注意事项

（1）不要试图一次拉伸就可以完成全部拉伸校正操作，而要通过一系列的反复拉伸操作：拉伸—保持平衡（消除应力）—再拉伸—再保持平衡（消除应力）。在这样一个循环往复的操作过程中，车身金属板可以有更多的时间恢复变形，有更多的时间使金属松弛（消除加工硬化的应力），有更多的时间测量、检查和调整拉伸校正的进度。

在拉伸开始时，要慢慢地启动液压系统，仔细观察车身损坏部位的移动，看它的变形是否与所需要的变形相吻合，是否在正确的方向上变形。如果不是，则要检查原因，调整拉伸角度后再进行拉伸。在拉伸到出现一定变形后要停止并保持拉伸拉力，再用锤子不断锤击损伤区域以消除应力，卸载使之松弛，然后再次拉伸并放松应力。

（2）车身的每个部件都有足够的强度来承受载荷，但在拉伸中钣金工具的夹持部位由于夹持的面积小，会在夹持部位产生非常大的压力，导致夹持部位的板件损坏或断裂。在对一个部位施加较大的拉力时应该多使用一些夹钳，将拉伸力分散到板件的更大区域。拉伸一个部位用两个夹钳时可以允许比用一个夹钳时增加一倍的拉力。

（3）车身部件的拉伸要从靠近车中心的部分向外进行，当靠近中部部件的控制点尺寸恢复到位以后，可以用一个辅助固定夹来固定，再拉伸下一段没有完全恢复尺寸的部分。如果对已经拉伸校正好的部位不进行辅助固定，则在拉伸下一段时可能影响已经修复好的部分。

（4）在拉伸时要一边间歇地施加拉力，一边检查车身部件的运动，确定拉力在损坏部位是否有效。如果看不到任何效果，则要考虑改变拉伸的方向或拉伸的部位。

（5）对于靠近交叉部位的弯曲，如纵梁的弯曲，可以夹住弯曲内侧表面进行牵拉，拉力的方向应与通过零部件原始位置的方向相同。

（6）如果损坏部件一些部位皱折、折叠太紧，内部的加工硬化太严重，则在拉伸时板件有被撕裂的危险。如果这些部件在吸能区就不能进行维修了，则需要进行更换。在对这些部件进行拉伸时需要对其加热，以放松应力。加热时需要注意，只能在棱角处或两层板连接得较紧的地方加热。如果在车身纵梁或在箱形截面部分加热，则只会使其状态进一步恶化。加热只能作为消除金属应力的一种手段，而不能把它作为软化某一部分的方法。现代车身一般不推荐在高强度板件上用焊炬加热，但有时可以小心地用焊炬加热，加热温度控制在200 ℃以下。观察加热的最好方法是使用热敏笔或示温涂料（热敏涂料），如图7-31所示。

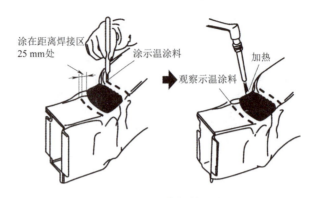

图 7-31　示温涂料的用法

（7）防止过度拉伸。在拉伸校正时必须把钣件尺寸拉伸到超过一定的长度，使钣件拉伸力释放后，钣件由于弹性回归到正确尺寸。但过度拉伸绝对不能超过太大的尺寸，否则拉伸力释放后，存在了绝对的过长长度，钣件只能报废，反而加大了维修的难度和时间，如图 7-32 所示。

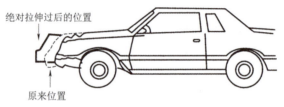

图 7-32　过度拉伸

产生过度拉伸的原因一般有两个：一是在修复中没有遵循"先里后外"的拉伸原则，导致修理程序的混乱，修理好的板件在其他变形板件进行修理时影响了它的尺寸，使原先已经校正好的板件长度又被加大了，超过了原尺寸；另一个原因是在校正过程中没有经常、精确地测量拉伸部位的尺寸，没有很好地控制拉伸的程度，这也可能导致过度拉伸。

【任务实施】

车身前端损坏的整修。

1. 损坏分析、确定拉伸程序

一辆轿车的前端被碰撞损伤，如果它的前部横梁一侧的前挡泥板及侧梁损坏严重，则需要进行更换，而另一侧的前翼子板、前挡泥板和纵梁可能只是受到对面严重碰撞的影响，损坏并不严重，则只需要进行修复；一侧的挡泥板和侧梁要进行修复，另一侧需要更换部件的支承连接部件也需要在新板件安装前修复好，如图 7-33 所示。

通过碰撞位置可以分析出车身的左前方受到碰撞，水箱框架和前纵梁都受到严重损坏，前柱也向后变形，故需要按照与碰撞方向相反的方向对左侧纵梁和前柱进行牵拉，在前柱尺寸恢复后再把需要更换的左前纵梁拆除，然后再修理右侧挡泥板和纵梁。需要修理一侧的整个挡泥板或纵梁可能仅在右边或左边略有弯曲，在纵向方向没有变形。

图 7-33　车身前端损坏的整修

2. 拆卸妨碍工作的部件

在拉伸校正开始之前，应该拆去车上妨碍校正的部件，包括发动机室的有些机械部件也要拆卸。首先拆卸变形严重的发动机罩和左前叶子板，以及大灯、保险杠、保险杠支承，发动机室左侧妨碍修复操作的机械部件也要拆卸。由于左侧前纵梁已经后移使车内地板隆起，故对于仪表台、转向盘等也要进行拆卸，以便于进行校正。减震器支座后移严重，造成左前轮卡死无法转动，需要将其拆卸并更换上合适高度的支架，如图 7-34 所示。在支架下垫上移动拖车器，以方便事故车辆上平台操作。

3. 事故车在平台上的定位

图 7-34　安装代替

1）事故车上平台的操作

在车辆上平台之前要清除平台上以及平台与车辆之间的其他物品，以免影响上车操作。根据校正设备的升降类型，把平台一侧倾斜或整体降到最低高度，用手动或电动拉车器把车辆拉到平台上的合适位置，如图 7-35 所示。因为事故车重点是维修前部区域，所以车辆在平台上的位置要稍靠前一些。

图 7-35　事故车上平台

2）确定测量基准

如图 7-36 所示，车辆上到平台上后，首先是找好车身与测量系统的基准，其次就是在校正平台上定位。因为测量工作要贯穿整个车身的维修过程，特别是使用机械式测量系统时，车辆固定前必须找好测量的三个基准。车辆在拉伸的过程中是不能有位移的，否则测量基准一旦发生变化，只有在重新找到测量基准后才能进行测量。如果使用全自动电子测量系统，就不需要进行测量基准的找正，因为计算机能自动找到测量的基准，如超声波测量系统。

3）固定车辆

测量的基准找到后，就可以对车辆进行固定。对于车架式车身的车架定位可以采用在车架的固定孔（位于车架的梁架上）内放置适当的塞钩进行定位。为使塞钩与车架梁对中，需要用垫块进行调整，或者使用链条张紧器调整。为防止牵拉力过大造成损伤，建议在孔上焊接加强垫片后再拉伸。

图 7-36　找好车身与测量系统的基准

对于整体式车身，必须用多点固定的方式，至少需要四个固定点，如图 7-37 所示。根据车身结构及拉伸的部位，有时或许还需要另外的固定点。将主夹具夹持在车身下部点焊裙边的位置，通过调整主夹的高度将车身调整水平，并且与校正台之间留出足够的操作空间。车身位置调好以后，将主夹具紧固，如图 7-38 所示，保证车身、主夹具和校正平台之间刚性连接，没有位移。在对车身坚固部件进行机械拉伸操作时，最好在拉伸方向的相反方向设置一个辅助牵拉装置以抵消拉伸的力量，以防止夹持部位的部件损坏。

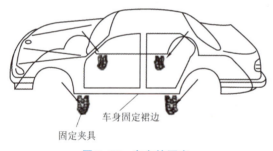

图 7-37　车身的固定

图 7-38　主夹具对车身和平台进行固定

4）继续拆除妨碍测量和拉伸的零件

由于前横梁变形严重致使水箱等零件无法拆卸，故需要对水箱框架进行预拉伸，如图 7-39 所示，在有一定的操作空间后将水箱框架切除，可以用等离子切割枪切除水箱框架和左纵梁前部的损坏部位，如图 7-40 所示，然后将水箱拆卸下来，再把发动机的相关部件拆除。

图 7-39　预拉伸水箱框架

图 7-40　切割水箱框架

右侧水箱框架的拆除可以使用电焊钻除切割焊点，分离板件。对于左侧纵梁和挡泥板要保留，因为需要通过拉伸这些部位来校正前立柱的变形。当把前立柱的变形拉伸校正好了以后，再将其切割更换新件。

4. 事故车的测量

1）初步测量

首先对碰撞部位附近的车身形状进行简单的测量，如图7-41所示。前立柱后移造成风窗立柱向上拱曲，门框变窄，所以车门无法关严。

图7-41　测量变形的车门框的宽和高

然后根据初步测量的结果对损坏的部位进行大致的拉伸校正。通过拉伸前纵梁使前立柱变形得到一定的恢复，达到车门能够关闭的程度就可以了，如图7-42所示。接下来需要用三维电子车身测量系统对车身进行精确的测量。

图7-42　拉伸前纵梁

2）精确测量

按照测量系统的使用方法来对车身进行整车检查，对变形部件进行测量，还需要知道受损板件变形的方向和大小。将测量系统安装好，选择合适的车型和测量模式。因为车辆的前部受到损伤，所以测量的基准点要选择后部右侧基准点 B，根据提示选择合适的测量探头C30 和加长杆 E100，如图7-43 所示。然后将探头、加长杆和传感器安装到测量点上，按同样的方法安装其他测量点的传感器。

因为整体式车身结构的前端有碰撞吸能

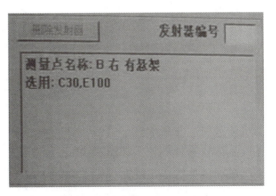

图7-43　选定测量基准点

区，故在一定的碰撞损伤情况下这些区域可以将碰撞的动能转化变形的机械能，保证其他部位的完好。但是如果碰撞超过吸能区的能力范围，碰撞力就会通过地板纵梁、门槛纵梁、上部车身框架向车身后部传递，造成车身后部的变形，如图7-44所示。所以在测量时，车身后部尺寸也要测量。通过测量知道事故车的变形主要集中在左前部，车身后部变形尺寸小于3 mm，在准许的变形范围内，只要将车身左前部拉伸到规定尺寸就可以了。

图7-44　碰撞后力的传递

5. 对损伤部位拉伸校正

拉伸前围和前柱时要用到未拆卸的前纵梁和挡泥板，因为碰撞严重，损坏扩散到车体前立柱，故车门关不上。通过拉伸恢复前柱的标准尺寸，在拉伸的过程中要不断地测量。拉伸变形部位到标准尺寸后稳定不动，对变形区域锤击以消除应力，使金属的弹性变形减小一些，如图7-45所示。然后释放拉力，再拉伸并维持拉力不变，锤击变形部位以消除应力，再释放，进行测量，直到损伤部位的尺寸恢复到误差准许的范围内为止。

通过拉伸恢复前柱的尺寸以后就可以将前纵梁和挡泥板拆下。在分离前纵梁和前柱时，首先要将电焊部位的防腐蚀层清除掉，如图7-46所示，主要清除的面积要尽可能小，能清楚地看到电焊的轮廓就可以了。可以使用电钻将焊点切除，在切除焊点时注意不要损坏下层金属。

图7-45　锤击变形部位以消除应力

图7-46　分离纵梁与前立柱

通过测量发现前柱车门铰链处的尺寸误差较大，需要校正。用螺栓把拉伸工具固定在立柱铰链部位进行拉伸，如图7-47所示。把拉伸工具通过车身底部的孔固定在车身上，对前柱底部和前地板部位进行拉伸，拉伸中要不断地测量和监控数据的变化，如图7-48所示。

图 7-47　拉伸铰链部位

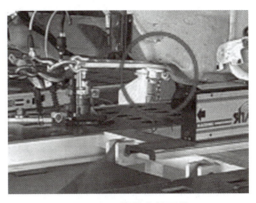

图 7-48　拉伸立柱下端

　　如果维修中只是简单地夹住挡泥板，对纵梁前缘进行拉伸，则不能修理好车身前柱或前围板的主要损坏。需要多点对损坏部位进行拉伸，如果拉伸效果不好，还可以一边拉伸一边用液压杆从里边推压，用夹具夹住前风窗立柱的变形部位向下拉伸，如图 7-49 所示。风窗立柱的校正要等到前立柱校正完成后进行。随着前立柱和风窗立柱尺寸的恢复，前门的安装尺寸也在变好，但还需要调整风窗立柱和中柱来达到良好的配合尺寸，如图 7-50 所示。

图 7-49　液压挺杆推压

图 7-50　校正中柱

6. 安装更换部件

　　把变形的部位通过校正恢复尺寸后，就可以安装更换的部件了。车身前立柱、前围板、前地板、风窗立柱和中柱校正好以后，就可以安装前纵梁、前挡泥板和水箱框架了。更换的部件可以是新部件，也可以是从其他车身上更换下来的良好部分，新部件按照原来的安装痕迹来安装，如图 7-51 所示。首先将前纵梁的延伸段在前立柱处定位，如图 7-52 所示，再把前纵梁和挡泥板组件与前围板和前立柱的安装痕迹初步定位。在更换的前纵梁的检测孔内安装测量传感器，测量尺寸误差，并进行适当的调整，调整好后用大力钳和螺栓将前纵梁和挡泥板组件固定。把水箱框架安装到前纵梁上，并对水箱框架进行测量，把尺寸调整到误差范围内，用螺钉固定。

图 7-51　更换前纵梁

图 7-52　定位纵梁

安装叶子板和发动机罩，要不断调整新安装板件的安装缝隙，直到缝隙均匀、左右对称，如图 7-53 所示，并对其进行临时紧固。通过对车身结构尺寸的测量来检验结构件的校正是否到位；通过装配检验车身覆盖件是否安装到位；通过测量和外观检测调整好板件以后，就可以对更换的结构件进行焊接了。

图 7-53　检查发动机罩和叶子板的装配

焊接前要将发动机罩、叶子板和水箱框架拆掉，拆卸前用记号笔做好定位标记。测量前纵梁与挡泥板组件的尺寸，确定无误后进行焊接操作。前纵梁的焊接要采用二氧化碳保护焊焊接，如图 7-54 所示。水箱框架可以用电阻点焊焊接，也可以用二氧化碳保护焊进行塞焊连接。结构件焊接完成后，安装叶子板、发动机罩、前保险杠总成和前大灯等，如图 7-55 所示。

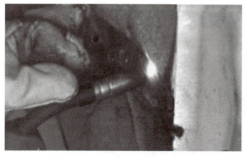

图 7-54　用二氧化碳保护焊焊接前纵梁组件

图 7-55　车身维修竣工后的车辆

复习思考题

一、选择题

1. 校正（拉伸）车身时的基本原则是_____进行校正操作。

A. 按先碰先修的原则　　　　　　　　B. 按先修简单后修复杂的原则

C. 按与碰撞力一致的方向　　　　　　D. 按与碰撞力相反的方向

2. 车身校正架上的量具尺寸非常精确，一般允许误差_____。

A. 小于 1 mm　　　　　　　　　　B. 小于或等于 1 mm

C. 小于 2 mm　　　　　　　　　　D. 小于 3 mm

3. L 形校正仪能在_____方向上拉拔，它适用于一些小的碰撞修复。

A. 1 个　　　　　　B. 2 个　　　　　　C. 3 个　　　　　　D. 4 个

4. 平台式车身校正仪一般配有两个或多个塔柱进行拉伸校正，可在绕车身的_____进行拉伸。

A. 几个方向　　　　　　　　　　　B. 几个高度

C. 任何高度和任何方向　　　　　　D. 3 个高度、3 个方向

5. 当进行车身拉伸操作时，操作人员做法正确的是_____。

A. 非熟练人员或未经过正式训练的人员操作校正设备

B. 拉伸时不需要用钢丝绳把链条、钣金工具固定在车身的牢固部件上

C. 操作人员在汽车上面和汽车下面工作时，可以用千斤顶支撑汽车

D. 严禁操作人员与链条或牵拉夹钳在一条直线上

二、简答题

1. 什么叫力的合成与分解？

2. 为什么承载式车身要采用多向拉伸？

3. 拉伸校正中，为什么不能过度拉伸？

4. 如何使用地框式车身拉伸系统和 L 形车身校正仪进行车身拉伸操作？

项目八

车身金属覆盖件损伤修复

📖【本章知识导读】

知识目标	1. 熟悉汽车板件变形修复设备使用及修复工艺； 2. 熟悉塑料件的维修方法； 3. 掌握塑料件的粘结工艺； 4. 掌握塑料件的焊接工艺
能力目标	1. 能按要求进行安全防护； 2. 能正确、规范地使用各种工具
重点、难点	1. 拉伸设备的正确使用； 2. 塑料焊接工艺

任务一　板件凹凸变形的修复

一、面板整形作业方式、流程及注意事项

1. 面板整形作业方式及流程

整形工艺是一种传统的手工工艺，是钣金维修技师应该掌握的一项基本技能。根据作业方式可分为：手锤与垫铁作业、整形机作业和收缩作业。手锤与垫铁作业适合于车身单层或内部容易触及的钣金件修复，整形机作业适合于内部不容易触及的钣金件修复。

但这并不是一个固定的模式与规律，如对于面积较大的钣金件，虽然在很多情况下内部可以触及，但由于损伤内部空间较小及受手臂长度所限，采用手锤与垫铁作业实施起来将非常困难。同样，一些不易触及内部的损伤由于变形量较大、凹陷较深，使用整形机作业根本无法修平，故只能采取内侧钻孔、剥开咬合的双层边缘，或从内侧工艺孔伸进修平刀（撬板），通过与手锤配合将损伤修平的方式，甚至有时还需将内层整体或局部取下，待损伤部位修平后再安装或焊接到原来位置。所以，面板修复前应根据损伤部位、程度及范围，选择合理的作业方式，制定出相应的流程（见图8-1），能否正确选择修复方式直接关系到工作效率和维修质量。

这两种作业方式各有优缺点，在维修过程中不是相互排斥，而是相辅相成、优势互补，必要时可同时或先后、交替使用。如车辆前翼子板变形严重，则可以使用手锤与垫铁配合进行粗校正，消除应力后再使用整形机对小凹坑进行精细修整。

收缩作业是指面板损伤部位发生延展或无法支撑而产生鼓动时所采取的一种措施。严格来讲，它只是面板整形时的辅助措施，而不是必需措施，不是任何损伤的修复过程都需要进行收缩作业。

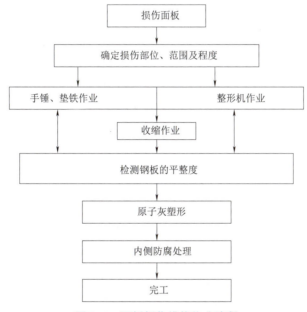

图 8-1　面板损伤维修作业流程

2. 面板整形注意事项

（1）面板出现严重折损、延展、撕裂以及由于刮蹭造成钢板变薄和内层、边角部位损伤严重时，将很难保证修理质量，应进行更换，以免造成返修。何种程度及标准需要更换，很难量化，只能根据实际情况而定。

（2）大面积的钣金件，如发动机盖、行李舱盖、车顶、车门等损伤较重时，不宜进行修复。这些钣金件通常面积较大，抵抗凹陷的能力较差，另外车辆行驶时的振动及车门、发动机、行李舱盖开关时的振动，阳光暴晒及自身发动机的热量影响，都有可能造成原子灰开裂。

（3）判定损伤范围、程度时，仔细检查损伤的钣金件与相邻钣金件之间相互配合是否良好，车门、发动机盖、行李舱开关是否顺畅、密封，同时应确认钣金件与内部加强筋没有开胶、开焊或内、外层咬合不良等现象，避免造成钣金件整体强度降低、异响、密封不严等故障。

（4）使用整形机修复的最大优点是不用或尽可能地少拆卸内侧零部件。但在进行面板损伤评估时，应凭借经验、实际损伤情况和相关功能性检测等手段，确认内部零部件、内层支承和结构没有损坏、开胶和变形，避免造成异响、共振、玻璃升降时与变形部位发生刮蹭等一系列故障。如不能确定，应拆卸内部相关零部件进行检查。如车门撞击变形损伤，经常会造成内侧防护梁与面板开胶，如果修复后不采取打胶处理，将会导致车辆行驶时产生共振故障，严重的还将导致玻璃升降时升降器与防护梁发生刮蹭。

（5）根据面板损伤程度及部位，应合理选择修复方式、维修设备及工具，规范进行作业。相对于老式车型，现在车身钢板厚度较薄，另外，由于刮蹭、撞击、维修中锤击及采用不正确的研磨工具和研磨方法，都有可能造成钢板变薄。加之操作不规范、修复方式不正确、整形机作业时电流过大，强行拉拔将会导致面板拉拔过程中出现孔洞，如果这些孔洞不进行焊接，由于原子灰具有吸湿性，在使用一段时间后上述部位将出现开裂或起泡。所以为保证钢板维修后的强度、耐用性及外观质量，维修时应当小心谨慎，选择正确的修复作业方式，规范进行作业。对于过渡平缓、受力点较少的凹陷损伤，可以采用整形机作业。多点受力、加工硬化现象相对较重、皱折等损伤，则需要使用手锤与垫铁配合的作业方式。对于使用手锤与垫铁作业修复的损伤，不能图简便采用整形修复机，应该通过拉伸释放应力的褶皱，即不要通过手锤与垫铁配合作业，以达到修平皱折的目的，避免进一步加重钢板损坏。

（6）车身面板修复前，应对车辆进行防护，避免灰尘及研磨机打磨时的漆膜、碎屑进入车内，确保室内卫生。使用手砂轮打磨、整形机修复或二氧化碳气体保护焊焊接临时钢片前，应将损伤区域的漆面、玻璃、易燃物品进行防护，以防砂轮打磨时的金属碎屑、焊接时的飞溅物等损伤到车身漆面、玻璃、橡胶和塑料制品。防护用品可以用防火毯、软纸板、遮蔽纸等，只要达到相关防护目的即可。拆卸车门后，需要焊接临时钢片修复车门立柱、门槛板时，也可用硬纸板剪出车门的形状进行防护，防止焊接飞溅物和金属碎屑进入车内。另外，还应对损伤周围的区域进行防护，以免磕伤、碰伤这些部位的油漆层。

（7）采取焊接临时钢片拉伸，或采用整形机点焊、热收缩作业前，应确认其内部没有易燃物及线束等。车身钢板内侧，如后翼子板、车身立柱等内部会粘有隔声垫、隔热棉、发泡材料、线束等，焊接、热收缩时的热量会造成内侧线束烧蚀或引起火灾。

（8）车身面板修复时，外部饰板、外拉手、灯具等零部件卡子的安装孔及螺纹孔应尽可能地接近原始平面，不能依赖于原子灰找平，否则安装时会导致相互配合不严密、螺纹紧固时原子灰开裂、由于原子灰厚度增加导致卡子无法安装到位等现象。修复后还应将箱形内部断裂的卡子、从工艺孔掉进的原子灰块等物品清理干净，防止异响故障产生。

（9）为保证钢板的耐用性，修复后应进行防腐处理。车身钢板由于撞击、刮蹭、修复过程中的锤击、焊接、热收缩等都可能破坏原有防腐层，并使金属裸露，裸露的金属与空气中的氧和湿气接触，极易形成锈蚀，缩短钢板的使用寿命。

二、手锤与垫铁作业方法

1. 局部修复

进行车身局部修复工作时，可将损伤部位放入托模中，用钣金托模修复车身表面。采用钣金托模的修复方法有正托法和偏托法。正托法是将钣金托模直接置于金属板背面的凸起部位，用钣金锤在另一面直接锤击变形部位。这对于修复隆起和平整较小的凸起十分有效。但正托法容易造成金属板件的延展变形，锤击部位的金属将变薄且钣金面积会增大，如图8-2所示。

图8-2 正托法

1）偏托法

在托模修复的实际工作中，常采用偏托法，如图8-3所示。偏托法常用于多部位的连续变形修复。操作时，将钣金托模置于金属板背面的最低处，钣金锤则在另一面敲击变形的最高处。对于如图8-4所示的车身变形部位，也可以同时使用两把钣金锤敲击变形部位，这样可以避免修复过程中受力不均等工艺缺陷。

图8-3　偏托法　　　　　　图8-4　用两把钣金锤进行修复

2）修平刀修复法

汽车车身结构许多部位间隙狭小，不能放入托模，这种部位可以借助修平刀进行修复。图8-5所示为各种不同形状的修平刀，图8-6所示为修平刀的使用方法。操作时，将修平刀紧贴变形部位背面，用钣金锤敲击变形部位。此方法对车身表面的微小隆起和划伤有很好的修复效果。

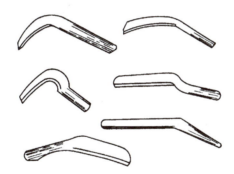

图8-5　不同形状修平刀

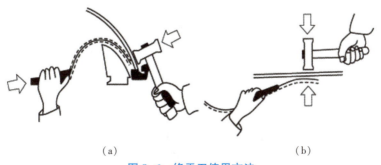

（a）　　　　　　　　　　　　　（b）

图8-6　修平刀使用方法

（a）曲面的修平；（b）手不易伸入处的平面的修平

修平刀在修复过程中还可以起支撑作用，例如，用修平刀对内部结构无损伤的车门局部变形进行修复十分有效。如图8-7（b）所示，先用修平刀撬动变形部位，把向内凸出的隆起撬到正常位置，然后再按图 8-7（a）所示的方法用修平刀和钣金锤将车门修复完好。操作时应掌握好锤击的力度，修平刀支撑点的位置和锤击力度与位置应相互配合，如锤击力大于修平刀的支撑力就达不到修复的目的，甚至还会加剧部件变形。一般应使修平刀的支撑力略大于锤击力，这样会得到较好的修复效果。操作中应遵循"敲高顶低"的原则，并注意随时调整顶点与锤点的位置。连续敲击一点或力度过大、次数过多，都不可避免地会使金属板面发生延展，造成板类构件的二次翘曲变形。

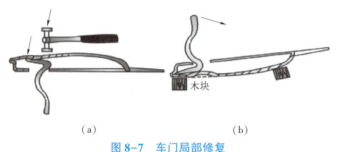

（a）　　　　　　　　　（b）

图 8-7　车门局部修复

（a）作撬板用；（b）直接顶起

2. 局部凹凸修复

车身修复常常需要进行局部凹凸部位的整形，如图 8-8 所示，操作方法概况：中间凸出，敲击凸出部分的四周；变形复杂时，敲中间。敲击时要注意敲击点、锤击力度和敲击次序。在初步整平以后，对表面残留的细小凹凸部位还要进行更加精细的敲平作业，如图 8-8（c）所示。操作时先从损伤较大的部位着手，如板件受损面积较大，则应从距维修人员较远或不便操作的部位开始。修复时要注意手、眼的配合，并确保锤面的中心而不是锤面的边缘落在敲击点上，如图 8-8（a）所示。托模应紧跟敲击点，锤击的次数要少，并应保证每次的锤击和托模的顶托都有效。托模、修平刀、铁锤工作面的形状必须与车身构件的几何形状相吻合，否则就达不到修复要求，如图 8-8（b）所示。

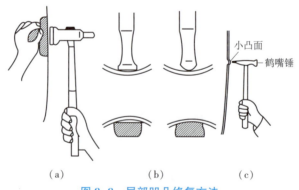

（a）　　　　　（b）　　　　　（c）

图 8-8　局部凹凸修复方法

（a）锤面中心落在敲击点上；

（b）锤、托模的工作面与车身构件的几何形状相吻合；

（c）对表面残留的细小凹凸进行精细修复

3. 手锤与垫铁作业流程

面板损伤修理是在内层、内部加强等部位修复到位的前提下进行的。采用手锤与垫铁作业前，首先应确定损伤程度及范围，合理选择工具及作业方式，严格按照流程进行作业，其主要作业流程如下：

（1）判定损伤范围。

（2）磨除旧漆膜。

（3）试焊。

（4）焊接。

（5）拉拔。

（6）拆卸垫片。

（7）磨除焊接痕迹与防腐。

三、整形机作业方法

1. 车身整形机

车身整形机也称为介子机，如图8-9所示，属于电阻焊接的一种，其工作原理是利用电极头上夹持的各种附件与钢板接触，通过大电流，使接触部位产生电阻热，以获取与需求相对应的各种功能。整形机常用的功能包括垫片焊接、蛇形线焊接、与滑动锤安装在一起的焊接电极焊接及收缩作业等。

2. 车身整形机拉拔原理

车身整形机焊接后向外拉拔的原理等同于手锤与垫铁作业时的虚敲作业。虚敲作业就是将垫铁放置于钢板凹陷较低的内侧部位，整形修复机是将介子焊接在钢板凹陷较低的外侧部位，向外拉出，以取代从内侧向外压出的垫铁，如图8-10所示。

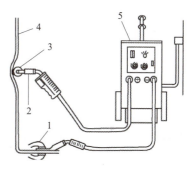

图 8-9　整形修复机
1—搭铁；2—电极；3—垫圈；
4—钢板；5—电源

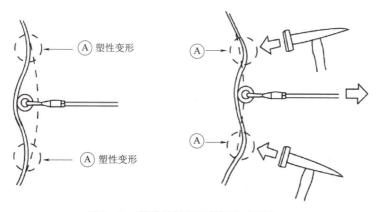

图 8-10　垫片拉拔原理等同于虚敲作业

3. 拉拔方法

拔拉方法主要有以下几种：

1）使用手拉拔器拉拔

使用手拉拔器拉拔焊接垫圈，然后用手锤敲击钢板凸起部位。此种方法适用于修理小的凹陷部位，如图 8-11 所示。

2）使用滑动锤拉拔

利用滑动锤的冲击力拉出焊接的垫圈来修理凹陷。此种方法用来做粗拉拔及在钢板强度高的部位修理凹陷，如图 8-12 所示。

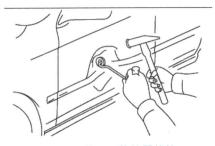

图 8-11　使用手拔拉器拔拉

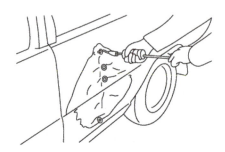

图 8-12　使用滑动锤拔拉

3）使用拉塔拉拔

使用拉塔拉拔用于修理大的凹陷，将众多的垫圈焊接于钢板上，并且用较大的力量将垫圈一起拉出。此外链条能够维持拉拔的力量，以使修理人员的双手能够空出来去执行其他作业，如敲击作业，如图 8-13 所示。

4）使用具有焊接极头的滑动锤拉拔

此种工具为一种包含有焊接极头的滑动锤，极头可焊接于钢板上，并将钢板拉出。使用此工具时，必须将焊接机的正极头接于滑动锤的后侧，如图 8-14 所示。

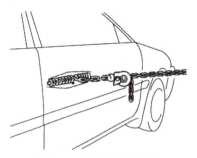

图 8-13　使用拉塔拉拔

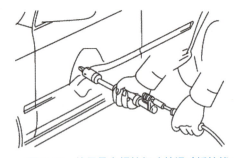

图 8-14　使用具有焊接极头的滑动锤拉拔

4. 整形机作业流程

1）判定损伤范围

车身面板损伤部位及程度的判定，损伤部位确定后应进行标注，以确认损伤区域，如图 8-15 所示。

2）磨除旧漆膜

用打磨机磨除损坏区域的涂层，推荐使用单作用打磨机、60 号砂纸，如图 8-16 所示。

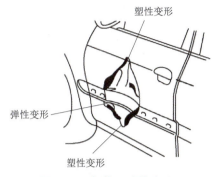

图 8-15　损伤区域的确认

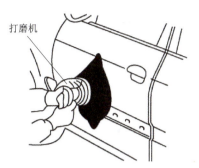

图 8-16　磨除旧漆膜

3）试焊

试焊是在不熟悉设备的情况下所必须进行的一项工作，其目的是通过调节整形机的电流与时间间隔参数，以获得最佳的焊接效果。在同等条件下，电流、时间间隔过大将会造成焊接过度，对钢板产生热影响，钢板的背面出现过烧现象，拉拔后钢板的表面将会出现凹坑，影响钢板的表面精度；反之，则焊接不牢，无法进行拉拔作业。试焊时，电流与时间间隔应从较小的参数逐渐加大进行调试，并将二者尽量控制在较小的范围内为最佳。如图 8-17 所示。

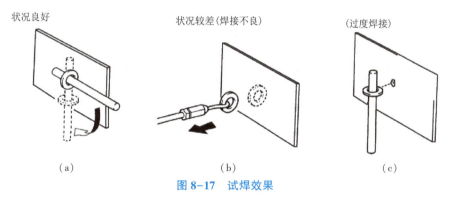

　　状况良好　　　　　　　状况较差（焊接不良）　　　　　　（过度焊接）

（a）　　　　　　　　　（b）　　　　　　　　　（c）

图 8-17　试焊效果

（a）当拉拔垫圈时不会掉落；（b）当拉拔垫圈时很容易掉落；（c）拆下垫圈时钢板出现受损的情况

4）焊接

焊接时，应将搭铁极头和焊接极头处于同一钣金上，二者的距离通常不超过 50 cm。搭铁极头可通过专用工具、夹钳固定在损伤部位的周围或边缘部位。将焊接极头上的熔化物及时清理干净，无法使用时应进行更换，以免影响到焊接质量。

焊接时，焊接垫片应与钢板轻轻接触，呈 90° 进行焊接，焊接加强筋部位时应按照与预拉拔一致的角度进行焊接。损伤程度、面积及部位决定焊接垫片的数量及距离，损伤部位的原有强度越高，损伤越重，焊接的垫片越多，距离越近。

5）拉拔

拉拔时，应根据损伤程度控制力量的大小。力量太小，起不到应有的效果；力量较大，往往会造成凸起点较高，对后期的修平造成一定的难度，强行拉拔甚至会造成钢板出现孔洞。拉拔效果不明显时应重新考虑改变力的方向、焊接部位及拉拔方法。中间轴的选用应根据经验确保达到强度要求，否则轴在拉伸力的影响下会产生弯曲，非常容易变形导致周围垫片脱落，如图8-18所示。

6）拆卸垫圈

拉平后，拆卸垫圈。

7）去除焊接痕迹

在拆下垫圈后，研磨表面，以去除易使钢板生锈的焊接痕迹，如图8-19所示。

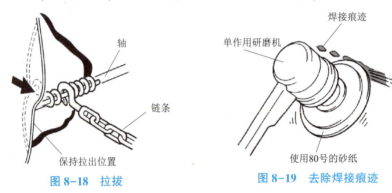

图8-18　拉拔　　　　　　　图8-19　去除焊接痕迹

四、收缩作业的方法

收缩作业按照作业温度可分为常温收缩和热收缩。常温收缩分为打褶收缩和收缩锤收缩。在虚敲作业中，使用垫铁顶住钢板较低的部位，手锤击打较高的部位，介于手锤和垫铁之间的晶粒将被压扁使钢板厚度增加，尺寸缩短，这本身就对钢板起到收缩的作用。热收缩分为火焰收缩、铜极收缩和碳棒收缩，其中铜极收缩和碳棒收缩为电热收缩。在使用整形机焊接、铜极压凸起点时，由于热量的影响，也可以起到收缩的作用。

1）打褶法收缩

打褶法是处理拉伸变形的一种方法（见图8-20），它并不使金属发生加热收缩变形，而是用锤子和砧铁在拉伸变形部位做出一些褶来。操作时，使锤砧错位，用鹤嘴锤轻轻敲击而使部位起褶，起褶的地方会比其他部位略低，在填实填满后，再用锉刀或砾纸将这一部分打磨得与其他部分齐平。

图8-20　打褶法

2）收缩锤收缩

收缩锤收缩只在钢板延伸范围及程度较小时采用，收缩效果相对较差，同时对钢板表面的精度影响很大。作业时，使用锤门上带有锥形凸起的收缩锤（或收缩垫铁）和垫铁（或平锤）配合进行正位敲击，要领是慢速重敲，并尽可能减少锤击次数，敲击后钢板表面会留下与锤面形状相似的凸凹状锤痕。其原理一是利用重敲时，锤面（垫铁）花纹使钢板产生微小的弯曲变形，利用这种挤压力，迫使延展部位内部比较疏松的晶粒重新紧密排列；二是收缩的锤面与锤体为橡胶弹性连接（见图8-21），由于内部结构设计的原因，在敲击时锤面会有一

图8-21　收缩锤内部结构

个扭动的动作，从而使钢板收缩。使用收缩锤或收缩垫铁时，与之配套的工具必须是非收缩型的，不得将收缩锤和收缩垫铁同时使用。

3）火焰收缩

热收缩即所谓的收火，对钣金凹陷处中点局部快速加热，在温度升高过程中以加热点为中心钢板向周围膨胀，对周边产生压应力。当温度继续上升时，钢板局部烧红变软，解除了中心区的压力，使周围钢板恢复变形，烧红区域被压缩而变厚，周围钢板可以自由变形伸展恢复形状。对于局部加热点，可以突然进行喷水或用湿布贴敷，使加热部位突然冷却，钢板立即收缩，中心部位产生对于周边的拉伸载荷，强力将周边向中心拉伸，与变形过程中产生的压缩载荷相抵消，以恢复原形状。火焰收缩为热收缩方式的一种，其收缩原理及操作过程如图 8-22 所示。

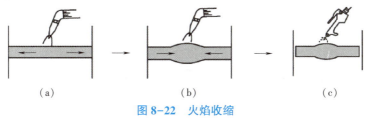

(a) (b) (c)

图 8-22　火焰收缩

(a) 对两端受到刚性限制的金属棒加热；(b) 压缩力使加热变软的金属收缩；
(c) 加热去除后原加热部位断面增大，钢棒长度缩短

用热收缩某一部位时，可以对延伸区的点进行加热，使其变成鲜红色。先让延伸区的最高点收缩，然后再让下一个最高点收缩。依此类推，直到使整个部位均收缩到原来的形状，其过程如图 8-23 所示。

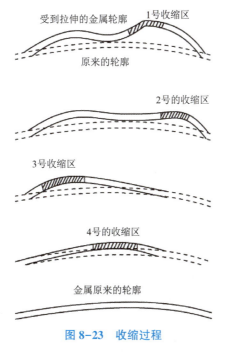

图 8-23　收缩过程

4）铜极收缩

钢板在实敲作业过程中，内部晶粒将会变得狭长，钢板出现延展现象。使用电极头加热后，在周围冷却区域的压缩力影响下，晶粒将会纵向膨胀，从而达到收缩的目的。

铜极收缩为电热收缩方式的一种，热影响小，操作简便。以单点方式收缩损伤部位时，它所影响的范围较小，适用于延展较轻的小面积收缩。当面积较大时，可以通过移动极头位置实现多点收缩。作业前，应准确判断出延展部位，并使用研磨机清除漆膜。作业时，负极搭铁应固定在损伤部位的附件，将铜极头安装于整形机正极，对准延展部位，轻轻施加一个压力，使钢板轻微变形，此时钢板会产生一个反作用力。按下开关，与极头接触的钢板会逐渐出现红热，使用压缩空气枪对加热部位进行冷却。

利用上述方法，使用铜极头对一些较小的凸起点也可以起到修平的作用，即常称的压高点。压高点时，不需要采用急冷方式。

5）碳棒收缩

碳棒收缩为电热收缩方式的一种，也是以急热急冷的方式达到收缩目的。目前，电热收缩是延展钢板的主要收缩手段。与铜极收缩不同，碳棒收缩所影响的范围大，收缩效果也相对明显。作业时，在准确判断延展区域并研磨旧漆膜的基础上，将碳棒倾斜，轻轻接触钢板。启动开关，热量会在碳棒上产生，然后通过碳棒传递到钢板，钢板并不产生红热现象。加热时应从外侧开始，沿螺旋方向直至中心，以连续方式收缩延展部位，螺旋线之间的距离、圈数及收缩面积视延展程度而定，且没有统一的标准。松开开关，将碳棒从钢板移开，然后使用压缩空气进行冷缩。

对于面积较大的延展部位，碳棒收缩时的运行方向应从外侧以螺旋方向直至中心部位，对于较窄较长的延展部位，可以沿直线或曲线运动，如图 8-24 所示。

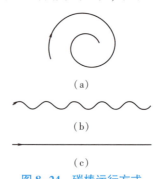

(a)

(b)

(c)

图 8-24　碳棒运行方式

(a) 螺旋线；(b) 曲线；(c) 直线

采用加热法收缩时，很难判断出每个加热点到底会产生多少收缩量，所以每收缩一个点后，应对收缩效果进行检测。收缩过量的部位可通过实敲作业进行延展，对收缩效果不理想的部位，应换个位置再进行收缩，对于收缩过的部位重复进行收缩效果并不明显。钢板大致修复到原有位置后，收缩的顺序应从最高点开始，然后再收缩下一个最高点，以此类推。对于延展面积较大的部位，只进行一两次的收缩并不能解决问题，应从延展部位的中心开始，顺次对周围的较高部位进行收缩（见图 8-25），直至整体恢复。

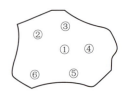

图 8-25　大面积延展的收缩顺序

任务二　车身典型板件的修复

一、翼子板的修复

1. 翼子板正面碰撞的修复

如图 8-26 所示，翼子板正面严重碰撞，碰撞后塌陷与褶皱同时出现，按下述步骤对其进行修复。

（1）拆下前照灯圈及灯座，将扁铁垫于前照灯孔内，使扁铁两端卡住灯孔的弯边。

（2）把钢丝绳的一端系在扁铁上，另一端系在地桩上。

（3）倒车自行拖拉，皱褶逐渐打开，但个别小死褶未缓解，如图 8-27 所示。

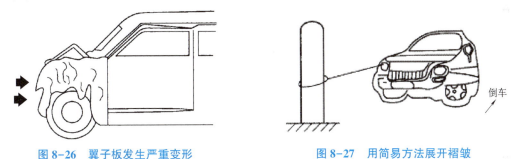

图 8-26　翼子板发生严重变形　　　　　图 8-27　用简易方法展开褶皱

（4）拆下前保险杠，拆开翼子板固定螺钉，卸下翼子板，如图 8-28 所示。

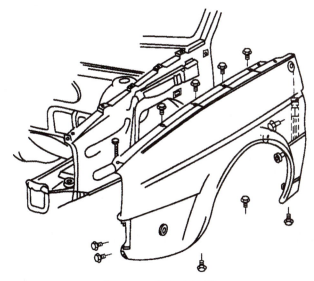

图 8-28　拆卸翼子板

（5）将翼子板放在平台上进行修整。

（6）用氧—乙炔火焰对死褶进行加热，并用撬具撬开。

（7）将翼子板凹面向上置于平台上，由翼子板里侧敲平活褶。每敲一处，需使平台起到垫拖作用，即随时转动翼子板，如图 8-29 所示。

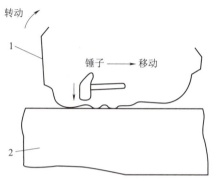

图 8-29　凹面向上在平台上敲击

1—翼子板；2—平台

（8）将里侧基本敲平的翼子板翻转过来，即凸面向上，用垫铁垫在里侧，由外向里继续敲击，最终使褶皱完全展开。

（9）两面均敲平后，将翼子板装在车上，调整翼子板的位置。

2. 翼子板侧面碰撞的修复（见图 8-30）

（1）首先用一根木棒从车轮与翼子板的空隙处伸进，用力往外撬，即可将凹坑大体上顶出来，趋于原状。

（2）用垫铁在里面顶住向外凸出的较小部分，再用锤子在外表面处敲击凸出的部分。

（3）用锤子边敲击、边移动，垫铁也同时移动。

（4）翼子板的边缘处用专用的垫铁在里边垫拖，垫铁的边缘要对准弯折线，一手持锤从正面弯折线处外缘敲击。

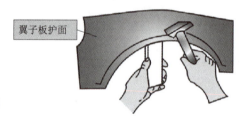

图 8-30　翼子板侧面碰撞的修复

（5）逐渐移动垫铁，循序渐进，使工件边缘逐渐恢复原形，直到全部平整。

3. 前翼子板内加强板、前横梁和散热器支座的安装

（1）检查前翼子板内加强板与纵梁安装面的装配标记是否一致，确认并匹配好后用夹钳将它们夹紧。没有装配标记的零件则放在旧零件的位置上。

（2）利用杆规检测基准点间的间距来确定零件的位置，并对零件进行定位。在某一位置用定位焊临时固定前横梁，然后垫上木块，用锤子击打木块，使板件向需要调整的方向移动，调整其长度方向上的位置。

（3）用自定心规检测车辆两侧新旧内加强板的相对高度，使之一致，然后用千斤顶支撑新的内加强板，以确保其高度位置不发生变化，如图 8-31 所示。

（4）测量宽度和下对角线长度，仍用千斤顶支撑新板件，以免高度位置发生变化，如图 8-32 所示。

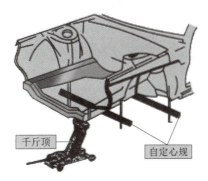

图 8-31　检测新旧内加强板的相对高度

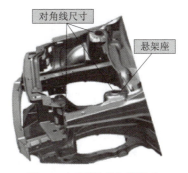

图 8-32　测量对角线尺寸

（5）仔细确定前横梁的位置，使其左、右两端均匀一致。

（6）当确定纵梁的位置尺寸与尺寸图表中所注尺寸一致后将它固定，悬架横梁也可以用夹具来安装。

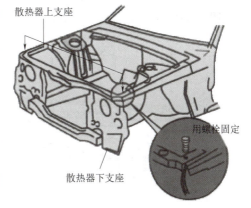

（7）确保内加强板上部尺寸不发生变化，可通过检查所画标线是否产生了移位来确认。

（8）检测翼子板后安装孔与悬架座孔或翼子板安装孔之间的对角线长度。

（9）测量悬架座和前翼子板螺栓孔之间的尺寸，然后把它们固定在一起。如果尺寸与车身尺寸手册中所标注的尺寸不一致，则需进行微量调整，如图 8-33 所示。

（10）测量纵梁在宽度方向上的尺寸，将杆规调至适当尺寸，并根据需要调整内加强板。

图 8-33　悬架座和前翼子板
支座用螺栓固定

（11）用夹钳较松地固定住下支座，然后用手轻轻拍打使其到位。

（12）测量散热器支座的对角线长度，确保这两个尺寸一致，如图 8-34 所示。

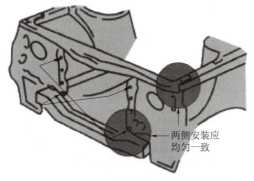

图 8-34　测量散热器支座的对角线长度

（13）临时性安装前翼子板，然后检查它与车门间的位置关系。如果缝隙不合适，则原因可能是内加强板或纵梁高度位置不准确。

（14）焊接之前再按上述方法检测一遍，再次验证所有的尺寸。

二、发动机罩的维修

发动机罩碰撞的原因有两类：一类是受到重物从上方意外落下的撞击；另一类是汽车肇事，发生正面碰撞，波及发动机罩。

1. 重物从上方落下使发动机罩产生损伤的修复方法

（1）当外板出现凹陷时，在内板的相关处挖出一个或几个孔洞。

（2）用撬棍或木棒将其从里面顶出，趋于平整。

（3）用锤子在表面外板上轻轻敲击，直至整平。

（4）修平外板后，将内板挖出的孔洞补全。

（5）敲平锉修。

2. 正面撞击使发动机罩损伤的修复方法

（1）拆卸。首先将风窗玻璃冲洗器喷嘴及软管拆离发动机盖，如图 8-35 所示。用旋具松开两个铰链上的紧固螺钉，卸下发动机罩总成，如图 8-36 所示，再将其放在平台上，逐一拆掉附件。

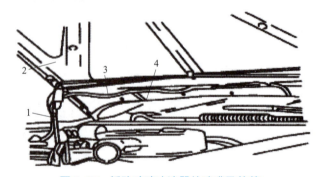

图 8-35　拆除玻璃冲洗器的喷嘴及软管

1—发动机罩铰链；2—发动机罩；3—软管；4—喷嘴

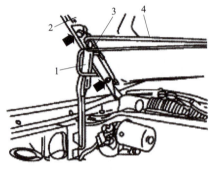

图 8-36　拆除发动机罩螺钉

1—铰链；2—发动机罩；

3—铰链垫片；4—扭力杆

（2）将内外板分离。首先用专用撬具将外板的包边撬开，使其与内板边缘逐渐分离一定的角度，再用锤与垫铁配合将外板的包边部分全部打开。如果边角外有焊点，则可用扁铲剃开或用手提砂轮机磨开，尽量不用火焰切割，以防止变形。

（3）将外板表面向下、里面向上放在平台上，用木槌先将塌陷的大坑顶出，然后再翻过来，表面向上、里面向下，用铁锤加垫铁进行敲击，如图 8-37 所示。

(a)　　　　　　　　　(b)

图 8-37　整平表面的变形

(a) 用木槌敲击外板里面；(b) 用铁锤敲击外板表面

（4）对工件表面进行光洁处理。对铁锤与垫铁、撬棍等工具作业留下的凹凸不平的小痕迹，用车身锉刀进行最后的修复。

（5）修复内板。由于发动机罩的内板位于车身内部，只是起到加强外板刚度的作用，所以对其表面质量的要求较低，修复起来也容易很多，其修复方法与外板相似。

（6）内外板合成一体。在内板上涂一层隔热胶，将内板与外板按咬边连接方式合成一体，即将外板的包边重新包住内板的边缘，四角处用 CO_2 保护焊进行锻焊，以增加牢固度。最终应使发动机罩达到原始状态。

（7）安装发动机罩总成上的各零部件，然后将后侧两个铰链固定，再将发动机罩总成放在车身原安装位置，拧好铰链紧固螺钉，将其与车身连接起来。

3. 发动机罩的调整

1）发动机罩与翼子板及前围板之间的调整（见图8-38）

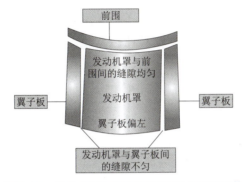

图8-38　发动机罩与翼子板及前围之间的调整

（1）调整发动机罩的前后位置。稍微松开固定发动机罩与铰链的螺栓，再扣上发动机罩。

（2）发动机罩前缘必须与翼子板前缘对齐，同时其后缘与前围板之间保留足够的缝隙，以避免开启时相互干扰。

2）发动机罩高度的调整

（1）首先稍微松开铰链与翼子板及前围边缘处的螺栓，然后轻轻盖上发动机罩，根据情况将它的后缘抬起或压下。

（2）对于新换装的发动机罩，容易出现因边缘弯曲造成的高度差，需要调整发动机罩的边缘曲线，使其与翼子板边缘高度一致，如图8-39所示。

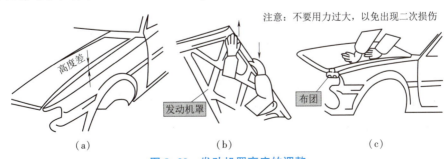

图8-39　发动机罩高度的调整

（a）边缘弯曲造成的高度差；（b）用手将弯曲调平；（c）垫上布团往下压

3）检查

（1）扣上发动机罩检查（见图8-40）。检查发动机罩是否完全锁牢，检查罩与挡泥板的间隙、高度是否有较大误差。

图8-40　发动机罩扣上时检查

（2）打开发动机罩检查（见图8-41）。检查罩锁扣是否平衡解脱、罩锁扣钢绳工作是否正常、罩铰链是否留有自由行程、罩支撑柱是否将罩可靠撑起。

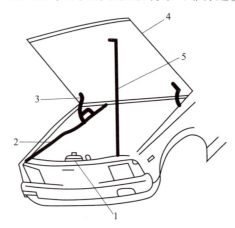

图8-41　打开发动机罩锁扣的检查

1—罩锁扣；2—钢绳；3—罩铰链；4—发动机罩；5—罩支撑柱

三、车顶损伤的维修

轿车车顶出现损伤大致有三种情况：第一种是常出现的交通肇事，导致车顶出现扭曲、拱起或凹陷等不同程度的变形；第二种情况是翻车事故，导致车顶大面积的塌陷与严重变形；第三种情况是从高处落下重物，造成车顶塌陷。

1. 车顶受到降落物撞击后的修复

（1）首先拆卸轿车车顶绝缘板。用旋具等工具卸下压条及其他相关零部件；逐步割断黏合剂，并将绝缘材料取下来；最后将残留的黏合剂清除干净。

（2）用液压或机械千斤顶将大凹坑顶出。注意：千斤顶底部落到车厢地板上，须放平衡，并在千斤顶上端放一块面积较大的木块，以增加顶出面积，使顶出力均匀，避免由于顶出面积小而出现凸包，反而增加修整量。也可采取前面介绍的拉拔法，即在车顶凹陷的中部钻几个小孔，穿上铁丝向上提拉。由于此时维修者是站在车顶上提拉，故向上提拉用力不会很大，有时难以将凹坑拉出，此时可以借助于氧—乙炔火焰加热，边加热边提拉就容易多了。加热时应注意掌握火焰加热温度与加热面积，温度不要过高，面积不要太大，根据实际需要来定，否则会增加变形程度。

（3）经过顶出或拉拔后的车顶可能会由简单的大面积单一凹陷变成小面积的凹凸不平，此时应用与撞击相反的顺序来进行修复工作。通常用垫铁与锤子相互配合修整小的凹凸点。

（4）校平整个车顶。

（5）安装车顶加强梁、压条、车顶板和内饰件等。

2. 肇事与翻车造成车顶严重损坏的修复

轿车发生严重撞击或翻车，造成车顶塌陷、扭曲或拱曲等不同程度的损伤时，对其进行修复的方法如下。

（1）拆除车顶板、内饰件以及相关零部件。

（2）用分动锯切割车顶，如图 8-42 所示。注意：切割车顶时应遵照以下原则：

①避重就轻：要求切口的位置一定要避开构件的强度支撑点，选择那些不起重要作用的位置切割，尽可能躲开一些备板和加强筋等位置。

②无应力集中：因应力集中会使构件发生难以预测的损坏，故切口的位置应尽量避开车身构件应力集中的区域。

③方便施工：选位还应考虑到切换作业的难易程度，如需要拆装的关联件的多少与难易程度，以及是否便于操作和可选切口的大小等。

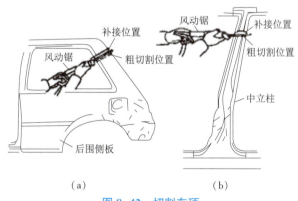

图 8-42　切割车顶

（a）切割后围侧面板；（b）切割门中立柱

④易于修整：构件割换后还需要对接口、焊缝等进行修整。若按修整工作量大小选择切口，则可以简化构件更换后的作业。如所选择的切口位于车身内、外装饰的覆盖范围内，其接口或焊缝表面处理就能得到简化。

（3）用砂轮机切割焊缝及钎焊区域，拆解构件。一般轿车车顶与车身支柱的连接是钎焊，通常是用氧—乙炔焊炬熔化钎焊的金属来分离钎焊区域。

①首先用氧—乙炔焊炬使油漆软化，用钢丝刷或刮刀将油漆除掉，如图 8-43 所示。

②加热钎焊焊料，直到它开始熔化呈糊状，再快速将它刷掉，注意不要使周围的金属板过热。

③用一字旋具在两块板之间旋入，将板件分离，如图 8-44 所示。

图 8-43　从钎焊区域清除油漆与焊料

图 8-44　分离板件

④除去油漆后，若确定连接是电弧钎焊，便采用调整砂轮机切除钎焊，如图 8-45 所示，然后将车顶与车围连接处切除，以便更换板件。

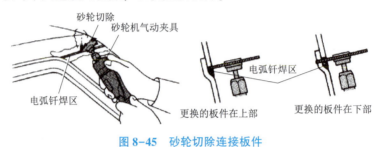

图 8-45　砂轮切除连接板件

（4）将更换的车顶置于车上并对正位置后，用夹钳固定，然后临时将其点焊在该位置。

（5）检查车身所有框架部位的尺寸和形状。所有尺寸和形状均准确后，将车顶牢固地焊接在该位置上。

（6）安装车顶加强梁、压条、车顶板和内饰件等。

四、轿车后围的维修

轿车后围损伤与变形的主要因素一般来自后车追尾，一般情况是将尾灯碰碎或将塑料保险杠刮坏，再严重的也可能是将护面撞凹陷、后门口变形等。一般来说不必拆卸护面等板件，在车体上便可直接修复，且修复过程不是太复杂。

（1）拆卸后车尾部的附件，如尾灯、牌照及其他电器附件。

（2）借助氧—乙炔火焰对保险杠凹坑处进行烘烤，趁热用撬具将大凹坑顶出。注意：如果后保险杠为塑料类制件，则应用烤灯烘烤。

（3）凹陷得到初步复位，接着用垫铁和锤子对尚未平整的凹凸变形做进一步的修整。

（4）用锤子逐渐敲平，达到原来的形状。

（5）用前面介绍过的拉拔法将后门框口的凹坑拉出，再借助撬具、修平刀、垫块与锤子，必要时用氧—乙炔火焰加热来配合修平。

（6）如果后门框口出现裂纹，则可采用 CO_2 气体焊进行修复。

（7）焊接完毕，用钢锉修平焊缝表面。

（8）修复完毕，进行后围尺寸的测量与调整。

五、车门的修复

轿车侧围护面因撞击而造成损坏的因素一般有两种，即自身主动型撞击与被动型撞击。
主动型撞击：这种情况的发生往往是因为轿车驾驶员在行驶中，突然发现前方出现障碍物，此时，由于车速较快，制动一般已经来不及，而驾驶员的第一反应便是想绕离危险区，出于本能，即立即向左打方向盘，其后果便是蹭刮到右侧围，造成右侧围上的车门、门槛、立柱等各部件遭到不同程度的损伤与变形。

被动型撞击：这种撞击一般发生在轿车驾驶员正常行驶时，突然受一侧开来的车辆或在十字路口处从侧面开来的违章车辆的撞击，造成左侧或右侧的损伤变形。

如图 8-46 所示，轿车车门外板被撞，出现一局部凹陷，对其进行修复的方法如下。

1. 钻孔拉拔法

（1）在撞后出现的凹陷或皱褶处用手电钻钻出一排小孔，如图 8-47 所示。其孔径为 3.0~3.2 mm，间距为 10~15 mm，一般情况下孔距要根据车身外板变形处的情况而定。

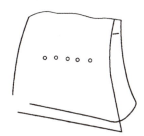

图 8-46　车门凹陷　　　　图 8-47　在门板上钻出一排小孔

（2）将牵引钩伸入小孔中，逐个将其往外拉，直到完全恢复原状为止，如图 8-48 所示。拉拔时每只手可握住两个拉杆，两手用力保持一致与均匀，慢慢地拉，不可用力过大。

（3）拉平后，用二氧化碳气体保护焊将孔焊死，焊接方法如下。

①焊枪垂直于板面，对准孔中心。

②将焊丝插入孔内，短暂地按下扳机开关激发电弧，然后松开扳机。

③焊丝在孔内形成熔池，然后冷却凝固。当孔径较大时，焊枪沿塞孔周边缓慢移向中心，焊点以略高出板面为宜，过高将给打磨带来困难，反之则会使强度不足，如图 8-49 所示。

图 8-48　牵引拉出复位

错误　　　　　　正确　　　　　　错误

强度不足　　　　　　　　　　　清理困难

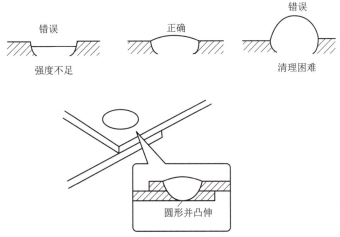

圆形并凸伸

图 8-49　焊点样式

④用电动砂轮机磨平焊点。

2. 拉杆拉拔法

（1）在钣金表面凹陷最严重的部位焊接一定数量的垫圈，如图8-50所示。

（2）用拉钩钩住垫圈进行拉伸，如图8-51所示。

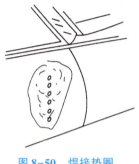

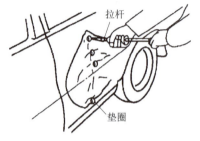

图 8-50　焊接垫圈　　　　　　图 8-51　拉杆拉拔法

（3）除掉垫圈，用砂轮机打磨平整。

任务三　车身塑料件的维修

塑料是一种高分子的合成材料，塑料与钢铁相比具有强度高、质量轻、耐腐蚀性极强、易于着色、具有一定的装饰性、容易加工等特点。塑料在现代汽车上的使用量越来越多，如汽车的前后保险杠、内外装饰件、导流板、车身围板及高强度的结构件和零件等。

一、塑料的分类

尽管塑料是一种分子结构非常复杂的合成材料，但根据其特性可分为热固性塑料和热塑性塑料两大类。

1. 热塑性塑料

热塑性塑料可通过加热使其软化，冷却后又可硬化成形，且不改变化学结构，可以被反复地变软和重塑形状。因而，利用热塑性塑料的这一特性可制作出各种形状的构件和装饰件等，如保险杠面板、车身导流板、装饰条和前导风口等。这类塑料件损坏后还可通过粘接和焊接的办法进行修复，其缺点是受热易变形，经不起高温烘烤。

2. 热固性塑料

热固性塑料在受热初期具有一定的可塑性，但随着继续加热，塑料中的树脂与催化剂反应生成新的成分而硬化（膨胀明显）。硬化后再加热，将不再软化。因此，这类塑料常用于一次成形而不需修复的零件，且这类塑料也不能进行焊接修理，如玻璃钢车身面板、镀镉装饰板、大灯罩、倒车镜壳等。表8-1所示为车身常用塑料举例。

表8-1 汽车上常用塑料件的 ISO 识别码、化学名称及其在车身上的用途

ISO 识码	化学名称	应用举例	属性
AAS	丙烯腈-丙乙烯-丙烯酸橡胶	饰板、边灯、车门、外后视镜	热塑
ABS	丙烯腈-丁二烯-苯乙烯	格栅、饰板模压件、车身护板、前照灯外罩热塑	热塑
ABS/MAT	玻璃纤维强化硬质丙烯腈-丁二烯-苯乙烯共聚物	车身护板	热固
ABS/PVC	ABS/聚氯乙烯		热塑
AES	丙烯腈-乙烯橡胶-苯乙烯	格栅	热塑
EP	环氧树脂	玻璃纤维车体板	热固
EPDM	乙烯-丙烯压铸单体	保险杠防撞条、内饰板	热固
PA	聚酰胺（尼龙）	外部装饰板	热固
PC	聚碳酸酯	仪表板、护栅、透镜	热固
PE	聚乙烯	内翼子板、内衬板、阻流板、窗帘框架	热塑
PP	聚丙烯	仪表板、内部镶条、翼子板、格栅、膨胀水箱	热塑
PPO	聚苯撑氧	镀镉塑料件，如格栅、前照灯框架等	热固
PS	聚苯乙烯		热塑

二、塑料的识别

通常有多种方法可用于识别未知的塑料，一种方法是通过压印在零部件上的国际标准符号或 ISO 码来进行识别。查看塑料件上的 ISO 识别码，并与说明书或维修手册的字符进行对照，以确定塑料的种类。ISO 识别码一般模压在塑料件的背面，如图 8-52 所示。

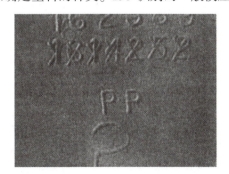

图 8-52 塑料件 ISO 识别码

燃烧塑料，使用火焰和产生的烟来确定塑料种类的方法已不受欢迎，而且这种测试并不

总是可靠的。现在的许多零件使用含有多种成分的复合塑料，在这种情况下，燃烧已测试不出塑料的种类。

有一种识别未知塑料的可靠方法：进行焊条粘附测试或用试凑法在零部件的隐蔽部位或损坏部位进行焊接。测试几种不同的焊条，直到一种能够有效黏着为止。大多数供应商只提供了几种塑料焊条，可能的范围并不大，这些焊条采用颜色编码，一旦发现焊条起作用，也就确定了基本材料。

另一种确定塑料的方法是塑料件挠性测试，即用手弯曲塑料件，与塑料件样本的挠性进行比较，然后采用最符合基本材料特性的维修材料。

三、塑料部件维修方法

塑料部件的维修方法通常有三种，即热塑成形、焊接、粘接。

1. 热塑成形

热塑成形仅适用于热塑性塑料，对于凹痕、裂缝、穿孔或刮痕无法用这种方法进行维修。由于这种方法迅速、简单、清洁且成本低廉，因此经常被采用。

2. 焊接塑料部件

并非所有类型的塑料都能进行焊接，因此需要识别塑料种类，但识别较困难。此外，穿孔维修难度也很大。

3. 粘接

粘接最适于作为维修解决方案。带有底漆的黏接剂适用于所有塑料部件，因此无须识别塑料种类。粘接方法也适用于修理穿孔、刮痕和裂缝。这种维修解决方案因强度较高而受到欢迎，且具有很好的喷漆附着性。

四、塑料件维修套件

塑料维修套件包括以下产品：塑料黏接剂、塑料底漆、清洁剂和稀释剂、涂敷枪、网状加强织物、加固条。此外，维修塑料部件时还需要一个红外线灯，借助这个红外线灯将维修部位加热 15 min，以便为后续处理（喷漆）做好准备。

1. 塑料黏接剂

塑料黏接剂以双组分聚氨酯为基础制成，其优点是适用于车辆上的所有塑料类型，因此无须花时间识别塑料类型。这种黏接剂具有很好的研磨特性，能够附着在所有车漆上。

2. 塑料底漆

塑料底漆以合成树脂为基础制成，适用于车辆上的所有塑料和车漆类型。底漆的风干时间非常短，大约为 10 min，通过喷嘴进行操作可达到最佳处理结果。底漆为填料和喷漆提供了附着基础。

3. 清洁剂和稀释剂

清洁剂和稀释剂的风干时间非常短，而且具有突出的清洁作用。

1）涂敷枪

涂敷枪用于涂敷塑料黏接剂。

2）网状加强织物

网状加强织物用于维修穿孔和裂缝，可加固维修部位。除网状加强织物外，在裂缝端部还使用加固条，这样可以更好地固定维修部位并提高所维修塑料部件的扭转刚度。加固条已经过镀锌处理，因此不会形成腐蚀。

五、塑料部件维修时的安全防护措施

进行塑料部件维修时同样要采取一般性保护和卫生措施，如工作时不能吃东西、喝水或吸烟；避免黏接剂接触到眼睛和皮肤，因为黏接剂对眼睛、呼吸器官和皮肤有刺激作用，如果黏接剂接触到眼睛和皮肤，应立即用流水冲洗，随后去看专科医生；对异氰酸酯过敏的人应避免接触这类产品；在通风不足的情况下需要使用呼吸防护装置，进行塑料部件维修时必须戴上耐化学腐蚀的防护手套（防护指数至少为 2）。此外，工作时还必须佩戴密封很严的防护眼镜，且为了保护身体应穿上合身的防护服（工作服）。

六、塑料部件粘结维修

1. 清洁损坏部件

用高压清洗器清除大面积污物，随后用大量清水冲洗塑料部件并进行干燥处理，最后用清洁剂和稀释剂对部件进行彻底处理，如图 8-53 所示，必须保证 5 min 的风干时间。

图 8-53　用稀释剂进行处理

2. 对塑料件部位进行预处理

用一个砂带研磨机将维修部位边缘正面磨削成楔形，如图 8-54 所示。先用 P120 再用 P240 的砂纸可达到最佳效果。如果损伤部件有裂缝，则必须在裂缝端部钻孔，最好钻出直径约 6 mm 的孔，这样可以避免裂缝继续扩大。这个孔也应磨削成楔形，如图 8-55 所示。

图 8-54　磨削维修部位

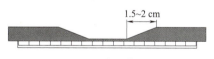

1.5~2 cm

图 8-55　楔形磨削面

3. 处理待维修部位的两侧

背面与正面同样要进行打磨处理，如图 8-56 所示。此外还要清除研磨粉尘。

4. 喷涂底漆

在涂敷底漆之前必须用清洁剂和稀释剂对维修部位的两侧重新进行处理，此时也必须保证 5 min 的风干时间，之后才能在两侧喷涂一层底漆，如图 8-57 所示。在室温条件下，底漆的风干时间大约为 10 min。

图 8-56　使维修部位粗糙化

图 8-57　喷涂底漆

5. 粘接

底漆风干后，可以开始进行粘接处理。建议在裂缝端部处粘接加固条，这样可明显加固薄弱部位。首先在损伤部位背面涂敷黏接剂，如图 8-58 所示，约 10 min 后可对黏接剂进行处理。

建议固定前在所粘接的加固条上放一层聚乙烯膜，以免粘住或弄脏夹紧钳。此外还应使加固条弯曲，以使更多的黏接剂进入加固条和塑料部件之间，从而进一步加固裂缝部位，随后根据损伤部位大小裁剪一块网状加强织物，将其放入黏接剂中，使黏接剂完全渗入整块织物。用一把塑料刮刀或刷子将黏接剂涂敷在网状加强织物上，必须用黏接剂完全覆盖住维修部位，如图 8-59 所示。

图 8-58　黏接剂、加固条处理

图 8-59　粘接网状加强织物

6. 烘干

对维修部位正面进行粘接必须在经过处理的背面硬化之后进行，为此可使用一个红外线灯，以 60~70 ℃ 的温度照射维修部位大约 15 min，如图 8-60 所示。

7. 在维修部位的正面涂敷黏接剂

将黏接剂涂敷在正面时尽量不要渗入空气，用刮刀从维修部位中间向外刮平，如图 8-61 所示。在此过程中，应始终涂敷过量的黏接剂，以确保研磨时能够重新恢复塑料部件原来的形状。此外，涂敷时还要确保喷嘴尖始终在黏接剂内。

图 8-60　使维修部位背面硬化

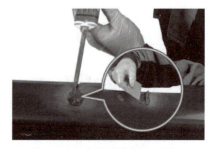

图 8-61　涂敷黏接剂（正面）

随后必须使黏接剂硬化，为此再次用红外线灯以 60~70 ℃ 的温度对维修部位干燥处理约 15 min，如图 8-62 所示，使其在室温条件下冷却下来。

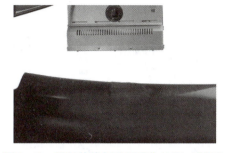

图 8-62　用红外线灯进行硬化处理（正面）

8. 磨掉过量的黏接剂（正面）

要确保磨削出维修部件的原有形状，开始操作时使用 P120 砂纸，随后使用粒度越来越小的砂纸，如图 8-63 所示。用粒度 P240 的砂纸精磨后，用清洗液仔细清洁维修部件。

对维修部件喷漆之前，必须在维修部位上喷涂薄薄的一层底漆。风干约 10 min 后，可涂敷底漆，如图 8-64 所示。

图 8-63　磨掉黏接剂

图 8-64　在维修部位涂敷底漆（正面）

七、塑料板件的焊接修复

1. 塑料的焊接原理及特点

由于塑料的特性与钢铁不同，因此其焊接原理和特点也不同。

塑料焊接是利用热量把塑料基料和焊条加热或单独把焊条加热至熔融状态后使之连接（粘接）在一起。塑料焊接的特点是：因塑料的导热性极差，故使其在焊接过程中很难保持热量的均匀性。加热时，塑料的表面已经软化而表层下面没有，若继续加热，则会使塑料的软化幅度加大，但表层已经烧焦。因此，塑料焊接都是采用非明火加热，如热空气加热焊接、无空气加热焊接和超声波焊接等。

钢铁焊接时，金属和焊条是互熔冷却后连接在一起的。而塑料焊接只是在熔融状态下粘接在一起，所以其焊接强度远不如钢铁焊接。塑料焊接时，为了达到好的结合力，对塑料焊条要施加压力，操作特点是一手加热焊条，另一手给焊条施加压力。

2. 热空气塑料焊接设备

1）焊接设备

热空气塑料焊接是利用加热元件把一定压力的空气加热到 230~340 ℃ 后，通过喷嘴喷到塑料上。典型的热空气塑料焊机及各种焊嘴如图 8-65 所示，焊接时可根据需要选择不同的焊嘴。

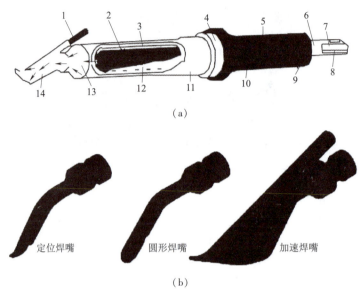

（a）

（b）

图 8-65 热空气塑料焊机及焊嘴

1—喷嘴；2—不锈钢加热元件；3—加热室；4—螺母；5—冷空气；6—空气软管；7—120 V 交流电；
8—压缩空气或惰性气体；9—螺钉；10—手柄；11—外筒；12—内筒；13—热空气；14—焊嘴

（1）定位焊嘴。定位焊嘴主要用于断裂板件或长的焊缝在真正焊接前的定位焊。进行定位焊时，必须将断口对准、固定，不使用焊条，而是将喷嘴头压紧在断口底部，使两侧板件同时熔化形成定位焊点，必要时还可断开重新进行定位。

（2）圆形焊嘴。焊接速度较慢，比较适合小型件和复杂件上短焊缝的焊接，尤其适合焊填小的孔洞，以及尖角部位和难以靠近部位的焊接。

（3）加速焊嘴。加速焊嘴主要用于长而直的焊缝。加速焊嘴夹持着焊条，并对焊条和焊件进行预热，一旦开始焊接，焊条自动进入预热管，由焊嘴端部的尖形加压掌（导门板）向焊条施加压力，所以用一只手即可完成操作，热量和压力均衡，而且焊缝更加均匀一致，焊接速度也提高很多，平均速度可达 1 000 mm/min。

2）热空气塑料焊机的使用规则

下面给出的是热空气塑料焊机一般的使用规则：

（1）选择和安装焊嘴。根据需要选择好焊嘴，并将焊嘴安装到焊机上。

（2）接通气源。将气源、压力调节器及软管与焊机连接，初始压力应根据焊机的功率而定或参考制造商的说明书。

（3）通电预热。在推荐的气压下预热焊机，切记在气体流动的状态下预热焊机，否则可能烧坏焊机。

（4）示温及调整。将一个温度计放在距焊枪末端约 6 mm 处检查焊枪的温度。热塑性塑料的焊接温度一般为 204～399 ℃，如果温度过高，则可加大空气流量（或压力），直至温度将到要求值；如果温度过低，则可降低空气压力。

（5）焊接结束后，先断电源，利用流动的冷空气对焊枪进行冷却，待焊枪能用手触摸时，再行断气。如果操作顺序错误，则将会损坏焊枪。

　　3）塑料焊接要点

　　（1）塑料焊条的选用。

　　塑料焊条通常采用颜色编码表示，但各制造厂的编码不同，使用时应参阅制造厂提供的技术资料。如果没有成品焊条，则可从同类型报废的塑料件上割下一条作为焊条。

　　（2）选择焊缝形式。

　　为了达到预定的焊接强度，应根据塑料板件的厚度打好坡口。焊缝形式一般为 V 形或 X 形，较薄的板件开 V 形坡口，较厚的板件开 X 形坡口，如图 8-66 所示。对于较深的坡口，需进行多次焊接。

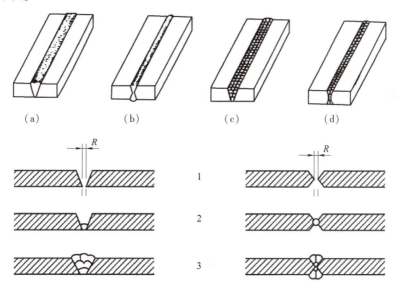

图 8-66　焊缝的两种形式

（a）单 V 单珠对接；（b）双 V 单珠对接；（c）单 V 多珠对接；（d）双 V 多珠对接
1—焊接准备；2—第一道焊缝；3—焊接完成；R—焊缝间隙

　　（3）焊接前，要清理干净焊接处的打磨残屑及灰尘等。

　　（4）控制好焊接温度。

　　若温度过高会使塑料烧焦或扭曲，焊接温度过低则会使焊接强度降低。

　　（5）掌握正确的焊接速度。

　　若焊接的速度过快，会使塑料的熔融程度不足而降低焊接强度；若焊接的速度过慢，则会使塑料变形甚至烧焦。

　　（6）给焊条施加合适的压力。

　　若压力过大，会使焊缝变宽且扭曲，或在焊条未达到熔融程度已嵌入焊缝，造成焊接不牢固；但压力过小又会使焊缝的接触面积变小，焊接强度降低。

八、塑料板件的焊接修复任务实施

1. 手工塑料焊接

　　（1）施工前的准备。穿戴好必要的劳动保护用品，包括衣帽、眼镜、防尘口罩、防滑手套等，准备好施工中的工具和材料。

（2）塑料鉴别。分清塑料件的类型，以便确定可否采用焊接和选择何种焊条。

（3）用专用塑料清洁剂清洁零件，注意要把零件上的灰尘和杂物清除干净。

（4）塑料如有变形，可以用红外灯或电热吹风机加热变形部位及其周围，然后用手将变形部位修正回原形即可，如图 8-67 所示。

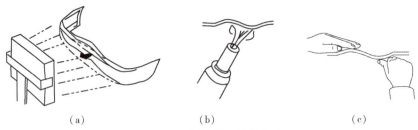

（a）　　　　　　　　　　（b）　　　　　　　　　　（c）

图 8-67　加热校正塑料变形

（a）用红外灯加热变形部位；（b）用电热吹风机加热变形部位；（c）用手修正回原形

（5）使用锋利的小刀或砂轮机在损伤部位开坡口为 60°左右的 V 形槽，如焊件较厚则开 X 形槽，坡口宽度约为 6 mm，如图 8-68 所示。

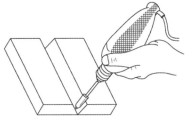

图 8-68　开 V 形槽

（6）用干净的布擦去坡口处的塑料碎屑，注意不要使用塑料清洁剂清理。

（7）用夹子、车身胶带或定位焊将断裂处对齐并固定好。

（8）选取最适合该类型塑料及损坏状况的焊条，可选择成品焊条或从同类型报废的塑料件上割下一条作为焊条。

（9）选择圆形喷嘴并将其安装到焊枪上。

（10）接通压缩空气，并将气压调整到焊枪规定的压力。

（11）插上电源插头，开始预热焊枪，然后将温度计放在距喷嘴 6 mm 处检查热空气的温度，焊接的温度应为 204~399 ℃，如温度不在此范围，则应进行调节。

（12）起焊。一手拿焊枪，另一手持焊条，使焊条与母材成 90°夹角，摆动焊枪喷嘴以便同时加热焊条与母材，直到它们发亮、发黏，充分加热，使焊条和零件熔融在一起，如图 8-69 所示。

（13）连续焊接。采用扇形轨迹移动喷嘴来对焊条和母材进行持续加热，以保证两者的加热程度一致，同时将焊条压入坡口以生成连续的焊缝，如图 8-70 所示。

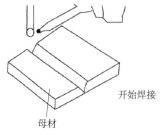
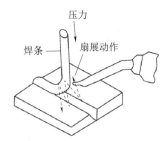

图 8-69　焊条保持与焊缝成 90°角　　　**图 8-70　按图示方式使焊炬在焊缝上运动**

（14）完成焊接。当达到焊接末端时，停止几秒钟后移开喷嘴，并继续保持对焊条施压几秒钟。

（15）断开焊枪的电源，等待一会儿后再关闭气源。

（16）冷却焊缝。焊完后冷却硬化 30 min 左右。

（17）打磨修整。先用锋利的刀具切割多余的塑料，再用砂轮机配合 P80、P180、P240号砂纸依次进行打磨，直至达到后道工序的施工要求。

（18）进入涂装工序。

2. 快速塑料焊接

对于狭长、较为平坦的裂缝，可采用快速焊接，其特点是使用快速焊嘴，对焊条和母材在焊接前应先进行预热；焊条的进给、施压和加热均由焊枪一次完成。

快速焊接的操作程序与手工塑料焊接基本相同，不同点在于起焊与完成后的操作。

（1）施工前的准备。穿戴好必要的劳动保护用品，包括衣帽、眼镜、防尘口罩和防滑手套等，并准备好施工中的工具和材料。

（2）塑料鉴别。分清塑料件的类型，以便确定可否采用焊接和选择何种焊条。

（3）用专用塑料清洁剂清洁零件，注意要把零件上的灰尘和杂物清除干净。

（4）使用锋利的小刀或砂轮机在损伤部位开坡口为 60°左右的 V 形槽，如焊件较厚则开X 形槽，坡口宽度约为 6 mm，如图 8-71 所示。

（5）用干净的布擦去坡口处的塑料碎屑。

（6）用夹子、车身胶带或定位焊将断裂处对齐并固定好。

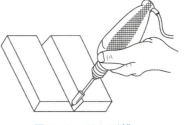

（7）选取最适合该类型塑料及损坏状况的焊条，选择的成品焊条直径与坡口尺寸应相当。

（8）选择快速焊嘴并将其安装到焊枪上，将焊条插入预热管中，并把焊条端部切成 60°斜角，如图 8-72 所示。

图 8-71 开 V 形槽

（9）接通压缩空气，并将气压调整到焊枪规定的压力。

（10）插上电源插头，开始预热焊枪。注意温度是否合适。

（11）起焊。一手使焊枪与母材保持 90°角压向母材，另一只手将焊条推下，使之与母材接触，如图 8-73 所示。

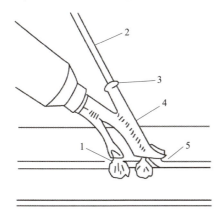

图 8-72 塑料的快速焊接

1—喷孔；2—焊条；3—高速喷嘴；

4—预热管；5—导门板

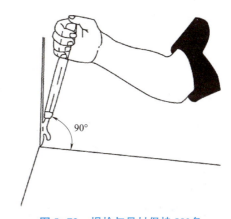

图 8-73 焊枪与母材保持 90°角

（12）连续焊接。当焊条与母材粘接后，将焊枪扳成与母材成 45°角，如图 8-74 所示，使预热管的导门板与母材完全接触，慢慢拉动焊枪进行焊接。在起焊后的 25~50 mm 内，因焊条与母材的粘接长度短，在移动焊枪的同时对焊条施加一定的推力，使焊条顺利进给。当焊条与母材粘接牢固后，只需移动焊枪而不必对焊条施加推力，焊条即可自动进给。

（13）结束焊接。在焊接过程中必须保持焊接速度的恒定。焊接结束时，将焊枪垂直于母材，用锋利的小刀从导门板处切断并抽出焊条。

（14）断开焊枪的电源，等待一会儿后再关闭气源。

（15）冷却焊缝。焊完后冷却硬化 30 min 左右。

图 8-74　将焊枪扳成与母材成 45°角

（16）打磨修整。先用锋利的刀具切割多余的塑料，再用砂轮机配合 P80、P180、P240 号砂纸依次进行打磨，直至达到后道工序的施工要求。

（17）进入涂装工序。

 **复习思考题**

一、选择题

1. 在一个凹陷的表面上焊接时，会造成金属上升，形成一个拱形，解决这个问题的方法是_____。

　A. 可采用铁锤在垫铁上敲击，使金属表面得以降低

　B. 采用拉伸的方法使凹陷的金属表面升高

　C. 在凹陷处用塑料填充剂垫平

2. 外形修复机是通过_____把垫圈焊接在钢板上的。

　A. 电弧加热　　　　　B. 电阻热　　　　　C. 火焰加热

3. 在使用垫铁、钣金锤和外形修复机都可以修理的情况下，使用_____可以省时省力。

　A. 垫铁、钣金锤　　　B. 外形修复机　　　C. 两种工具都可以

4. 塑料焊接时，温度过高可能会造成_____。

　A. 塑料烧焦　　　　　B. 粘接更牢固　　　C. 焊枪过热烧毁

5. 塑料焊接的第一个步骤是_____。

　A. 塑料件定位　　　　B. 表面预处理　　　C. 打磨

二、简答题

1. 板件修复作业有几种方式？各适用于什么场合？

2. 板件损伤修复的流程是什么？

3. 收缩作业方式有哪几种？并讲讲其收缩原理。

4. 简述塑料件的分类及辨别方法。

5. 塑料维修常见方法有哪几种？修复流程是怎么样的？

项目九

汽车涂装技术

【本章知识导读】

知识目标	1. 了解汽车用涂料的基本知识； 2. 掌握汽车底漆、中涂漆和面漆涂装的注意事项； 3. 熟悉汽车喷涂的一般方法和技巧； 4. 掌握汽车涂装过程中缺陷出现的原因及预防措施
能力目标	1. 能根据车漆面具体损伤程度选择适用的涂装材料； 2. 能正确地进行涂装操作； 3. 能预防汽车涂装过程中常见的缺陷
重点、难点	1. 涂装的方法和技巧； 2. 涂装缺陷的预防

　　液态或粉末状态的涂料，采用相应的工艺方法，在车身表面形成一层均匀薄膜，这一过程称为涂装。人眼所见 90% 以上的汽车外表都是涂装表面，汽车图层的外观、颜色和光泽等是人们对汽车的最直观评价，直接影响着汽车的市场竞争力。同时，汽车涂装也是提高汽车耐腐蚀性，从而延长汽车使用寿命的主要措施之一。汽车涂装在汽车制造以及汽车维修行业占有举足轻重的地位。汽车涂装根据对象不同，大体可以分为新车制造涂装和旧车修补涂装，本项目重点介绍旧车修补涂装。

任务一　漆面修复材料

【任务引入】

　　今天师傅要着手对一辆钣金已经修复好的车门进行修复涂装，根据师傅安排，实习生小张拿着师傅开具的领料清单去领料，领料单上详细列出了需要的材料清单以及用量，路上小张对材料用法和用量产生了浓厚的兴趣。

📖 **【相关知识】**

汽车涂装修复的步骤是底涂层涂装修复、中间涂层涂装修复和面涂层涂装修复，不管是哪一涂层的修复，优质的涂装材料都是获得良好修复效果的先决条件。

一、底漆

1. 底漆的选用原则

汽车底漆是直接作用在经过处理后基材表面的第一道漆，除具有填平金属基材细微缺陷的作用外，还应该具有增强金属表面与原子灰、原子灰与面漆之间附着力的作用。选用底漆时应遵守以下几个原则：

（1）底漆与底材应有良好的附着性，并与中间涂层或面涂层有良好的结合力，且所形成的涂层应具有极好的力学性能（如耐冲击性、一定的硬度和弹性等）。

（2）底漆必须具有极好的耐腐蚀性、耐水性和耐化学品性，对金属无腐蚀作用，并能防止金属表面的电化学腐蚀。

（3）底漆应具有填平纹路、针眼和孔洞的作用，并具有良好的打磨性能。

（4）底漆与底材表面、中间涂层和面漆应有良好的配套性，以防止出现涂装缺陷。

底漆的选用与调制是喷涂底漆的前提和基础，选用车身底漆，首先要先了解底漆的类型、性质和适用范围。通常将底漆分为普通底漆和特殊性能底漆。

2. 普通底漆

汽车用普通底漆主要有醇酸漆、安基漆、硝基漆和环氧树脂底漆等。

（1）醇酸底漆是一种无光度漆，它的作用主要是防锈和增加腻子与金属层的黏合力，同时还起到了填充金属层微小缺陷的作用。醇酸漆就是由原漆直接加入稀释剂即可使用，它的比例一般为1：0.3，由于各种品牌的油漆浓度不一样，故稀释剂添加比例要灵活掌握。

（2）硝基底漆是直接涂在经过表面处理的被涂物表面的第一道漆。硝基底漆的作用如下：

①硝基底漆有一定的填充性能，即能够填充车身表面的细微缺陷，如细孔、细缝、洞眼等，还可作为外层涂料的坚固基础。

②防止金属腐蚀，具有防锈作用。

③有抵抗下次涂料中溶剂的溶蚀作用。

④方便施工，底漆在施工中易于流平，不易于流挂。因为干燥速度快，干后坚硬而略松，易于打磨，打磨时不粘砂纸，故能使涂层保持光滑。

硝基底漆还能长期储存，不变稠，并可随时稀释使用的性能，喷涂时硝基底漆直接加入硝基稀释剂即可使用，硝基底漆与硝基稀释剂的比例为1：1。

（3）环氧树脂底漆简称环氧底漆，是目前在汽车修补涂装中用的最多的底漆。环氧底漆是以环氧树脂为主要成膜防腐物质的涂料，尤其适用于碳钢、铸铁等铁质基材，与这类基材具有较好的粘接力和附着力，良好的韧性和优良的耐化学品性能。环氧底漆具有以下优点：

①附着力极强，对金属、木材、玻璃、塑料、陶瓷和纺织物等都有很好的附着力和粘接力。

②涂膜韧性好，耐挠曲，硬度比较高。

③耐化学腐蚀性能优良，尤其是耐碱性突出。因为环氧树脂的分子结构内含有醚键，而醚键在化学上是最稳定的，所以对水、溶剂、酸、碱和其他化学品都有良好的抵抗力。

④具有良好的电绝缘性、耐久性和耐热性。

环氧底漆不可单独用于户外环境，环氧漆的漆膜不耐紫外线，在紫外线照射下容易粉化，从而失去对基体的保护作用，需要配套耐候型面漆。

3. 特殊底漆

具有特殊性能和特殊用途的底漆，一般称为特殊底漆。其是在普通底漆里添加具有提高油漆防锈性能、装饰性能等性质的化学物质，以达到增强基材的防腐性能和装饰性能的作用。目前市场上常见的特殊底漆包括磷化底漆、带锈底漆和塑料底漆。

1）磷化底漆

磷化底漆也称为防锈底漆，是以聚乙烯醇缩丁醛树脂为主要成膜物质，并加入防锈颜料盐基锌铬黄而制成的底漆，常与分开包装的磷化液调配使用。磷化底漆的防锈原理是：将调配好的磷化底漆涂于金属表面后，磷化液中的磷酸与四基锌铬黄发生反应，在生成不溶性磷酸盐覆盖膜的同时生成铬酸而使金属表面钝化。另外，由于聚乙烯醇缩丁醛树脂具有很多极性基团，也参与了锌铬颜料与磷酸的反应，转变为不溶的铬合物膜层，故与磷酸盐覆盖膜共同起到防腐蚀和增强附着力的作用。涂布磷化底漆可代替对金属表面的磷化处理工序，使用方便。涂层的防腐蚀性、附着力和绝缘性高，使用寿命长。但因磷化底漆涂膜很薄（10～15 μm），不能代替底涂层，因此，在涂布过磷化底漆后还应使用普通底漆打底，以增强防腐蚀性和涂装效果。

2）带锈底漆

带锈底漆是一种新型的防锈涂料，将其直接刷涂在带锈的钢铁表面，既可抑制锈蚀，又可逐步使厚度在 80 μm 以下的铁锈转变为具有保护功能的薄膜，干燥后呈蓝黑色。带锈底漆有转化型、稳定型和渗透型三种形式。

（1）转化型（双组分）带锈底漆。转化型带锈底漆是黄血盐反应底漆，它由转化液和成膜物质分开包装构成。成膜物质为各种树脂，转化液为亚铁氰化钾和磷酸的混合物。其防锈原理是转化液将铁锈转化为亚铁氰化铁，变铁锈为蓝色颜料而起到保护作用。

（2）稳定型带锈底漆。稳定型带锈底漆是由防锈颜料（如磷酸锌、铬酸盐、氧化铁）及抑制剂二苯胍（含氮有机混合物）等与醇酸或酚醛树脂涂料组成的。其原理主要是铬酸锌能使钢铁表面生成钝化膜，提高钢铁表面的防锈能力，二苯胍起到抑制生锈的作用。该漆的渗透性较好，能把疏松多孔的锈层密封，适合于在有薄锈的钢铁表面上使用。

（3）渗透型带锈底漆。渗透型带锈底漆以二聚脂肪酸为主要基料，采用渗透能力极强的溶剂，通过溶剂的物理渗透作用进入锈蚀层，把多孔的铁锈团团围住，使铁锈与外界隔绝，从而达到锈蚀不再继续发展的目的。

使用带锈底漆时，只需除去钢铁表面的浮锈和氧化皮后即可涂刷，减轻了劳动强度，提高了生产效率。

3）塑料底漆

汽车塑料制品的涂装是为了提高外表的装饰性，消除表面缺陷和改善表面性能，提高耐候性和耐化学品腐蚀性，因塑料的材质、性能、软硬等不同，除部分品种外，一般不耐高温；另一方面，由于聚合系列塑料的表面能比较低，表面极性小，涂料的湿润性差，往往造成涂膜的附着力达不到要求。各品牌漆中都有独立的塑料底漆，它主要针对收缩、膨胀都比较大的塑料附件，能增强塑料底材和面涂层的黏合能力，而对于 BS 等质地比较坚硬的塑料件，常用的面漆与它们的粘接能力都比较好，一般不使用塑料底漆也可达到令人满意的附着力。

塑料底漆通常为单组分，开罐即可使用，直接喷涂一薄层，常温下等待 10 min 左右，待稍稍干燥后就能继续喷涂中涂层或面漆。

除专用塑料底漆外，各品牌还有专门的塑料面漆，多为双组分聚氨酯基产品，性能优良，但颜色比较单一。为了达到良好的装饰效果，使车身外部塑料部件与车身没有色差，通常在使用塑料底漆的基础上直接使用普通的中涂底漆或面漆。

二、原子灰

基层处理和底漆涂装完成后，就要进行原子灰的涂刷，涂刷原子灰时原子灰选用不当会导致涂层开裂、漆面粗糙和失光等缺陷，所以必须了解车身常用原子灰的种类和性能等相关知识。

1. 原子灰的作用

（1）与底漆、中涂底漆及面漆有良好的配套性，不发生咬底、起皱、开裂以及脱落等现象，有较强的层间黏合力。

（2）具有良好的刮涂性能，垂直面厚涂性能良好，无流淌现象，有一定的韧性，附着力好，刮涂时原子灰不反转，薄涂时原子灰层均匀光滑。

（3）打磨性良好，原子灰层干燥后软硬适中，易打磨且不粘砂，能适应干磨或湿磨以及机械打磨，打磨后原子灰层边缘平整光滑且无接口痕迹。

（4）干燥性能良好，能在规定时间内干燥，以便进行下一步的打磨工作。

（5）形成的原子灰层要有一定的韧性和硬度，以免汽车行驶中的振动引起原子灰层开裂，或发生轻微碰撞时造成凹陷或划痕。

（6）具有较好的耐溶剂和耐潮湿性，否则会导致涂层起泡。

2. 原子灰的种类

目前汽车市场上的原子灰种类很多，车身上常用的原子灰可以分为普通原子灰、合金原子灰、塑料原子灰、纤维原子灰和幼滑原子灰等。

（1）普通原子灰为聚酯树脂型，膏体细腻，具有填充性能好的优点，主要适用于裸钢板的表面，也可用于塑料、玻璃、钢件等基材上，但刮涂不宜过厚，且不适用于镀锌钢板、不锈钢和铝板以及经磷化处理后钢板表面的刮涂，如需在以上基材上应用，则应先喷涂隔绝底漆后才能正常使用。

（2）合金原子灰也称金属原子灰，综合性能要好于普通原子灰，大多数车身基材都可以直接使用，如可以直接用于镀锌钢板、不锈钢和铝板表面的刮涂而不必喷涂隔绝底漆，但要注意合金原子灰不适用于磷化处理的钢板。

（3）塑料原子灰主要用于车身塑料附件的涂装。塑料原子灰调和后呈膏状，可以刮涂也可以刷涂，与底材具有良好的附着性，干后具有良好的韧性，呈现软塑料特性，同时还具有很好的打磨性，既可以干磨也可以湿磨。

（4）纤维原子灰填充料中含有质轻的纤维物质，干燥后质量小但对底材附着力强，具有较好的韧性和较高的硬度，在车身修复中主要用于较深凹陷的填充，对于直径小于 50 mm 的孔或锈蚀无须钣金修复，可直接用纤维原子灰进行填充处理。对于使用纤维原子灰后维修面呈现的多孔状，可再用普通原子灰进行填平处理，修复后也能达到理想的效果。

（5）幼滑原子灰也叫填眼灰，分双组分和单组分，市场上的幼滑原子灰以单组分较为常见。幼滑原子灰膏体细腻，适用于较小孔隙的填充，但干燥时间比较短，容易被漆面中的溶剂溶解，故不适用于大面积的修复刮涂。幼滑原子灰干后较软，易于打磨，是一种非常适用于车身漆面细小缺陷修复的材料，一般用在中涂层打磨之后、面漆喷涂之前。

三、中涂漆

中涂漆是介于底漆和面漆之间所用的涂料，也称底漆喷灰，又称"二道浆"。中涂漆的主要功能是改善被涂工件表面和底涂层的平整度，为面涂层创造良好的基础，以提高面涂层的鲜映性和丰满度，提高整个涂层的装饰性和抗石击性。对于表面平整度较好、装饰性要求又不太高的载货汽车和普通乘用轿车，在制造和涂装修理时可不采用中涂底漆；对于装饰性要求很高的中、高档轿车，则均采用中涂底漆。中涂漆质量的好坏对涂层表面质量有着重要的影响，是中、高档汽车漆面修补的重要环节。

中涂底漆的特性如下：

（1）应与底漆、面漆配套良好，涂层间的结合力强，硬度配套适中，能不被面漆的溶剂所"咬起"。

（2）应具有足够的填平性，能消除被涂底漆表面的划痕、打磨痕迹和微小孔洞、细眼等缺陷。

（3）打磨性能良好，不粘砂纸，在打磨后能得到平整、光滑的表面。

（4）具有良好的韧性和弹性，抗石击性良好。

中涂底漆所使用的漆基与底漆和面漆使用的漆基相仿，并逐步由底漆向面漆过渡，这样有利于保证涂层间的结合力和配套性。常用的漆基有环氧树脂、聚酯树脂、聚氨酯树脂等。用这些树脂制成的中涂底漆均为双组分低温固化底漆，所得到的涂膜硬度适中，耐溶剂性能好，适宜与各种面漆配套使用。车用中涂底漆的颜料多为固体质颜料，具有良好的填充性能，其固体成分一般在 60% 以上，喷涂两道后涂膜的厚度可达 60~100 μm；着色颜料多采用灰色、白色和黄色等易于遮盖的颜色。另外也有可调色中涂底漆，在中涂底漆中可以适量加入面漆的色母（一般为 10% 左右），以调配出与面漆基本相同的颜色，用于提高面漆的遮盖力，避免产生色差。这类可调色中涂底漆的漆基一般与面漆基本相同，在漆基不同时不可加入面漆的色母调色。

四、面漆

面漆是汽车多层涂装中最后喷涂的材料，在汽车涂装中具有最好的装饰效果，同时还应该具备耐候、耐腐蚀等性能。在汽车漆面修理中，常用的面漆主要分为素色漆、金属漆和珍珠漆。

1. 素色漆

素色漆是烤漆的一种，是将非常细小的具有特定颜色的颗粒均匀地分散在基料中形成的一种油漆，具有漆膜干燥快、坚硬、耐磨、耐酸、耐水、耐汽油、耐酒精侵蚀的特性，烤漆中的素色漆在汽车修复行业中的用量越来越大。素色漆随着色颜料不同也具有不同的遮盖力。

1）硝基漆

硝基漆由硝基纤维素、不干性醇酸树脂、颜料、增韧剂和溶剂等组成。它具有施工方便、适应性强、涂层均匀、干燥速度快、易于打磨等特点，是汽车修补涂装中应用最多的涂料之一。

但硝基漆的耐候性差，涂层容易泛黄，涂层薄，需要喷涂多次。为此，出现了改性的硝基漆，如用热塑性丙烯酸树脂改性的、硝基树脂制成的硝基纯色漆，改善了硝基纤维素的性能。

2）醇酸树脂漆

醇酸树脂漆是以醇酸树脂为主要成膜物质而制成的一类涂料。它可浸涂、刷涂和喷涂，自然干燥或低温烘烤干燥均可。醇酸树脂漆干燥后不易粉化、褪色，保光、保色性好；涂层柔韧、坚实，耐摩擦，耐矿物油及醇类溶剂；与硝基涂料、过氯乙烯树脂涂料的配套性好。

但若在醇酸树脂漆上涂布溶剂挥发型漆，必须在醇酸树脂漆完全干燥后进行，否则会产生咬底或起皱现象。

醇酸树脂漆涂层干燥速度慢，导致涂装工作效率低，打磨、抛光性差，耐水性、耐碱性及三防性差等，已逐渐被氨基漆、双组分漆所取代，但在一些涂装质量要求不高的场合仍在继续使用。

3）过氯乙烯漆

过氯乙烯漆是以过氯乙烯树脂为主要成膜物质的一种挥发性涂料。为了进一步改善其性能，通常与其他树脂配合使用。过氯乙烯涂层对酸、碱等具有良好的耐腐蚀性，对盐水、海水、油类、醇类也具有很好的抗腐蚀性；保光性、保色性、耐候性优于硝基漆和醇酸树脂漆；阻燃性和低温耐寒性好。

但因树脂成分决定了其耐热性差，在 80~90 ℃时便开始分解，使涂层的颜色变深，因韧性丧失而脆裂。

4）氨基树脂漆

氨基树脂漆是以氨基树脂和醇酸树脂为主要成膜物质的一种涂料。它具有两种树脂的优点，弥补了各自的不足，是一种优质的热固性汽车面漆。其一般采用烘烤干燥，以增强涂层的附着力、硬度及耐水性等。氨基类涂料的优点是清漆颜色浅，外观光亮、丰满，色彩鲜艳；涂层坚韧，附着力好，强度高，干燥后不回黏，耐候性及抗粉化能力强，具有良好的耐水性、耐磨性和电绝缘性等。

5）丙烯酸树脂漆

丙烯酸树脂漆属于溶剂挥发干燥型涂料，其中热塑性丙烯酸树脂漆的性能远远超过硝基漆。但早期的热塑性丙烯酸涂料还存在许多不足，如丰满度差、湿润性差、互溶性差、耐溶剂性差及对温度敏感等。人们对热塑性丙烯酸树脂涂料进行了大量的改进，使其性能有了很大的改善，如用硝基纤维素改性的丙烯酸树脂涂料、用醇酸树脂改性的丙烯酸涂料以及丙烯酸—聚氨酯涂料等。

丙烯酸—聚氨酯涂料是最好的双组分涂料，已成为国内外汽车修补业的首选漆种。它是由羟基丙烯酸类聚合物与含有异氰酸酯类聚合物的催干剂按一定比例调配而成的。在成膜过程中，随着溶剂的挥发，两类聚合物进行交联反应，最后形成热固性的丙烯酸—聚氨酯涂层。丙烯酸—聚氨酯涂层既具有丙烯酸树脂涂料良好的挥发成膜性，又具有异氰酸酯类的交联成膜性，充分发挥了前者的快干性和后者良好的涂层特性。

6）聚氨酯漆

聚氨酯漆涂层丰满、光亮，强度高，耐候性好，施工性能、低温固化性能等优于其他涂料，是当今汽车修补涂料中应用最多的涂料之一，大有完全取代丙烯酸树脂涂料而位居修补漆之首的趋势。汽车常用的聚氨酯涂料有 S01-1 聚氨酯清漆、7650 聚氨酯清漆（分装）、聚氨酯汽车漆、7182 各色聚氨酯磁漆等，它们都属于双组分涂料。

2. 金属漆

金属漆是将具有金属光泽的金属颗粒通过一定的工艺方法，混匀分布于基料中而形成的油漆，因为金属颗粒的存在，金属车漆在阳光的照射之下，由于金属颗粒的反射、折射作用，从不同角度观察金属漆漆面，车身呈现不同的光泽，又称闪烁效应，使车显得上档次，加上金属漆漆膜坚硬、耐磨、不退色，所以金属漆的用量要大于各种油漆。

汽车涂装常用的金属漆有普通金属漆和珍珠漆两种。金属漆主要由成膜物质、颜料、金属颗粒、溶剂和分散剂等组成，其中金属颗粒是产生闪烁效应的主体，主要有片状金属颜料（以铝粉为主）。金属漆通常为单组分自然挥发干燥型，多采用丙烯酸聚氨酯型树脂。

普通金属漆又称"银粉漆"，它在树脂中加入片状的铝粉颗粒，以产生金属闪光的效果。表面光滑如镜的片状铝粉颜料对入射的光线有定向反射作用（片状金属在涂层中平行排列），所以从不同的角度观察将产生不同的明亮度。若铝粉在涂层中呈不规则排列，将会使涂层的正面和侧面的明度差别小；若铝粉在涂层的底部，又会使表面呈现较暗的颜色。

普通金属漆中的着色颜料比一般素色漆少，若不加入金属粉颗粒，光线会直接穿透涂膜而到达底层，涂膜的遮盖力就不能完全发挥。金属漆的遮盖能力比一般素色漆高，通常喷涂 20~30 μm 的膜厚即可完全遮盖底层。

涂膜中铝粉的排列并不是有序的，对光线反射角度不同造成了金属漆本身的无光效果。因此，必须在金属漆上面再喷涂罩光清漆后才能呈现出光泽度和鲜映性，其金属闪光效果才能得到充分发挥。

3. 珍珠漆

严格说来市面上的珍珠漆也可算作金属漆的一种，主要区别在于在油漆中闪耀光泽的不是金属颗粒，而是表面镀有金属氧化物的云母颗粒，有些分类方法也把珍珠漆划分为特殊金属漆。云母颗粒比金属颗粒有更高的透色率，在阳光的照射下呈现出的色彩更有层次，类似于自然界中阳光照射在珍珠、贝壳等物体上反射出的效果，故称珍珠漆。珍珠漆的喷法与用法基本和金属漆相同，这种漆属于高档漆。珍珠漆具有耐候性、耐磨性及耐高温和抗腐蚀性。

五、其他辅料

1. 催干剂

催干剂又称干料、燥液，是一种能够加速漆膜干燥的液体或固体。对于干性漆膜的吸氧、聚合起着类似催化剂的促进作用。亚麻油不加催干剂，需 4~5 天才可干结成膜，而且干后涂膜性能不好，加入适量催干剂后可缩短到 12 h 之内即可干结成膜。涂膜光滑不粘手，这样有利于施工，还可缩短施工时间，以防未干的漆膜受到雨露风砂的沾污和破坏。

很多金属盐都可作催干剂的原料，按催干性能的大小排列为钴、锰、铅、铈、铬、铁、铜、镍、锌、钙、铝。有实用价值的是钴、锰、铅、铁、锌、钙等金属的氧化物、盐类和它们的有机酸皂。催干剂性能的优劣取决于催干剂对油溶解性的好坏，溶解性好的催干剂其催干效力就优，反之则劣。

催干剂主要用于油脂漆、酯胶漆、酚醛漆、醇酸漆等氧化聚合型干燥（自干型）漆，在温度较低、挥发速度较慢的施工环境中使用，可以促进涂层干燥，提高涂膜质量。催干剂有固体和液体两种形态，液体催干剂的应用较为广泛。

对催干剂有以下几点要求：在常温下能均匀地扩散在清漆、磁漆及底漆中，少量使用即可达到催干效果，其颜色不影响浅色漆的色泽，在漆液中不沉淀，不使清漆浑浊，储存稳定性好。

2. 固化剂

固化剂又名交联剂，其作用是将可溶（熔）的线型结构的高分子化合物（如双组分环氧漆、双组分氨基漆、双组分聚氨酯漆等）转变成不溶（熔）的体型结构，它本身不参与反应，而成为固化树脂（涂膜）的一部分。双组分环氧漆、双组分氨基漆、双组分聚氨酯漆等如不使用固化剂则不会干燥，必须将一组分涂料与另一组分固化剂按一定比例充分混合后方能进行涂装。加入固化剂的涂料要在规定时间内用完，否则涂料会自行固化而报废。

常用的固化剂有环氧漆固化剂、聚氨酯漆固化剂等。H-6 聚酯漆固化剂（分装），由环己酮与双氧水在低温下反应，加入苯二甲酸二丁酯稀释得到组分一，环烷酸钴溶于苯乙烯中为组分二，和石蜡苯乙烯混溶为组分三。过氧化环己酮液体在不饱和聚酯交联固化过程中起引发作用，与环烷酸钴溶液构成氧化还原反应系统，使不饱和聚酯在室温条件下迅速固化；蜡液使不饱和聚酯低温固化时起隔绝空气作用，避免涂层表面发黏。

此外还有树脂类固化剂，如酚醛树脂、氨基树脂等，它们能成为环氧树脂的交联剂，与环氧树脂并用，经过烘烤能固化成膜，主要用于防腐漆，如环氧酚醛防腐漆、环氧氨基防腐漆等。

使用固化剂要注意以下事项：固化剂用量尽量准确，不能随意增减，须根据涂料产品说明书严格控制其配比。固化剂用量过大，涂膜干燥快，易造成施工困难，涂膜容易产生脆性或过早胶结造成报废；用量过小，涂膜干燥慢，涂膜会发软，影响使用性能。室温固化干燥的涂料（如聚氨酯漆、聚酯漆等），固化剂与涂料混合后要充分搅拌，并在室温下静置几十分钟再使用，让固化剂有充分反应的时间。

常用固化剂的主要性能及用途见表 9-1。

表 9-1   常用固化剂性能及用途

名称	主要性能	用途
H-1 环氧漆固化剂	固化快、用量小，但毒性和腐蚀性较 H-2 大，相对湿度大时不宜使用	氨固化环氧漆
H-2 环氧漆固化剂	毒性小，配比易掌握，相对湿度大时不宜使用	氨固化环氧漆

续表

名称	主要性能	用途
H-4 环氧漆固化剂	可室温下固化，粘接力强，柔韧性好，坚固耐磨，有一定的绝缘性，耐化学气体的腐蚀性好，且湿度较大时可施工	氨固化及无溶环氧漆
H-3 聚酯漆固化剂	能与羟基以及水、酸、碱类基团反应	与 S0-15、S04-7、S06-4 配套使用
H-5 聚氨酯漆固化剂	固化剂中含有一定量的一氰酸	含羟基的聚酯、聚醚类漆
H-6 聚酯漆固化剂	室温下迅速固化，固化时能隔绝空气，避免涂层表温发黏	聚酯漆

3. 磷化剂

磷化处理是指把金属工件浸入含有磷酸二氢盐的酸性溶液中，使工件发生化学反应而在其表面生成一层稳定的不溶性磷酸盐膜层，这种处理方法就叫磷化处理，所生成的膜称为磷化膜，使用的酸性溶液称为磷化液。用磷化液在基材上生成磷化膜的主要目的是增加涂膜的附着力，提高涂层耐蚀性。磷化的方法有多种，按磷化时的温度来分可分为高温磷化、中温磷化、低温磷化和常温磷化。为提供良好的涂装基底，要求磷化膜厚度适宜，结晶致密、细小。

中、高温磷化工艺，虽然磷化速度快、磷化膜耐蚀性好，但磷化膜结晶粗大，挂灰重，液面挥发快，槽液不稳定，沉渣多，而低、常温磷化工艺所形成的磷化膜结晶细致，厚度适宜，膜间很少夹杂沉渣物，吸漆量少，涂层光泽度好，可大大改善涂层的附着力、柔韧性和抗冲击性等，更能满足涂层对磷化膜的要求。

值得注意的是，过去一直认为磷化膜厚，涂装后涂层的耐蚀性高，实际上磷化膜本身在整个涂装体系中并不单独承担很大的耐蚀作用，它的主要作用在于使漆膜具有较强的粘附性。而对于整个涂层系统的耐腐蚀能力，则主要取决于漆膜的耐蚀力以及漆膜与磷化膜配合所形成的强粘附力。磷化液一般由主盐、促进剂和中和剂所组成。

4. 稀释剂

稀释剂是在涂料施工中，用来溶解及稀释涂料的黏度，使之符合施工要求，以达到涂层表面平整光滑的目的。稀释剂对涂膜性能有一定的影响。稀释剂用错会使涂料混浊析差；用量过少会使涂料过稠，喷涂时涂膜流平时差，呈橘皮状，甚至起皱、流挂。

常用的稀释剂品种见表 9-2。

表 9-2　常用稀释剂的品种

型号名称	曾用名称	成分（质量分数）/%	用途
X-1 硝基漆稀释剂	喷漆稀料 甲级香蕉水 甲级信那水 甲级天那水	醋酸丁酯　29.8 醋酸乙酯　21.1 丁醇　7.7 甲苯乙苯　41.3	稀释能力高于 X-2，用于硝基清漆、硝基磁漆、硝基底漆，也可用于稀释各种热塑性丙烯酸漆

续表

型号名称	曾用名称	成分（质量分数）/%		用途
X-2 硝基漆 稀释剂	乙级香蕉水 乙级天那水 乙级信那水	醋酸丁酯 醋酸乙酯 丙酮 乙醇 甲苯 丁醇	18 9 3 10 50 10	一般用途的硝基漆料，也可以用于洗涤喷漆工具
X-3 过氯 乙烯漆	甲级过氯 乙烯稀释剂	醋酸丁酯 丙酮 甲苯	12 26 62	稀释各种过氯乙烯底漆、磁漆、清漆腻子等

5. 脱漆剂

脱漆剂又叫去漆剂，主要是利用有机溶剂对层表面的溶解、溶胀作用，将旧涂层清除掉。脱漆剂一般分为两类，其中一类是由酮类、苯类和之类加石蜡混合制成的，有很好的溶胀膜性能，主要用于清除油脂、酚醛、硝基等旧漆层；另一类是以二氯甲烷、石蜡和纤维素醚为主要成分配制而成的氯化烃类脱漆剂，又称水冲型脱漆剂，主要用于清除环氧沥青、聚氨酯、环氧聚酰胺或氨基醇酸树脂等固化型旧涂膜，脱漆效率高、毒性较小，应用广泛。

任务二　涂装工艺

一、涂装前准备

在准备给汽车喷漆前，首先需要确定修理方式，如是局部漆面修复、板件漆面修复还是整车重新喷漆；必须订购或调配喷漆材料；还必须检查车上的原漆，以前是否做过漆面修复。如果准备进行局部或板件漆面修复，则一定要按原漆色购买和调配，使新喷的面漆色与原漆色完全一致。

1. 检查汽车以前是否做过面漆修复

有 3 种方法可确定汽车以前是否做过面漆修复：打磨法、测量漆面厚度法和直观检查法。

1）打磨法

打磨待喷漆板件的边，直到露出裸金属。如果汽车以前补过漆，那么在原漆膜上可以看到附加的底漆与面漆层。

2）测量漆膜厚度法

如果待修漆膜比正常的漆膜厚，一般表明补过漆。新车的标准漆膜厚度：美国产汽车为 $4\sim6$ mil（1 mil $= 25.4\times10^{-6}$ m），欧洲产汽车为 $5\sim8$ mil，亚洲产汽车为 $4\sim6$ mil。可以使用漆膜厚度测量仪来测量漆膜厚度。检查所有要喷漆的板件，如果测量结果显示漆膜厚度为正常值的两倍，表面汽车可能重新喷过漆。喷新漆前需要清理旧漆，以减少漆膜厚度。

3）直观检查法

仔细检查汽车，看有无漆面修复的痕迹，查找遮盖条生成的漆道、过喷和其他修补迹象。如果漆面修复达到专业水平，则所有修复迹象可能掩饰得很好，很难看出汽车是否重新喷过漆。

2. 确定旧漆的类型

在计划如何进行漆面修复时，需要先确定汽车原先所用漆的类型，可能是原厂漆，也可能经过修复采用了其他类型的漆。确定漆面类型的方法有涂溶剂法、硬度法和清罩层法。

采用涂溶剂法时，用白布蘸硝基稀料擦涂漆面，看漆是否容易溶解，如果漆膜溶解，在布上留下色痕，说明是某种风干漆；如果不溶解，可能是烘干漆或双组分漆。丙烯酸氨基漆不像风干漆那样容易溶解，但有时稀料会渗进去使漆面失去光泽。

采用硬度法时，须检查漆面的一般硬度。漆面并不会干燥或固化成同一硬度，一般而言，双组分漆和烘干漆干燥后形成的漆膜硬度比非催化的风干漆高。

使用清罩层鉴定法可以确定漆面是否有清罩层。在板件底端干打磨一小块漆面，如磨下的粉尘是白色的，则表面有清罩层；如粉尘是车身的漆色，则表面采用的是纯色漆或单级漆。只要不是白色单级漆，都可以使用这个方法鉴定。而白色单级漆和清罩层打磨时形成的粉尘都是白色。

不要在磁漆上面喷硝基漆，但在硝基漆上喷磁漆不会有问题。如果在磁漆上面喷硝基漆，则可能会出现漆面隆起等不相容的问题。

3. 漆色调配

要订购或调配面漆漆色，需要先找到汽车铭牌（VIP），找到铭牌上所示的原厂漆代码。如果汽车原漆面状态良好（未褪色未粉化），按原厂漆代码订购或调配一般可以获得很好的效果。复查最好用车漆手册中的色卡与实际汽车的漆色做一下比较。汽车之前维修时喷了别的漆色是常有的事，可从供应商处订购面漆材料或使用普通色标号自己调配。大型修理厂往往自带调漆间，调漆间中备有各种颜料和其他常用的成分，可以自己调漆，不必向外面的供应商订漆，既省时间又省钱。

4. 选择漆的溶剂

向底漆、密封剂、面漆或其他液体材料中加入溶剂（还原剂或稀释剂），降低黏度，使其通畅地流入流出喷枪。溶剂或还原剂还能影响漆在现有温度和天气条件下固化或干燥的速度。漆的容积有两种基本类型：还原剂，用来稀释氨基磁漆材料；稀释剂，用来稀释旧式硝基漆材料。

面层色漆在运输时通常保持尽可能高的黏度，以减缓沉降速度。在喷涂时就需要将这种黏稠的漆料加以稀释，使漆料有足够的流动性，能够通过喷枪进行正常雾化；也有可直接用于喷涂的油漆产品，称为"即喷漆"，不需要稀释。

5. 喷涂温度与湿度

汽车喷涂有两个重要的影响因素：温度和湿度，其中温度更为关键。如果喷漆房没有全时温度控制系统，则需要在调漆时使用不同的还原剂通过化学上的措施来补偿温度和湿度的影响。

6. 调和溶剂

调和溶剂有助于喷涂时新漆溶入旧漆，在给调和后的修理部位喷清罩层时常使用调和溶剂。调和溶剂比普通溶剂的侵蚀性强，能够侵入旧漆层；可以溶解旧漆，使其与清罩层密切配合；有助于两种漆流更平滑地溶在一起。

如在进行后侧围板与车顶的调和时，在翻板处的清罩层即新旧清罩层汇合处应使用调和溶剂。调和溶剂有助于交界处的羽化，使新旧清罩层溶合在一起，以防止调和部位漆面出现差异。

7. 调配漆料

印在漆罐标贴或产品说明书上的漆料调配说明中给出了漆产品中应加的各种成分（溶剂、固化剂、弹性剂等）的比例，给出的可能是百分比。百分比还原意味着每种成分以一定比例或份数添加。如漆需要 50% 还原，意味着一份还原剂（溶剂）须与两份漆混合。按份混合意味着对于一定体积的漆料或其他材料，须加一定量的另一种材料。

二、施工准备

汽车涂装准备主要分为以下三个步骤。

（1）清洗整车，排除灰尘、污垢对评估车身损伤程度的干扰。

①全车清洗。

全车清洗所需的用品有洗车机、洗车刷、标准洗车海绵、汽车清洗剂。

先用自来水冲洗，然后用车辆清洗剂清洗，最后再用清水冲刷干净。要彻底清除汽车车门、行李舱、发动机罩及轮胎挡泥板边缘和缝隙等处的灰尘和污垢。

②车身待修补区域的清洁。

清洁时，用干净的抹布蘸上清洗剂擦洗待修补区域及周围，溶解车身表面的油脂、石蜡和抛光剂，然后用另一块干净的抹布擦干。若需清洗硅酮类化合物，则在擦干后用 50 号或 600 号砂纸打磨车身表面，再次重复上面的擦洗工作。

（2）检查车身涂膜的受损情况，评估损伤程度。

常用评估车身表面损坏程度的方法有目测法、触摸评估法和直尺评估法。

①目测评估法。

目测评估法是指根据光照射钣金件的反射情况，评估损坏的程度及受影响面积的大小。不断改变人的眼睛相对于钣金件的位置，通过前、后及侧面的观察，即可看到微小的变形。目测评估时不能在强光下进行，因为强光会影响人的观察能力。

②触摸评估法。

戴上棉质薄手套，从各个方向触摸受损的区域，不要用任何压力，应将注意力集中在手掌上。为了能准确地找到受影响区域的不平整部分，手的移动范围要大，要包括没有被损坏的区域，而不是只触摸损坏的部分。

③直尺评估法。

将一把直尺放在车身另一边没有被损坏的区域上，检查车身和直尺件的间隙；然后将直尺放在被损坏的车身板件上检查间隙，通过对比评估被损坏的车身板变形量的大小。

在使用直尺评估法时，损坏件如果有凸出部分，将影响评估操作，此时可用冲子或鸭嘴锤将凸起的区域敲平或使其稍稍低于正常表面。

（3）根据涂膜损伤的具体情况确定修补涂装工艺。

车身修补涂装工艺有三种：点修补、局部部件修补和整车重涂。

①根据涂膜损伤的面积确定修理工艺。

涂膜损伤范围在 10 cm² 以内或小凹坑的直径在 2.5 cm 范围内，采用点修补工艺；若不止一处损坏，但相互邻近，且总体覆盖面积不大，也可采用点修补工艺；若板面的中间和边缘有损坏，板面的两侧有损坏，一般采用底色漆过渡喷涂、清漆整片喷涂的修补工艺；当在一块钣金件上损伤较大时，采用整板重涂工艺；若车身涂膜大面积损伤或多处损伤，在局部修补不能解决的情况下，一般都采取整车重涂工艺。

②根据车身凹陷情况确定修理工艺。

若车身板件没有凹陷，一般采用局部修补；板件凹陷直径在 2.5 cm 范围内，需要刮涂原子灰，可以采用点修补工艺解决；如果凹陷面积较大，底色漆局部修补完成后面积会较大，整板喷涂则是最好的解决方法。

③根据颜色匹配的要求确定修理工艺。

当修补区域在板面中间部位时，浅色底色漆不适用于在小范围采用点修补工艺，当损坏部位位于板面的边缘时，这些颜色可以采用点修补工艺；对于半暗、较深颜色的底色漆以及双工序珍珠漆，在大部分区域都可以在小范围内采用点修补工艺。

④根据车身底材的特性确定修理工艺。

钢铁材料的涂装一般包括表面预处理（除锈、脱脂、除旧涂膜、刮原子灰等）及底涂层涂装和面涂层涂装等工艺；铝材表面附着力小，必须进行脱脂、蚀洗、酸洗和粗化处理，然后才能进行底涂层、中间涂层和面涂层涂装等工艺；镀锌板必须进行钝化和磷化处理后才能涂装；硬质塑料表面一般不能用喷涂底漆，但对于聚丙烯（pp）、聚对苯二甲酸丁二醇酯（PBT）、聚甲醛（PYM）和聚碳酸酯（PC）等则需要使用专用的塑料底漆，以增强面漆对被涂物表面的附着力。

任务三　喷涂的方法和技巧

【任务引入】

修理厂送修一辆左前车门发生碰撞凹陷的车，经过详细检查，在车门上又检查出有点蚀现象，经过对车门凹陷处钣金和旧漆的打磨等前期处理，现要对该整道车门进行喷涂修复。

【任务分析】

汽车喷涂一般的工艺顺序为：汽车喷涂准备工作→旧漆处理→第一道底漆的喷涂→一至三道腻子的刮涂并打磨→二道底漆的喷涂→面漆的喷涂→透明漆的喷涂→烘烤工作。该车门碰撞处经过钣金修理，对修复的钣金经详细检查，可以进行涂装修复发现点蚀，经过前期旧漆打磨工作，已经可见金属基底，在底漆喷涂前应该先进行磷化处理，可以直接喷涂磷化底漆，在喷涂磷化底漆后在其上还要喷涂隔绝底漆，最后隔绝底漆与磷化底漆一起组成底涂层。

一、底漆的喷涂

1. 底漆准备

该车门存在锈蚀，材料为钢板。对裸钢板喷涂底漆前必须进行磷化处理，使钢板表层覆盖一层磷酸盐，并使金属钝化，因此选用磷化底漆。磷化底漆层防腐蚀性、附着力和绝缘性高，但涂膜很薄，不能代替底涂层，在其表面要喷涂一层通用底漆。

环氧底漆具有极强的黏结力和附着力，柔韧性和耐化学品性优良，与面漆的配套性很好，同时考虑到施工进度和环保的要求，在磷化底漆表面应喷涂快干无铬环氧底漆。

磷化底漆的调制如下。

（1）磷化底漆一般采用双组分包装，使用时按规定的比例 4∶1 调配，即 4 份底漆加 1 份磷化液。注意：磷化液不是稀释剂，其用量不得随意增减。

（2）调配前应将底漆充分搅拌均匀，放入非金属容器内，边搅拌边加入磷化液，调配好并放置 30 min 后再使用。注意，调配好的磷化底漆必须在 30 min 内使用完。

（3）调配好的磷化底漆黏度应为 16~18 Pa·s。黏度过高，稀释时不能加入磷化液，应该加入 3 份无水乙醇和 1 份丁醇的混合物进行稀释。

（4）为了防止堵塞喷枪并降低涂层表面的表面粗糙度，底漆在使用之前必须经过过滤。

2. 磷化底漆喷涂

磷化底漆是最下面一层底漆，要求涂层要尽量薄，一般不超过 15 μm 为好。磷化底漆属于侵蚀底漆，调漆、喷涂应该尽量选用塑料容器，并严格按照说明书进行调配，喷涂完毕后尽快对喷枪进行清洗。通常情况下，磷化底漆喷涂完成后可以直接进行隔绝底漆的喷涂工作，中间不需要打磨。喷涂时要注意调整喷枪的角度和距离，按照横行重叠法，从上往下将金属喷一遍；喷涂时一定要注意不要喷太厚，走枪速度应适当加快，隐隐约约可以看到下面底材即可停止喷涂；同时注意保证喷涂范围，如果采用遮蔽纸，喷涂不要离遮蔽纸太近，以免产生台阶；同一行程起枪和收枪时，注意摆动手腕进行收边。

喷涂隔绝底漆时，隔绝底漆大多属于环氧树脂底漆，具有比较大的黏度，要保证喷涂得到的涂层较薄，应该选用大口径的喷枪。喷涂时应该选用 1.7~1.9 mm 口径的空气喷枪，首先采用横行重叠法薄喷 1~2 遍，每遍的间隔时间在 8 min 左右，喷涂厚度在 30~40 μm，喷涂完毕放置于干净环境中保持 10 min，后移至烤漆房，加热至 65 ℃保持 30 min。

待底漆完全干燥后，喷涂过底漆的部位一定要进行打磨处理后才能喷涂中涂底漆和面漆，一般用 240#~360#砂纸进行手工打磨或者用打磨机打磨，如果采用湿磨法，则一般选用的砂纸是 600#，打磨时必须将喷涂过底漆的部位打磨平整、光滑，要求打磨出清晰的羽状边。但要注意不能将喷涂上的底漆打磨穿，如果打磨穿底漆，则需要对磨穿部位重新进行底漆的喷涂处理。

二、原子灰的刮涂与打磨

原子灰是一种以颜料、填充料、树脂以及催干剂调配而成的呈浆状的材料，用来填平车身表面的凹坑、焊接缝以及锈眼等缺陷，直至形成平整光滑的底材表面。该车门钣金修复处，底漆喷涂后需要用原子灰刮涂，原子灰挂入一般需要以下几个步骤：

1. 初步估算原子灰大概用量

刮涂前检查需要刮涂原子灰的面积，初步估算需要原子灰的大概量，调配原子灰量不够会造成原子灰断层，量多则会导致浪费。

2. 原子灰的调配

准备好干净的混合板，根据预估倒出适量的原子灰基料，固化剂按基料 1%～2% 的比例加入，一般夏天按 1% 比例加入，冬天按 2% 加入，调配原子灰基料与固化剂时，用刮刀把基料拨在托板上，并来回刮抹原子灰和固化剂以使之混合均匀，混合是否均匀可以从两种料混合后的颜色上进行判断，若混合料颜色均匀，没有出现颜色分层，则可以基本判断料已混合均匀。注意原子灰与固化剂混合不匀会产生固化不匀、附着力差、起泡以及剥落等现象。

3. 原子灰的刮涂

刮涂原子灰时应使用硬的金属刮具或橡胶刮具，对底材表面凹陷较大的部位，不应一次刮涂过厚的原子灰，应分为 2～3 次进行挤压式刮涂（先刮涂一层，待其凝固但未干透，即可在上面复涂一层到两层），这样容易填满凹部，也不易产生细小的孔洞或原子灰边缘裂口，打磨时省时省力。刮涂面积应每层逐步扩大，原子灰层由厚到薄。

（1）刮涂原子灰的工具包括牛角、钢板、胶木板以及环氧树脂板等。刮涂时主要靠刮具上的柔软部位与手配合完成，刮涂层数根据底材情况而定，刮涂时视底材的损坏程度和损坏面积，可满刮（全部刮）或补刮（局部刮）。用刮板刮涂原子灰时，刮板与底材之间的角度以 50°～60° 为宜。刮涂原子灰时，主要以高处为准进行找平，对特别高的部位，应由钣金工敲平，以减少原子灰层的厚度并方便施工。

（2）刮涂第一层原子灰时，应使用硬刮具刮涂，对较大凹坑可选用较宽的硬刮具。刮涂此原子灰层时只求平整，不求光滑，对车身表面较大的凹坑进行刮涂时只需初步平整，不要为了一次刮平而使原子灰层厚度超过 5 mm。刮涂方向横、竖均可，以有利于填平凹坑为准则。对车身表面折口及轮廓线的损坏处，刮涂时要注意造型及平直性，为以后刮涂各层原子灰操作打下良好的基础。

（3）刮涂第二层原子灰时，车身平面处仍用硬刮具刮涂，但对圆弧较大的部位也可适当使用橡胶刮具或塑料刮具。此层原子灰的刮涂仍以填平为主，不求光滑。该层原子灰厚度应比第一层原子灰稍薄，局部刮涂时的面积应略大于第一层原子灰的面积，满刮时应注意底材边缘原子灰的平直性。进行较大面积的刮涂时，第二层原子灰的刮涂与上一层原子灰的接口应错开，即不要使各层原子灰的接口在同一部位，以免产生缺陷。

满刮原子灰层时应注意刮涂方向，应顺着流线型方向（按车身造型水平方向）刮涂，并遵循从上到下、从右到左的原则，刮涂时尽可能将涂层拉长一些，以减少刮涂接口。注意原子灰层的厚度与原涂面基准点平齐。由于补刮原子灰层范围逐渐扩大，对邻近的补刮原子灰层，视具体情况可在第二层或第三层刮涂原子灰层时连成一片，以减少原子灰层边缘，利于打磨。

刮涂原子灰应该注意，刮涂前被涂装表面必须干透，以防止产生气泡或龟裂。若被涂装表面过于光滑，可先用砂纸打磨，以使底面具有良好的附着性能。原子灰的刮涂应在一两个来回中刮平，手法要快、稳，不可来回拖拉。若拖拉刮涂次数太多，原子灰容易被拖毛，表面不平、不亮，还会将原子灰里的涂料挤到表面，造成表干内不干的现象，影响性能。板件的洞眼和缝隙之处要用刮板尖将原子灰挤压填满，但一次不宜刮涂得太多、太厚，以防止干不透。刮涂时，四周残余的原子灰要及时收刮干净，否则表面会留下残余的原子灰块粒，干燥后会增加打磨的工作量。

如果需刮涂的原子灰层较厚，需多层刮涂，则每刮一道都要充分干燥，每道原子灰不宜过厚，一般控制在 0.5 mm 以下，否则容易因收缩而开裂或干不透。原子灰刮涂工具用完后，要清洗干净再保存。夏季天气炎热，温度较高，原子灰容易干燥，成品原子灰可用稀料盖在上面；冬季原子灰应放在暖和处，以防止冻结，用时可加些清漆和溶剂，但不宜存放太久。原子灰不能长期存放于敞口的容器中，以免胶黏剂变质、溶剂挥发，造成粘挂不住，出现脱落或不易刮涂等问题。

4. 原子灰的打磨

原子灰层彻底干燥后即可打磨，具体干燥条件参见原子灰生产厂商的产品使用注意事项。打磨原子灰时，注意一般只能干磨而不能水磨，因为原子灰的吸水性很强，如果水磨时残留的水分不能很好地挥发，则会导致漆膜出现起泡、剥落以及金属底材锈蚀等现象。打磨原子灰层主要是为了取得平整光滑的表面，打磨原子灰层可采用手工或机械干磨。机械打磨适用于修补面积较大和平整的底材，可降低劳动强度并提高工作效率；手工打磨适用于一些形状复杂的底材，例如转角、折口、外形线、弧形以及凹形部位等。打磨时两种方法可以结合进行。

（1）原子灰第一道打磨只要求初步平整，不求光滑。手工打磨可使用 P60~P80 号砂纸，直至底材最高点露底后，即以该最高点为基准，再修整平整度。

手工打磨时注意沿手刨长度方向，顺车身流线型水平方向做来回往复运动。打磨的往复幅度要适当长一些，以利于打磨平整，绝不能以圆周运动的轨迹打磨。打磨动作要平稳，用力要均匀，当底材最高点露底后，注意其与周围表面的平整性，防止过度打磨再次形成凹坑。打磨呈波浪形的大平面时，应选用长一些的手刨。打磨局部刮涂的原子灰层时，要注意原子灰层与旧涂面羽状边的平整度及原子灰边缘的平整性（又称"原子灰口要磨平"），以防产生原子灰层边缘痕迹。打磨折口、外形线以及圆弧形时要注意圆形及线条的平直性。

机械打磨原子灰层用的打磨机通常为双动偏心距圆盘式，打磨第一层原子灰时应将其平放在打磨面上（而不是倾斜放置），在原子灰涂刮的范围内连续直线移动。当打磨到与周围基准点接近时即可，以留出修整打磨的厚度。

（2）原子灰第二道打磨要求底材达到基本平整，无明显低凹，折口线、外形线以及弧形面造型与原型一致，注意线条的平直性。机械干磨用 P120 号砂纸，打磨机选用双动偏心距圆盘式打磨机为宜。

手工打磨时要选用恰当的吸尘手刨，如果大面积打磨，则可以选用长的手刨，对于棱角或较窄小的部位则应选用小的手刨，而对于一些圆弧、凹弧或有型线的部位，则需选用或自制与其形状相似的手刨。

（3）原子灰第三道打磨基本要使底材上微小的凹坑和砂孔全部消除，达到既平整又光滑，无缺陷、无砂孔以及局部刮涂原子灰边缘无接口，外表恢复原样。此时以手工打磨为宜，有利于对弧形面的修正，宜使用 120#~240#砂纸。以车身流线形水平方向为主，要注意实现底材的折线和外形线的平直性，一般不要沿车身流线形的垂直方向或斜方向打磨，如果底材因具体情况需要在直方向打磨，最后也要以车身流线形平行方向打磨修整，以免产生垂直方向的打磨痕迹。流线形平行方向的痕迹与车身的流线形方向一致，其用肉眼不易察觉，而垂直的痕迹则相反，稍有打磨痕迹即会明显地显示出来。对底材的圆弧、折口以及凹角等不宜用手刨打磨的地方，可用拇指夹住砂纸，四指平压在底材上，然后均匀地来回摩擦底材做修理打磨。

（4）原子灰第四道打磨应使用240#砂纸配合手刨。通过以上三道原子灰的刮磨后，如果底材已经达到喷涂要求或底材本身精度要求较低，则第四道打磨可省略。但是如果底材精度要求较高或经过三道原子灰的打磨后还不能达到施工要求，即要进行第四道原子灰甚至第五道原子灰的刮涂和打磨工作。合格的原子灰层表面应平整光滑，无砂孔和缺陷，原子灰边缘平整光滑且无接口痕迹，否则要进一步刮涂和打磨。打磨后应清洁底材表面的灰尘，不能使用除油剂或类似清洁剂清洁表面。

三、中涂漆的喷涂

喷涂前先用压缩空气清除车身表面的粉尘，若进行过湿打磨，则应进行除湿处理，使被涂表面干燥。车身常用中涂底漆的种类不同，其作业方式也有一定的差异。下面以硝基类和丙烯酸类中涂底漆为例讲述其喷涂方法。

配制中涂底漆时，首先将中涂底漆充分搅拌，使颜料均匀分布其中，然后将搅拌好的中涂底漆用滤网过滤并装入空气喷枪罐，再用制造商指定的稀释剂稀释到适合的黏度。一般情况下，中涂底漆均可采用硝基类稀释剂，但丙烯酸类中涂底漆必须使用专用的稀释剂。在加入稀释剂时，要用搅拌棍边搅拌边添加。中涂底漆的喷涂黏度随制造商而异。

喷涂之前，应再次确认被涂装表面是否清洁，并调整喷涂气压、喷涂距离、喷束直径和喷射流量。硝基类和丙烯酸类中涂底漆的喷涂参数见表9-3。

表9-3 硝基类和丙烯酸类中涂底漆参数

参数 涂料	空气喷枪口径/ mm	涂料黏度/ （Pa·s）	喷涂气压/kPa	喷涂距离/mm	喷束直径和 喷射流量
硝基类	1.3~1.8	16~20	245 为宜	150~250	根据喷涂面积 大小调整
丙烯酸类	1.3~1.8	13~15	245 为宜	150~250	根据喷涂面积 大小调整

中涂底漆涂层在面漆之下，主要起到增强涂层间的附着力及对底层提供封闭和填充细微痕迹的作用，因此中涂底漆要有一定的附着力、耐溶剂性及填充性，以保证为面漆提供一个完美的施工基地。作为面漆层与底漆层、原子灰层、旧涂层间的媒介层，中涂底漆还应具有对底漆层、原子灰层、旧涂层、面漆层的良好配套性。喷涂中涂底漆的步骤如下。

（1）中涂底漆前遮蔽。在喷涂中涂底漆前，为了防止喷涂生产的虚漆、漆雾外溢粘到其他无须喷涂的工件表面，需要进行相应的贴护。当遮蔽边缘是密封条、饰条、把手等边界时，应沿着这些边界贴护，其他情况下一般采用反向遮蔽（遮蔽纸由喷涂区域向外反折，使遮蔽纸形成一个圆弧），以避免喷涂边缘有台阶。

（2）佩戴合适的防护用具，如安全眼镜、供气式防护面罩或活性炭防护口罩、防溶剂手套和工作鞋等。

（3）按照产品调配要求，添加合适的固化剂（适用于双组份中涂底漆）及稀释剂。注意：中涂底漆在调配之前需要经过较长时间的搅拌，因为其中的填料成分很多，沉淀比较严重，如不经过充分搅拌就进行调配，容易造成涂膜过薄，使填充力变差；在调配时需严格按照产品调配要求添加固化剂和稀释剂，不能随意改变添加量或以其他品牌的类似产品代替；调配好的涂料应在时效期内尽快使用。

（4）使用清洁剂对工件表面进行除油清洁。

（5）按照涂料厂商产品资料及喷枪厂商产品使用资料正确设定喷枪参数（喷枪口径、气压、幅度等）。由于中涂底漆的施工黏度比较大，所以应选用口径较大的喷枪，1.5~1.8 mm 的口径最为理想。喷枪气压与喷涂面积有关，喷涂面积越大，设置的喷枪气压越高，雾化效果越好。一般喷涂中涂底漆的喷枪气压为 0.15~0.2 MPa，扇面开至 80% 左右。

（6）喷涂 2~3 层中涂底漆，后一层要比前一层宽约 5 cm，且每层之间闪干 5~6 min。一般喷涂距离为 15~20 cm，根据具体情形而定；喷涂速度是根据油漆黏度、喷枪流量及要求的漆膜厚度综合确定的，油漆黏度低要走得快一些，以免流挂，喷枪流量大也要走得快一些；喷涂时应先在原子灰范围薄薄地喷涂一层，使旧漆与原子灰交界面融合，观察底材与中涂底漆有无不良反应；喷涂过程中走枪要平稳，走枪时喷雾要有约 2/3 的重叠度，不管是喷涂几遍，一定要保证每一遍的喷涂均匀。

如果喷涂面有几处原子灰修补块，而且相邻较近，则可先在每个修补块上分别预喷两遍中涂底漆，然后再整体喷涂 2~3 遍，将其连成一大块。经过这样处理，可以取得良好的效果。这种情况也不宜一次喷得过厚，而应取适当的时间间隔，分几次喷涂。

四、面漆的喷涂方法

面漆的喷涂方法通常有以下几种：干喷、湿喷、湿碰湿喷涂、虚枪喷涂、雾罩喷涂、带状喷涂。

1. 选择汽车修补面漆的步骤

1）考虑汽车修补面漆与原车面漆相匹配

修补面漆应与原车面漆的性能相同并与原车的表面颜色最接近。鉴别原车面漆的类型和修补面漆的调色是修补涂装的关键技术。如果选用的面漆与原车涂层的性能不同或者调配的面漆颜色与原涂层差异太大，则将直接导致修补涂装的失败。

2）考虑修补面漆的施工性能

修补面漆要能在 60~80 ℃烘烤成膜，适应于手工涂装。修补的涂层要有良好的抛光性、较好的重涂性和修补性。

3）考虑修补面漆的外观特性

修补涂料应色彩鲜艳，光泽醒目，色差小，丰满度及鲜映性好。

4）考虑修补涂层的硬度和抗崩裂性

修补涂层应坚硬、耐磨，具有足够的硬度，以保证汽车在使用过程中不会因路面砂石的冲击和摩擦而损坏。

5）考虑修补涂层的耐化学品性

在车辆使用过程中，表面涂层难免与蓄电池电解液、润滑油、汽油、制动液及各种清洗剂等接触，但擦净后表面不应有变色、起泡或失光等现象。

6）考虑修补涂层的耐候性和抗老化性

耐候性和抗老化性是选择面漆涂料的重要指标之一。若选用的面漆耐候性和抗老化性差，则车身表面涂层在使用不久就会出现失光、变色及粉化等病态现象，直接影响汽车的装饰性。

7）考虑修补涂层的耐湿热和防腐蚀性

面涂层在湿热条件下（如温度为40 ℃，相对湿度为90%）不应起泡、变色、失光，对面漆防腐蚀性的要求虽不比底漆严格，但它与底涂层配合使用后应能增强整个涂层的防腐蚀性。

2. 喷漆前的再检查与涂料准备

1）喷涂前的检查作业

在开始喷涂作业之前，下列工作一定要做：一是检查全车车身外表有无覆盖遗漏之处；二是检查有无打磨作业和清扫作业没有进行完备之处；三是检查喷枪和干燥设备有无异常。

2）涂料的准备

将调好的涂料按所需要的量取出，视需要加入固化剂，调整好黏度。通常的做法是将主剂和固化剂调配好之后，再加入稀释剂调整黏度。

3）涂料的过滤

调好色的涂料难免混有灰尘和杂质，必须过滤之后才能使用。

4）黏度的调整

涂料黏度并非常量，随温度而发生变化，即同一种涂料，冬季比夏季显得稠。黏度越高的涂料，随温度而变化的特征越明显，因此，即使加入相同量的稀释剂，夏季的黏度为13~14 Pa·s，冬季黏度就为2 014 Pa·s。

3. 面漆的混合与搅拌

需要喷涂的面漆因为颜色的需要，很少有使用某一种纯色母直接喷涂的，绝大多数面漆都是由多种色母混合而呈现出需要的颜色。

涂料中往往需要加入一些添加剂来提高涂膜的性能，并改善或适应喷涂环境等。

4. 稀释剂的使用

稀释剂在涂装工作中是非常重要的添加剂，在使用稀释剂时需要注意跟进施工条件和施工对象，合理地选用不同的品种。

稀释剂的主要用来调节涂料的黏度，以利于涂装工作和保证涂膜厚度的均匀。

5. 固化剂的添加

双组分涂料必须加入固化剂才能干燥并保证涂膜具有优良的硬度、韧性等力学性能。不同种类的涂料，由于使用的树脂不同，所用的固化剂化学成分也不同，必须按照涂料的要求配套使用，切不可任意添加。

固化剂也具有稀释涂料的作用，但切不可当作稀释剂使用。

在使用固化剂时还要注意安全操作，尤其是含异氰酸酯的固化剂，因异氰酸酯极具活性，故如果使用不当会对人体造成危害。

6. 气体添加剂

使用以防止涂膜故障为目的的添加剂时，应根据当时的情况，结合产品说明进行添加。对于硝基涂料使用的化白水、醇酸基涂料使用的催干剂、在涂膜发生鱼眼故障时使用的走珠水等往往需要视情况酌量添加，且需要有一定的实际操作经验。

7. 面漆喷涂

局部喷涂的关键是解决局部喷涂的颜色过渡问题，使之与周围部位的颜色一致、表面流平效果相同。

1）素色漆的局部修补喷涂

（1）喷涂前准备。喷涂前要对中途层进行打磨，用中等粒度的砂纸湿打磨待喷涂部位，用研磨膏喷涂部位与旧漆膜的交界处；打磨后要用脱脂剂清除油分和污垢，最后使用粘尘布仔细除去细小粉尘。

（2）喷涂。第一次预喷，第一次喷涂薄薄的一层，以提高底层和旧漆膜与涂料的亲和力；第二次喷涂比第一次稍宽一些，并在湿的状态下定出色彩；第三次喷涂比第二次喷的要更宽，以获得较高的表面质量，第三次喷涂一般称为修饰喷涂，喷涂黏度为 13~14 Pa·s，修补操作喷涂气压为 245~294 kPa，喷涂距离为 250 mm，雾束开度和出漆量根据修补面积的大小调整，若修补面积小，则适当减小。在第三次喷涂时，喷枪做圆周运动的同时从中心向外移动，操作时适当减少喷枪的出漆量和喷枪气压。

（3）修补边缘晕色处理，用 30% 的聚氨酯磁漆加入 70% 的稀释剂进行修补边缘的晕色处理，将稀释后的聚氨酯涂料或专用驳口水薄薄地喷涂在新喷涂层与旧涂膜的交界处，注意不要喷得太多，否则会产生流挂。晕色处理后一定要强制干燥，一般在 60 ℃下干燥 30 min 即可。

2）金属漆和珍珠漆的局部修补喷涂

喷涂时将金属或珍珠漆以 1∶4 的比例加入固化剂，加入 50%~70% 的稀释剂稀释，将黏度调整到 14~16 Pa·s；将清漆按同样比例加入固化剂，加入 10%~20% 的稀释剂稀释，将黏度调为 12~13 Pa·s。完成这些准备工作之后就可以开始喷涂，金属或珍珠漆的局部喷涂方法如下：

（1）喷涂前的准备。在中涂底漆层的附近用 400#~600# 的干砂纸进行干打磨，晕色部位用研磨膏打磨。然后用脱脂剂清洁，用粘尘布擦拭。最后用压缩空气吹干净。

（2）金属漆和珍珠漆的喷涂。先在中涂底漆层四周喷一层透明清漆，以使所喷的金属闪光磁漆更光滑。然后薄薄喷一层金属闪光磁漆，以提高其与中涂底漆和旧涂膜的亲和力。最后喷涂确定涂层的颜色，一般喷 2~3 遍，如果着色不好，则需要喷 3~4 遍。着色喷涂不要喷得过厚，要均匀地喷涂薄薄的一层。

（3）漆面的消斑处理。将 50% 的金属闪光漆与 50% 的清漆相混合，黏度调至 11~12 Pa·s。喷涂时比喷漆时要喷得更宽一些。喷涂时应使涂料呈雾状，薄薄地喷涂，以消除斑纹，调整金属质感，同时兼有晕色处理作用。每两次喷涂之间，在 20 ℃的环境温度下需设置 10~15 min 的间隔时间。

（4）清漆的喷涂。清漆的喷涂面积要扩大一些，第一次薄薄地喷一层，大约间隔 5 min 再喷第二遍，喷涂时要边观察色调边喷涂，以形成光泽。

（5）晕色处理。晕色处理是以 20% 的清漆和 80% 的稀释剂相混合后喷在清漆层区域周围，以掩盖其由于喷涂雾滴带来的影响。注意喷涂要薄，以防止产生流挂。

3）局部修补的喷涂方法

为了在修补之后确保修补部位与其周围未修补部位在视觉上颜色无差异，在修补喷涂时需要使颜色有一个逐渐过渡的区域，让颜色逐渐变化。喷涂颜色过渡区域时一般采用"挑枪"的喷涂方法，即在喷涂时以手臂的肘部为轴，或摆动腕部，使空气喷枪对喷涂表面的距离发生圆弧形变化，对需要修补部位的距离近一些，喷涂比较实，而对过渡区域逐渐变远，颜色逐渐变淡。这样喷涂边缘将形成一个逐渐过渡的颜色变化区域，最终与周围未修补区域相融合。

颜色过渡也可以采用其他方法实现，例如，采用许多短行程，从中心部位向外喷涂。采用这种方法喷涂时，需要逐渐扩大每一次的喷涂范围，以便与上一次涂膜稍有重叠。每一次喷涂都要适当调整气压和喷幅，使之逐渐减小，以达到喷雾逐渐变淡的目的，有时还需要根据情况适当改变出漆量。

4）喷涂的修饰处理

（1）素色漆表面纹理调整。

原车涂膜的水平表面纹理一般比垂直表面平滑，为了适应这一事实，可以通过改变喷涂条件达到目的。在调整纹理前，一定要对比新、旧涂膜纹理，找出涂膜纹理的差别。调整纹理时，还要考虑到底材的状况，用硝基中涂底漆处理的涂装表面，面漆涂膜容易产生较粗糙的纹理；在氨基甲酸乙酯中涂底涂层的表面喷涂面漆，可以产生相当于新车涂层的涂膜；着色喷涂中，若喷涂过多的磁漆，则容易产生粗糙的纹理。一般情况下，减小喷涂距离、增加喷涂量、增大涂料的稀释比例都会产较湿的涂层和较光滑的纹理。但必须注意，增大涂料的稀释比例对涂膜纹理变化不明显，对慢干清漆纹理的调整不起作用。

（2）金属、珍珠闪光漆的消斑处理。

金属闪光漆中的铝粉和云母颜料要比着色颜料重，容易沉积，正、侧光效果差别明显，容易出现斑痕。由于喷涂条件的不同，使铝粉和云母颜料扩散到磁漆底部的状态不一致，这是产生斑痕的主要原因。将金属闪光漆薄薄地喷涂在出现斑痕的部位，形成一层有规则排列的薄涂层，以调整斑痕区域的明亮度，使该区域的颜色与周围颜色一致，这个过程称为消斑处理。消斑处理采用薄喷的喷涂方法，涂层不宜过厚，否则会使消斑部位的颜色发生变化。消斑处理的关键是掌握消除斑痕的恰当时机，如果选择的时机不对，斑痕就不能被消除。一般情况下，通过观察涂膜表面对荧光灯光源的反射程度来确定消斑时刻。喷涂表面的光泽为着色喷涂结束时光泽的50%~70%，荧光灯灯光反射的清晰度逐渐减小的时刻为消斑处理的最佳时机，此时准备消斑，则该涂层与其下面的涂层溶为一体，斑痕很容易被消除掉。如果喷完底色漆后马上喷涂清漆，喷涂表面也会出现斑痕。因此，喷涂金属底色漆后需静置10~15 min再进行清漆的预喷涂。在喷漆房内，很难从背光方向检查金属漆表面有无斑痕，此时可以采用点光源将光投射到喷涂表面，改变观察角度以方便检查。

（3）金属、珍珠闪光漆的晕色处理。

对于浅色的金属闪光漆（银粉漆和珍珠漆），喷涂时由于施工手法的差异，常导致新、旧涂膜的颜色不一致。要使修补处涂膜与原涂膜的颜色完全一样，几乎是不可能的，在这种情况下需要采用晕色技术，以弥补新、旧涂膜颜色之间的差异。利用人眼对颜色记忆的不足，在修补区域与非修补区域之间建立颜色过渡带，虽然修补部位与非修补部位颜色上有色差，但是两个颜色之间有一定的距离，通过颜色过渡带将它们连接起来，使人眼无法判断出修补部位颜色与车身不一致，这种处理方法叫作晕色处理。

在用金属闪光漆进行修补涂装时，晕色部位的边界（修补部位与非修补部位的接口）会显得更暗。对于湿涂层来说，因为铝粉排列不规则，从侧面看上去显得浅一些；对于干喷涂层，铝粉排列一致，从侧面看显得深一些。原厂漆因为干燥速度慢，类似于湿涂层，侧面颜色较浅，而修补边缘较薄，相当于干喷，所以侧面颜色较深。为了防止接口部位侧面颜色变深，即用 100% 或 200% 的稀释剂稀释清漆，在修补边缘喷涂一层，以此作为晕色色漆的底层，使晕色的色漆层变得较湿，相当于湿涂层，从而保证了晕色部位与原涂层颜色基本一致。这种方法有效地防止了因静电而在薄板上产生的斑痕，使修补边缘变得光滑。

颜色层晕色是在喷涂颜色层中加入 50%~60% 的稀释剂或者驳口水，以 125 kPa 的喷涂气压、10~15 cm 的喷涂距离从颜色层逐渐向外围更为宽广的区域喷涂 2~3 次，以达到一个平滑的晕色区域。清漆层晕色是用 100% 的稀释剂或驳口水稀释喷剩的清漆，一面顺畅地晕色，一面使薄涂料溶入修补区域周围，静置 3~5 min 后，在喷剩的稀释料中再次加入 100% 的稀释剂进行稀释，扩大范围进行最后一次晕色处理。

任务四　喷涂缺陷及后处理

喷涂质量的好坏将直接影响所修复车身的美观性和使用寿命，更关系到施工单位的经济效益。因此在汽车喷涂修复过程中，除了要合理地选用涂料和严格按照合理的工艺规程进行喷涂操作外，还应按照相关国家标准与部颁标准的要求对涂料和漆膜等质量指标进行全面检查与测试，以确保喷涂质量。同时，涂装过程中或涂装后不久产生的涂膜缺陷，一般与被涂物的状态、选用的涂料、涂装方法和操作、涂装工艺及设备和涂装环境等因素有关。

在喷涂完漆后，为了消除涂膜的表面缺陷，如涂膜颗粒（脏点）、虚漆和较大的橘皮等，要用抛光材料进行局部的抛光修饰。

一、涂膜修整所需要的材料和工具

1. 涂膜修整所需要的材料

1）抛光蜡

抛光蜡的主要成分为水溶性蜡（也有油性蜡）内加研磨剂组成，按研磨颗粒的粗细程度不同一般分为几个等级（见表 9-4）。

表 9-4　各种抛光蜡的用途、适用范围和抛光效果的比较

抛光蜡	用途	适用范围	涂膜抛光效果
粗蜡	消除砂纸痕迹，使涂膜具有光亮，或对良好的失去光泽的旧涂膜进行抛光美容时使用	适用于经过细砂纸（1000#~1500#干磨或2000#水磨）打磨的部位进行更加细致的研磨	消除了砂纸痕迹，但涂膜的光亮程度和鲜映性不能达到要求
中粗蜡	消除粗蜡研磨的痕迹，使涂膜光亮	适用于经粗蜡研磨过的部位的抛光	涂膜光亮，鲜映性好，基本无须其他上光处理
细蜡	使涂膜最终达到反光效果，进一步提高鲜映性	用于高档轿车的最终抛光处理及一般微小擦痕和划痕的抛光美容工作	涂膜光亮，鲜映性最好

2）上光蜡

上光蜡中不含研磨颗粒，只起保护涂膜和上光作用。现在市场上有油性上光蜡和水性上光蜡两类（见表9-5）。

表9-5　油性上光蜡和水性上光蜡优缺点

种类	优点	缺点
油性上光蜡	不易干燥，耐水性好，保光时间长，可达一个星期左右	不溶于水，不易用水清理干净，脱蜡时须采用专门的除硅酮清洁剂；干燥慢，容易在车身上粘附很多细小沙尘，影响光亮，不推荐使用
水性上光蜡	可溶于水，干燥时间较短，车身上沾染细小沙尘后很容易用水洗的方法清理干净	耐水性差，保光时间比较短，通常为两天到一个星期

3）涂膜修整用其他辅材

在涂膜修整时经常用到砂纸、磨石、毛巾和麂皮等辅助材料。

2. 涂膜修理所需要的工具和设备

1）抛光机

抛光机是利用抛光垫对已喷涂的外涂层进行光整加工的设备，有电动机驱动和压缩空气驱动两种形式，如图9-1所示。

图9-1　电动抛光机

1—机轴锁扣；2—散热孔；3—省力G手柄；4—六个挡位调整；5—锁扣开关；
6—开关；7—防尘通风口；8—碳刷更换口；9—自粘盘；10—去蜡抛光盘

2）抛光垫

抛光机的主要附件就是抛光垫，按其与主机的连接方式不同可分为螺母盘、螺栓盘及吸盘三种；根据材料不同，抛光垫可分为毛巾式、毛绒式和海绵式三类。

二、涂膜的修理

喷涂过程中常常会由于种种原因在面漆表面形成一些微小的缺陷，如流挂、个别的涂膜颗粒（脏点）、微小划擦痕迹和凹坑等，从而影响装饰性，对此必须进行修理。

1. 流挂和涂膜颗粒的处理

在喷涂过程中，流挂是非常常见的缺陷。另外，由于喷涂环境的影响，在涂膜表面有颗粒等也是不可避免的。若流挂的面积很小，涂膜表面颗粒很少，则可以用单独修理的方法进行处理，修理必须是在涂膜完全干燥的情况下进行。处理过程是：首先平整流挂或颗粒部位，然后用抛光的方法使修理部位与其他部位光泽一致，消除修理痕迹。

1）平整修理

平整流挂和小颗粒多采用打磨的方法，但对于流痕或颗粒比较大的情况，往往先用铲刀将流痕或大颗粒削平，然后再用较细的砂纸打磨，从而加快工作的速度。打磨流挂部位一般使用 1200#~2000# 水磨砂纸配合硬质打磨垫块来进行。有时需要打磨的区域比较大，为提高效率，可以先用较粗的砂纸（如 800#~1000#）打磨一遍，待基本完成后再逐次用细一级的砂纸打磨，直到打磨痕迹可用抛光的方法消除为止，注意不要跨级使用砂纸。

打磨时要非常仔细，经常用胶质刮水片刮除打磨区域的水渍来观察打磨的程度，只要流挂部位消除并与周围涂膜齐平即可。千万不要磨穿涂膜或使涂膜过薄，要给抛光留出余量，并保证抛光后仍有足够的涂膜厚度，对于边角等涂膜比较薄且极易磨穿的地方尤其要小心。

对于涂膜颗粒等小范围的打磨，一般使用小型打磨垫块配合 1500#~2000# 水磨砂纸来进行。打磨时同打磨流挂一样，须沿涂膜竖直运动并用肥皂水润滑。如果颗粒过大或流痕凸出部位非常明显，则可以先用刮刀将凸出部位刮除，然后再用上述打磨方法进行打磨。用刮刀刮除的工作效率比较高，但操作上要求有一定的技巧，刮削时刀刃应略向上方倾斜，不可切削过量。

2）局部抛光

经过平整修理和打磨的区域必须进行抛光，对小范围修补区域一般使用手工抛光的方法即可，也可用机械抛光来提高效率。

（1）手工局部抛光。

用法兰绒布蘸上少许抛光粗蜡或中粗蜡，用力对打磨区域擦拭，以消除打磨痕迹，运动轨迹以无序为好，尽量不要留下磨削的痕迹。

待砂纸痕迹基本消除并具有一定的光泽后，将抛光区域擦拭，以消除打磨痕迹，运动轨迹以无序为好，尽量不要留下磨削痕迹。

待砂纸痕迹基本消除并具有一定光泽后，将抛光区域和抛光布清理干净，然后换用抛光细蜡再次进行细致的抛光。用细蜡抛光的面积比修补区域大 3~5 倍，使修补区域与未修补区域无明显的差异。

最后，用上光蜡统一对整板进行上光即可。

（2）机械局部抛光。

将中粗抛光蜡涂抹于修补区域，选用小型海绵抛光轮以较低的转速对修补区域进行抛光，待修补区域基本消除打磨痕迹并显现出光泽后，逐渐提高转速并扩大抛光区域到修补区域的 3~5 倍。

3）涂膜凹陷的处理

对涂膜凹陷进行不齐操作时，若缺陷位置不明显，一般使用细毛笔或牙签等对凹陷部位进行填补，修理步骤如下：

（1）用清洁剂对需要填补的区域进行清洁。

（2）用牙签或细毛笔蘸上少许面漆，迅速地滴到缺陷部位（鱼眼）或涂抹需要填补的部位。

（3）用另一支细毛笔蘸取少许面漆稀释剂涂抹在修饰部位，以使修饰部位变得较为平整，并利用稀释剂的晕开和溶解作用使修补部位与周围相融合。

（4）待完全干燥后可以稍稍进行打磨并进行抛光处理，方法同流挂及涂抹颗粒的修理。

4）起皱

起皱是指在干燥过程中涂膜表面出现的皱纹，常出现凹凸不平且平行的线状或无规则线状的现象。起皱原因一般有以下几点：

（1）桐油制的油性漆易发生起皱现象；

（2）在涂料中添加了过多含钴和锰的催干剂；

（3）升温过急，表面干燥过快；

（4）涂抹过厚或在浸涂时产生"肥厚的边缘"；

（5）氨基漆晾干过度，表面干燥后再烘干，易产生起皱现象。

起皱缺陷的防控一般有以下几点：

（1）控制桐油的使用量；

（2）减少含钴和锰催干剂的用量；

（3）控制升温速度，使涂膜表面干燥速度减慢；

（4）每道漆控制在不产生起皱的厚度限值内，掌握浸涂技术，防止产生"肥厚的边缘"；

（5）采用防起皱剂，如改性的醇酸树脂漆稍涂厚，在烘干时易起皱，可添加少量（5%以下）氨基树脂作为防起皱剂。

5）气泡

气泡是指在涂装过程中涂膜表面呈泡状鼓起，或在涂膜中有气泡的现象。烘干型涂料易产生这一缺陷。气泡通常有水气泡、溶剂气泡和空气泡三种。气泡产生的原因一般有以下几点：

（1）溶剂挥发快，涂料黏度高；

（2）加热过急，晾干时间过短；

（3）底材、底涂层中残留有溶剂、水分或气体；

（4）搅拌时混入涂料中的气体未释放尽就进行涂装，或在刷涂时刷子走动过急而混入空气；

（5）在木质底材上涂氨基醇酸树脂涂料。

预防措施：

（1）使用指定溶剂，黏度应按涂装方法选择，不宜偏高；

（2）涂层烘干时升温不宜过急；

（3）底材、底涂层或被涂面应干燥、清洁，不含有水分和溶剂；

（4）添加醇类溶剂或消泡剂；

（5）选择与木质底材配套的涂料。

6）针孔

针孔是指在涂膜上产生针状小孔或像皮革毛孔状的现象。针孔的直径一般为 100 μm 左右。针孔产生的原因分析：

（1）涂料的流动性差，流平性差，释放气泡性差；

（2）涂料在储运时变质，例如，沥青涂料在低温下储运时，漆基的互溶性和溶解性变差，局部析出，引起颗粒或针孔弊病；

（3）涂料中混入不纯物，如溶剂型涂料中混入水分等；

（4）涂装后晾干不充分，烘干时升温过急，表面干燥过快；

（5）被涂物的温度过高及被涂物表面有污物和小孔；

（6）环境空气湿度过高。

预防措施：

（1）选用合适的涂料，对易产生针孔的涂料应加强进厂检验，避免不合格材料的投入生产；

（2）在储运过程中防止变质，涂料使用前应做好质检工作；

（3）注意存漆容器与涂装工具的清洁以及溶剂的质量，防止不纯物混入涂料中；

（4）涂装后应按规范晾干，添加挥发慢的溶剂使湿涂膜的表面干燥速度减慢；

（5）改善涂装环境，降低空气湿度。

7）鱼眼

鱼眼是指受被涂物表面存在（或混入涂料中）的异物（如油、水等）的影响，使涂料不能均匀附着，产生抽缩而露出被涂面的现象。这种缺陷产生在刚涂装完的湿漆上，有时在烘干后的干涂膜上才能发现。鱼眼产生的原因分析：

（1）所用涂料的表面张力偏高，流平性差，释放气泡性差，本身对缩孔的敏感性大；

（2）调漆工具及设备不洁净，使有害异物混入涂料中（被涂物表面不洁净，有水、油、灰尘、肥皂、硅酮、打磨灰等异物附着）；

（3）涂装环境空气不洁净，有灰尘、飞漆、硅酮、蜡雾等；

（4）涂装工具、工作服、手套不干净；

（5）旧涂膜表面打磨不充分。

预防措施：

（1）在研制和选用涂料时，要注意涂料对缩孔的敏感性；

（2）在涂装车间，无论是设备、工具还是生产用的辅助材料等，绝对不能带有对涂料有害的物质，尤其是硅酮类物质；

（3）确保被涂物表面洁净、压缩空气清洁，无油、无水、无尘埃和油雾等；

（4）严禁直接用手或用脏手套和脏抹布接触被涂物表面，确保涂面洁净；

（5）在旧涂膜上喷漆时，应用砂纸充分打磨，并擦拭干净。

8）发白

发白是指涂装过程中和刚涂装完毕的涂膜表面呈乳白色，产生云样的变白失光现象，多发生在涂装挥发性涂料的场合，严重时完全失光，涂层上出现微孔且力学性能下降。发白产生的原因分析：

（1）施工场所空气的湿度太高（80%以上）；

（2）所用有机溶剂的沸点低，而且挥发太快；

（3）被涂物的温度低于室温；

（4）涂料和稀释剂含水，或压缩空气带入水分；

（5）溶剂和稀释剂的选用及配比不恰当，造成树脂在涂层中析出而变白。

前三种原因使空气中的水分在被涂物表面上凝露，渗入涂层而发白。

9）起粒

起粒是指涂膜中的凸起物呈颗粒状分布在整个或局部表面上的现象。由混入涂料中的异物或涂料变质而引起的起粒称为涂料颗粒；在涂装时或刚涂装完毕的湿涂膜上附着的灰尘或异物称为尘埃。起粒产生的原因分析：

（1）涂装环境的空气清洁度差，调漆室、喷涂室、晾干室和烘干室内有灰尘；

（2）被涂物表面不洁净；

（3）操作人员的工作服、手套及涂装前擦拭用材料掉纤维；

（4）易沉淀的涂料未充分搅拌或过滤；

（5）涂料变质，如漆基析出或返粗，颜料分散不佳或产生凝聚，有机颜料析出，闪光色漆的漆基中铝粉分散不良等。

预防措施：

（1）送给调漆室、喷涂室、晾干室和烘干室的空气除尘要充分，确保涂装环境洁净；

（2）被涂物表面应洁净，如用粘尘布擦净或用离子化空气吹净被涂物表面上因静电而吸附的灰尘；

（3）操作人员要穿戴不掉纤维的工作服及手套；

（4）供漆管路上要安装过滤器；

（5）选用质量合格的涂料进行施工。

10）橘皮

橘皮是指在喷涂时不能形成平滑的干涂膜面而呈橘皮状的凹凸现象，凹凸度约为 3 μm。橘皮产生的原因分析：

（1）涂料的黏度高，流平性差；

（2）压缩空气压力低，出漆量过大，导致雾化不良；

（3）被涂物和空气的温度偏高，喷涂室内风速过大，溶剂挥发过快；

（4）晾干时间短，喷涂量不足；

（5）喷涂距离不适当，太远。

预防措施：

（1）选用合适的溶剂，添加流平剂或挥发较慢的高沸点有机溶剂，以改善涂料的流平性；

（2）选择合适的喷涂压力，选择出漆量和雾化性能良好的喷涂工具，使涂料得到良好的雾化；

（3）被涂物和喷漆室内气温应维持在 20 ℃左右；

（4）一次喷涂到规定厚度，适当延长晾干时间，不宜过早进入烘干程序；

（5）调整喷涂距离。

三、抛光、打蜡

1. 面漆抛光

1）晕色区域抛光

进行晕色处理时应使用超细的研磨膏，薄薄地涂在晕色部位，然后用装有海绵抛光轮的抛光机进行打磨。

2）修复涂膜纹理抛光

比较新、旧涂膜纹理，确定是否需要抛光；用砂纸湿打磨重涂表面；用调整光泽的抛光剂抛光；用产生光泽的细抛光剂抛光。

2. 漆面打蜡

1）手工打蜡

首先是上蜡，将适量的车蜡涂在专用的打蜡海绵上，往复直线涂抹均匀，每道涂抹时应与上道涂抹区域有 1/5～1/4 的重合度，以防止涂漏并保证均匀涂抹，注意在边角处的涂抹应避免超出漆面。上完蜡后等待几分钟时间，待车蜡凝固，最后用无纺布往复直线擦拭进行抛光，以达到光亮如新、清除剩余车蜡的目的。

2）机械打蜡

机械打蜡是将液体蜡均匀倒在打蜡机的蜡盘套上，每次按半平方米的面积涂匀，直至打完全车为止。上完蜡后，等待几分钟，待车蜡凝固，确认绒线中无杂质，装上抛蜡盘，开启打蜡机，将其轻放在车体上横向或纵向进行覆盖式抛光，直至光泽度令人满意为止。

在汽车打蜡作业时必须注意以下几点：

（1）打蜡时一定要擦干车身，否则会影响打蜡效果。

（2）打蜡作业环境要清洁，要有良好的通风过滤装置。

（3）应在阴凉处给汽车打蜡，车表温度高会使车蜡附着力下降，影响打蜡效果。

（4）打蜡时，手持式海绵及打蜡机海绵应进行直线往复运动，不宜环形涂抹。

（5）上蜡时应遵循先上后下的原则，即先涂抹车顶，后涂抹前、后盖板，最后涂抹车身侧面等。

（6）上蜡时，若海绵上出现与车漆相同的颜色，可能是车身漆面已经破损，应立即停止打蜡，并进行相应的修补处理。

（7）上蜡完成后，要遵循先上蜡的地方先抛光的原则，在规定时间内进行直线往复抛光。

（8）抛光结束后，要仔细检查，清除车牌、车灯、门边等处残存的车蜡，以防止产生腐蚀和影响整车美观。

（9）打蜡结束后，设备及用品要进行清洁，并妥善保存。

【任务实施】

车门涂膜的修整。

1. 实训准备

（1）场地：喷涂车间。

（2）设备：抛光机，打蜡机，油石。

（3）耗材：砂纸，抹布，抛光剂，车蜡。

2. 实训目的

（1）懂得漆膜缺陷对涂装质量的影响。

（2）掌握漆膜缺陷的现象。

（3）了解涂装过程和存放过程中出现漆膜缺陷的类型。

（4）能对典型漆膜缺陷进行分析，提出解决方法。

3. 操作步骤

1）涂膜的检修

（1）车门涂膜质量的检查。

认真检查车门涂膜表面，发现车门涂膜表面有几点微粒，尘粒陷入涂膜不深，可用油石打磨去除；从侧面利用反射光观察新、旧涂膜的纹理，发现有较大差别，需要进行大面积抛光。

（2）车门涂膜上微粒的修理。

由于微粒在涂膜上陷入不深，故采用油石打磨的方法修复。用油石打磨时必须平行移动，切忌打磨过程中摇晃磨石。打磨平整后需要进行抛光处理。

2）涂膜抛光

（1）涂膜纹理的调整。

①用湿打磨修复纹理。将2000#细砂纸垫在打磨块上，湿打磨纹理粗糙的涂膜。待打磨至新涂膜与旧涂膜纹理大致相当且较为粗糙时，停止打磨，用干净抹布擦去表面的尘粒。

②用粗抛光剂和粗抛光垫调整纹理。装上粗抛光垫，在粗抛光垫上涂抹适量的粗抛光剂，对车门涂膜进行抛光，当新、旧涂膜纹理基本一致时，停止抛光，用水清洗车身表面，除去粗抛光剂。

③用细抛光剂和细抛光垫完成抛光。装上细抛光垫，在抛光垫上涂抹细抛光剂，进行大面积抛光，整个板件达到预期的纹理效果，抛光完成。

（2）晕色区抛光。

晕色区可以用手工抛光，也可以用机械抛光，值得注意的是抛光方向只能从重涂区域向非重涂区域进行，不能反向抛光。

3）全车打蜡

将适量的车蜡涂在专用打蜡海绵上，在车身上涂抹，防止漏涂，保证均匀涂抹。打完蜡后，等待几分钟，待车蜡凝固，最后用无纺布往复直线擦拭进行抛光，使打蜡后的车身光亮如新。

4. 任务评价

任务评价内容见表9-6。

表 9-6　任务评价

序号	作业项目	考核内容	评分细则	分值	得分
1	工具准备	设备，耗材	缺 1 项扣 2 分	20	
2	涂膜检修	涂膜缺陷	正确辨别	10	
		处理方法	正确处理	10	
		油石使用	正确使用	10	
3	涂膜抛光	纹理修复	效果良好	10	
		抛光	效果良好	10	
		晕色区抛光	效果良好	10	
4	全车打蜡	全车打蜡	效果良好	20	

复习思考题

一、选择题

1. 面漆喷涂结束，对于强制干燥方式，最佳揭去胶带纸的时机是_____。

A. 喷涂结束时　　　　　　　　　　B. 喷涂结束后 10~15 min

C. 强制干燥结束后，车身还未冷却时　D. 强制干燥结束后，车身完全冷却时

2. 对硝基面漆，喷涂结束后揭去胶带的最佳时机为_____。

A. 喷涂结束时　　　　　　　　　　B. 喷涂结束后 10~15 min

C. 涂膜干燥到可用手触摸的程度　　D. 涂膜完全干燥后

3. 面漆抛光，不能实现的项目是_____。

A. 调整光泽　　　　　　　　　　　B. 除去灰尘

C. 修整微小缺陷　　　　　　　　　D. 修正颜色

4. 抛光用的毡垫最好选用_____。

A. 毛巾毡垫　　　B. 羊毛毡垫　　　C. 海绵毡垫　　　D. 三者均可

5. 车身表面涂覆涂料的主要目的是_____。

A. 装饰　　　　　B. 显示特殊用途　C. 保护　　　　　D. 防水

6. 带锈底漆可使厚度在_____ μm 以下的铁锈转变为具有保护功能的薄膜。

A. 20　　　　　　B. 50　　　　　　C. 80　　　　　　D. 100

7. 中涂底漆的主要功能是改善被涂工件表面和底涂层的_____。

A. 光洁度　　　　B. 鲜艳度　　　　C. 平整度　　　　D. 黏度

8. 塑料底漆通常为_____，开罐即可使用。

A. 多组分　　　　B. 单组分　　　　C. 三组分　　　　D. 双组分

9. 涂膜纹理的调整一般使用_____砂纸。

A. 800#　　　　　B. 1000#　　　　C. 1500#　　　　D. 2000#

10. 手工打蜡每道涂抹时应与上道涂膜区域有_____的重合度。

A. 1/5~1/4　　　B. 1/3~1/4　　　C. 1/2~1/3　　　D. 1/6~1/7

二、问答题

1. 涂膜缺陷产生的原因有哪些？
2. 涂膜缺陷的常用处理方法有哪些？
3. 涂膜平整修理的一般步骤有哪些？
4. 橘皮缺陷的预防措施有哪些？
5. 机械打蜡的注意事项有哪些？

参 考 文 献

[1] 顾平林，冯小青. 汽车碰撞钣金修复技巧与实例 [M]. 北京：机械工业出版社，2015.

[2] 张启森，周云. 汽车钣金 [M]. 北京：机械工业出版社，2018.

[3] 王德良，袁新. 汽车车身修复技术 [M]. 北京：中国广播电视出版社，2012.

[4] 雷世明. 焊接方法与设备 [M]. 北京：机械工业出版社，2014.

[5] 姜勇，金守玲. 汽车车身修复技术 [M]. 北京：电子工业出版社，2016.

[6] 人力资源和社会保障部教材办公室. 汽车涂装技术 [M]. 北京：中国劳动社会保障出版社，2009.

[7] 肖艳. 谈汽车喷漆施工中的常用辅料 [J]. 化工科技市场，2013，30 (11) 26-33.

[8] 彭小龙. 中涂底漆的喷涂方法 [J]. 汽车维护与修理，2015，000 (008) 85.

[9] 邱霖，陈昉莉，张高智. 汽车钣金 [M]. 北京：科学技术文献出版社，2015.

[10] 陈家瑞. 汽车构造（第五版）[M]. 北京：人民交通出版社，2006.